山林書院叢書 11

廣播側寫

陳玉峯 著

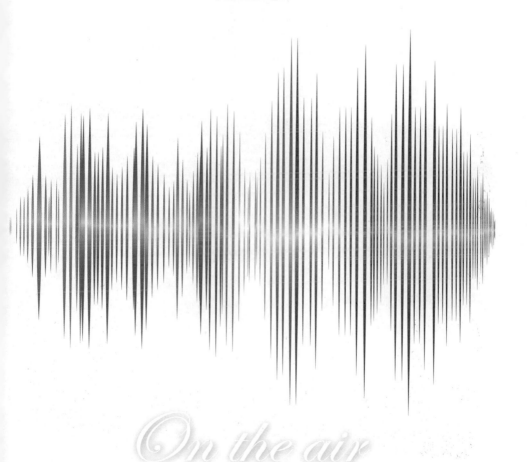

On the air

謹以本書，為

蘇振輝 董事長

慶生！

陳玉峯 2015.10.12

蘇振輝董事長暨父親蘇寶慶先生於蘇家祖厝前合影。（2015.7.14）

蘇振輝董事長與母親蔡時女士、父親蘇寶慶先生。（新塭）

代序

　　2015年初，意外地承接電台廣播節目的主持，從此，一些文字的撰寫爲配合廣播，也開始口語化。過往，我認爲文字、文章並非口語、講述，文章固有其章法；口說必有其聲韻，兩者即令重疊很大的一部分，畢竟各有其本質、特徵。然而，「然而」兩字適合書寫，用在口說，總是對不上味道，特別是台語文與外來語（北京話），永遠存有牛頭對不上馬嘴的扞格。

　　無論文字、語言，功能不外溝通，但呈現的方式天差地別，表達技巧也牽涉到人群的接受程度，以及被欣賞、肯定或否定的程度等等，涉及時代社會或不同族群的價值典範，沒有一套放諸四海皆準的公理，文學、藝文乃至科學皆然，隨著時空而流變。

　　2、30年前我認定台灣社會不只是大洋文化、無政府主義的混合體，又牽涉東、西方、原住民文化大攪混的拉扯。台灣文化的特徵之一：沒有細胞膜的有機複合體，什麼軟、硬文化幾乎全然無過濾機制，管他毒物或大補品，一概照單全收、百無禁忌。近年我才體悟，除了釐得清的理念、理路之外，台灣其實具有一種文字、語言無從說明的禪門文化爲基底，簡單地說，不受知識、識覺綁架的自由心性，或說「言語道斷、眞空妙有」也，小小語言、文字差異，何足道哉 ？！

　　因此，2015年的這冊散文輯，我就藉助廣播機緣，說、寫不分，43篇半文半說，絕大部分都是我在電台的講稿，故而本書定名「廣播側寫」。而因應旨趣，大分爲四輯。

沒事、沒念頭、萬法
萬事OK！

　　輯一不論內容，悉皆用來口述；輯二以自然生態旅遊為
宗；輯三緣起於2009年初，筆者前往印尼熱帶雨林體會、
感受，並楬櫫熱帶雨林網狀複雜的共生，才是人類未來世界
政治的依歸（詳見拙作《前進雨林》240-267頁，2010年），後在〈熱帶
雨林政治論之一〉（收錄於陳玉峯，《山·海·千風之歌》242-245頁，
2011年）延續思考，今則以台灣為例，稍加討論。後來，發現
如全球自2010年6月開始推展的「Uber」，正是我認定的熱
帶雨林政治學的生活小案例的實踐，將來，全球必將以爆炸
式的串連，龐雜的項目，進行政治等全方位的軟性革命；輯
四，從寫給小朋友的植物生態解說，乃至生活點滴，雜錄於

此。

2015年中，老朋友蘇振輝董事長曾經兩次問我「60歲的況味」，因為他也即將步入耳順大壽。我說況味，即非況味，是即況味。60歲無得無無得；無空無無空；無定無無定；無中間，亦無二邊，更無中道。法本法無法，無法法亦法；今付無法時，法法何曾法？唉！我一生不打誑語，打盡一切誑語，是即廣播。

我一生行走山林，最生疏於人際社交，卻頻頻受惠於諸多的貴人明、暗相挺，其中，鄭邦鎮教授啟迪我尤多，在我的朋友、前輩行列，我視鄭教授「說法第一」，本書得其大序，銘感五中！而黃文龍醫師一生一世知識分子風骨，除了懸壺濟世之外，更勤於擔任社會改造默默的背後推手，其人格高潔、大隱於市，本書得其後跋，三生有幸！

夥同一生好友楊博名賜序，本書集志同道合、難能可貴的摯友的祝福，共同為蘇振輝董事長，預慶60大壽！

是為代序。

陳玉峯

2015.10於大肚台地

序一／

慈悲的頻道！

在老電影《春雨行》裏，英格麗褒曼跟安東尼昆演了一場畸戀。劇中最經典的一幕是，聽到褒曼的教授夫婿來到深山渡假木屋是爲了要寫作一本書時，劈柴燒水的老粗工安東尼昆看著滿櫃的書籍，一臉困惑地問了一句：「書已經這麼多了，還要再寫一本嗎？」

不久前，我才細細讀完陳玉峯教授的小說新作《綠島金夢》，並爲他寫了長序，完全沒有料到才轉身就又來這一本！記得小提琴家海飛斯談練琴的心得，說：「一日不練，自己知道；兩日不練，手指知道；三日不練，全世界都知道！」三天不複習，功夫就退步、荒廢，回到野性狀態去了。陳玉峯學養博通精湛，好學深思，勤走田野，蓄積極厚。何況年富力盛，以學問濟世的意志十分堅定，所以，書，當然旣該也能每天寫了。

這令我想起中國學術史上一個大師，受尊爲清初三大家之一的「亭林先生」顧炎武（1613~1682）。

顧炎武在他的名著《日知錄》裏記載了一件事，大意是說有個朋友恭維他說：「一年不見，您的名著《日知錄》必定又完成許多卷了吧？」亭林先生嚴肅地回他：「有人是在深山開採原始銅砂，精煉純銅，費力多而獲銅少。有人則是做資源回收，收購破銅爛鐵，再快速熔化轉鑄成銅錢，量雖多卻不值錢！才一年不見，我嘔心瀝血才只著成幾條前無古人的新知而已，別當我是資源回收商！」（原文請參《日知錄》卷四〈與人書，十〉）

平常人若天天勤練，或有可能成爲大師。大師如海飛斯

若天天勤練，多多演奏及指導，更能夠造福平常人。以顧炎武的務實，如果能創獲更多，當然更好，那個朋友的恭維，其實也代表了常人對大師的倚重和仰望，亭林先生可以不必那麼潔癖。同樣的，在三百多年後的學術與科技條件下，以陳玉峯的專注，而能多所創獲，勤於著述，自然值得期許和慶賀！

當玉峯兄說又有新著脫稿，準備讓我先讀的那幾天，除了八八蘇迪勒颱風之外，社會上的熱門話題是台語歌壇天后江蕙（1961~）封嘜演唱會旋風，以及第一代「電台情人」、「廣播達人」李季準（1943~）罹患阿茲海默症，但將獲頒廣播界最高榮譽金鐘獎的「特別貢獻獎」。記得為了江蕙延遲了三十年才推出的2008「江蕙初登場」，我曾在當期國立台灣文學館館訊寫下一篇文字，標記了江蕙此舉的高度；為了李季準罹病而獲獎，月前我也跟教育界朋友說我很想高唱一曲台語老歌〈懷念的播音員〉來頌揚他。我完全沒想到，玉峯兄的新稿寄達時，書名竟是「廣播側寫」，內容是他近期主持電台廣播節目的話題，以及他因此因緣引發的感觸。這真是無巧不成書，而且勾起我一些過往的記憶。

除了接受採訪而曾進入一些電台錄音室之外，我在主持靜宜大學中文系系務和台灣研究中心任務時，也曾籌設過實驗型影音製作室，製作過全國聯播的廣播節目，甚至自己應邀義務主持深夜談話節目。那是在大約1996~2006前後十年間，在中部的大彰化之聲、關懷之聲、快樂電台、望春風廣播電台、海洋之聲廣播電台，以及台北的建國廣場廣播電台、TNT寶島新聲台灣公共新聞聯播網等等，開設了台灣夜快車、台中港交流道、美麗台中港、好厝邊來開講等等帶狀半夜節目。其中「好厝邊來開講」是TNT寶島新聲的全國聯播節目，我還記得每次在節目開頭的「台呼」時，我總在「好厝邊來開講」節目名稱之後，現場口頭插入「無要無緊，真情真事。今夜嘜講政治……」的感性副標題，來提示節目

的調性。後來，台長張素華小姐跟我說，這個節目是聽眾要求轉拷（卡式帶）的熱門目標；而且鼓勵我在每集播出之後，整理成書面文字，應是很好的散文。她最後那句提議，我認為是溢美之辭，而且，既是即席口頭談話，日子又總是馬不停蹄，我畢竟無力做到。

而今，陳玉峯做到了。他一向是最行動派的知識份子！

玉峯主持電台節目的時間不長，恰好是我從台南市教育局長退休而出遊日本、美國這半年。起因是吳錦發先生出任屏東縣文化處長，而央他接棒主持手邊的電台節目。這種「珠玉在前」的水準，的確不容易找到接替，必須是玉峯兄出馬才能稱頭。記憶中，二十年前，我敦聘玉峯教授在靜宜大學中文系開授「台灣自然史」，他應聲策劃，就做成15次的密集系列演講；而學期結束不久，《台灣自然史》15講，一盒15片卡式錄音帶的有聲書，也就隨之出版了。

這幾年，我從工作上直接、間接漸漸聚焦在「西拉雅與台南」的專題上。不但想要盡心於「西拉雅智庫平台」的倡議與建構，並且也已落實到「飛番勝馬」的圖象，和開授「閱讀西拉雅」的文學專題課程。拿最近的腳步來說，五年前陳建成的金光布袋戲創作劇本《決戰西拉雅》，四年前張德本的2500行長詩《累世之靶》，兩年前林建隆的小說《刺桐花之戰》，我都推動到中小學校園，以利從根準備好閱讀西拉雅的環境和風氣。上個月，當我熱力催生的英譯版《決戰西拉雅》完成時，也聽到吳錦發處長推動了以歌仔戲公演《刺桐花之戰》的文化藝術震撼彈！回首前塵，二十幾年來，我們三人似乎始終像是棒球場內各壘手和外野手，經常相互支援，守備著台灣的土地和文化！

陳玉峯在錄音室或在電台上線，依我的想像，應該是很受拘束的，大概像是被小人國釘在地上的格列佛吧。我很難想像如果沒有call in、call out，也沒有人在場對談，他會是多麼英雄寂寞的啊！然而他應該是寧可寂寞，也不在乎call in、call out的吧。

　　二十年前，他對著不上道的大學生，就曾經有摔mic和國罵一字經的激動場面。我輾轉知情後，微妙地勸他說，若實在不得已時，就只選其中一樣，而避免一次兩樣都用上。用這樣的柔性勸諫，他才按捺下來。

　　十二年前，他在靜宜大學副校長任上獲得總統鳳蝶獎。當時媒體的報導說：「一向直言無諱的他即使得獎也不改本色的說，謝謝陳水扁總統給他這個獎，但阿扁在花蓮縣長選舉開出的競選支票──興建蘇花高速公路，他仍反對到底，不會因得獎就被『摸摸頭』。他能得獎，最特別的意義在於，生態保育人士不再被視為爭議人士，相反地，他們是一群最具有道德勇氣，敢去處理、挑戰爭議問題的人！」陳玉峯以科學的數據解釋說，東部沒有生態緩衝區，颱風來襲首當其衝，日照時數比台灣西部少三分之一，在東部砍一棵樹要重新復育的時間是西部的三倍，蘇花高的興建對東部的生態只是浩劫，只會禍延三代。」（《聯合晚報》，2003.07.28）

　　這次他在本書裏提到，自己曾經驀然發現自己用台語作野台公開演講的爆發力。關於這項，許多人久已認為其實已是他的絕活。他不會緘默，但已越來越不輕易浪費時間。他在本書內首度提到2007年為什麼毅然辭去靜宜大學的副校長和教授職，轉而展開連續多年的印度、印尼、熱帶雨林的生態與宗教靈修之旅，這當然是難能可貴的沉潛兼壯遊。這番歷練過後的陳玉峯，已如柳宗元歷遍人間之餘的「漸不喜鬧」，甚至已到莊子寓言所謂的「呆若木雞」，已是不輕談勝負的境界了。當他再度講學於大學時，他選擇了成功大學的台灣文學系，全台灣、全世界目前唯一學士班、碩士班、博士班齊全，堪稱最完整的台灣文學研究教學重鎮。這點已顯示了他非梧桐不棲、非醴泉不飲的格局。當他廣播結束，再度演講時，一席話就點通了電台聽眾的靈犀，感召了善信，而募得了足以挽救電台節目斷炊的捐濟！看吧，若不是

這個節目，這個頻道，這麼難能珍貴的廣大聽眾，這麼基層而高貴的台灣人心，是如何長期受到漠視的啊！

當玉峯就這層深度感動而說：「整體而言，台灣基層民眾常自以為學歷低、讀書少，其實他們多半還保有傳統對知識份子的敬意，最重要的是他們具備一種特殊台灣人的謙虛，是禪門文化的底蘊，不會被知識綁架，似乎了然萬法唯識，以及對台灣鄉土的共同認同的意識……」是一種「言語道斷，真空妙有的自由心性」時，他大半生的行走山林，不事交際，反而成為明心見性的無上法門，見證著眾生平等的慈悲和智慧。我認為這就是台灣公民的覺醒，這就是台灣時代的力量！我相信這股覺悟所生的行動和力道，正要把台灣挺舉，在2016的總統與國會的大選，創造真正的台灣生機！

我感覺到陳玉峯教授越來越接近眾生，越來越擁抱眾生；眾生的痛，已經是他自己的痛。在全國上下承受馬政府所謂「課綱微調」的絞痛時，在高中生林冠華為此而捨身死諫時，在全島為此的憤怒抗議聲浪中，陳玉峯獨獨默默地帶著他印有「教育部」的博士證書、教授證書，專程到達「教育部」門口，當眾，當場，燒掉！這當然是絕對的寂寞、寧靜和苦心孤詣！然而，在寂寞中，他更有同伴；在寧靜中，他聽到更多；在苦心孤詣中，我似乎看見千軍萬馬的隊伍！從今以後，他僅以「裸真」與眾生同列；與台灣的土地站在同一邊！

人間書雖已很多，為了人類文明，還是要繼續寫；玉峯兄的著述雖已不少，為了跟台灣土地眾生同甘共苦，也還是要繼續再寫，或繼續廣播，因為，這才是慈悲的頻道！

前台南市教育局長
鄭邦鎮 2015.9

序二／
耳順之樂

我們正走在不可逆的人生路上。

經歷了三十而立、四十不惑、五十知天命，六十耳順又是另一番新境界了。恭喜好友蘇董邁入耳順之年，我也很高興這十多年來，有這麼一位好友知心交陪。

蘇董是一位廣結善緣且喜與人為善的人。在事業上，他不吝與人分享經驗、利潤，以共利互榮的心態，成功經營第一品牌的廚衛設備，多年來以精緻藝術的品味刷新國人眼界。在公益上，他是一位從不缺席的支持者，不論是環境生態、文化藝術或弱勢生命等，他是個無役不與的好戰友，總是不間斷的付出、關懷台灣這塊土地，深刻且真誠。

有這樣無私心胸的他，當然也是一位興趣廣泛、內涵豐富的人。

長年浸潤於音樂、藝術與佛法的他，有著平和儒雅的氣質，但卻又有著驚人的毅力與耐力，上山下海優遊於台灣的高山峻嶺，我想這一定是他愛台灣的方式之一，唯有親臨，方能感覺其美好與奧妙。這又不禁使我想起我們亦結緣於台灣山林。

蘇董與我初識在前往鎮西堡的旅途中，或許就是靈氣氤氳的巨木森林，讓都熱愛這塊土地、有共同的價值觀的兩人成為好友，這十多年來，一起從事社會關懷與環境保護的挹注。而最讓我銘感於心的亦是他來自玉山「3952的祝福」——在玉山之巔，他站在台灣離天神最近的地方為我祈福，希望我平安的度過一切難關！

他即是這樣一位真誠、體貼的好友。

勳章菊。

　　「耳順」是一種善體人意、圓融無礙的境界，既能堅定自己的立場，亦能理解他人的立場，君子和而不同，了然於胸。哲學大師牟宗三先生說：「必須饒恕一切，乃能承認一切；必須超越一切，乃能灑脫一切。」蘇董在人生的歷練上一定多有所感。身為好友，除了發自內心的祝福，更希望蘇董能有如實自在的快樂，圓融於外界，無礙於內心，耳順之樂莫過於此。

愛智圖書公司董事長

楊博名 祝福

2015.8

目次 *the air*

輯一、
廣播與演講

筆者於台中望春風電台。
（2015.5.13；嚴玉霜攝）

廣播、聽聞的奧妙

　　一生迄今曾有2次令自己讚嘆的演講，是發生在政治性（好像是選舉場合為人助講）的場合。由於現場氛圍熱絡，我講得抑揚頓挫、高潮迭起、分秒精彩、不打草稿，而且，最重要的，讓我擊發出，講了些過往都沒想過的，有智慧的話，也就是即席創意、臨時創發，以至於走下台階的瞬間，我拳掌相擊，讚嘆自己說：哇靠，我怎麼這麼厲害！

　　也在那一陣子，自己感覺應該是自己演講能力最高峯的時期，後來，真的也就沒有再發生了！

　　如同好老師之所以會出現，是因為有好學生，我之所以能當下創發，是因為聽眾氛圍的刺激使然。反之，未必然。然而，更精確地說，是講述者與聽聞者之間，恰好發生特別的共鳴，或一致的某類震動，或說，眾人之中的某些智慧者，隔空傳達，給了演講人一些啟示。因此，我那2次超棒的演講，可以說，是因為接受到聽眾或智者，或群體共同念力的加持啊！而不是我堯（註：台語G-au，很行的意思）啊！

　　這種聽與講的最佳狀況，似乎不常發生？！基本上，聽眾與演講者旗鼓相當時，這種狀況比較容易發生。而如一般上課，也就是台灣傳統式，近似上對下的方式，大概只在問答時段，比較可能激發另類創發，尤其在對優秀高中生的演

講時，一般到了大學部，除非是在最頂尖的系所，且師生都可在開放心靈態度的場合下才易發生。因爲，高中生階段，被洗腦的程度還沒那麼深。

我在大學的授課，遇上眞正有實力、有心胸格局的學生很少，頂多是個性有點扭曲的所謂「憤青」，這大概是我無緣之所致。我在台大植物系的退休老師陳榮銳教授曾經對我說，他一生最大的遺憾之一，就是沒能把我弄回母系教書。也許就是這等思維下的感嘆吧？！

好了，我不要再往自己臉上貼金了，還是進入我要講的主題吧，也就是廣播與聽眾之間的微妙關係。我曾經差一點成爲或淪爲所謂電視上的「名嘴」，而上廣播節目只是斷斷

我的老師台大植物系退休教授陳榮銳（中）、楊國禎教授（右）及筆者。
（2013.8.29；台大校友會館附近；陳月霞攝）

續續，2015年才算正式做了不到半年的廣播，嚴格來說，我沒資格談廣播。雖然因爲自己蒙著頭在錄音室內預錄了一段時間，我也會去聽聽各種節目的內容、表達技巧、各自風格與特徵、聽眾群的性質，但在現今廣播界，我欠缺足夠客觀、深度的瞭解，所以我今天不是要講評台灣的廣播，只是憑藉極其有限的感受，跟空中朋友們聊聊些微的感想罷了。

　　其一，廣播的聽眾五花八門，別以爲多是開車無聊轉著聽，很可能只要是做著例行性工作，又不必全副精神專注的事，都有機會收聽。從工廠基層員工、家庭主婦、退休族群、耆老族等等不一而足，但從每個節目的屬性，大概就可得知一個總原則：台灣社會表面充滿自由選擇，但實際上沒有眞正自主主體性的選擇，爲什麼？因爲大家都受到不等程

台中望春風電台嚴玉霜台長。（左：2015.1.29）

度商業化、政治化的洗腦，我2015上半年做的節目也是，不過，我是不甩背後的「老闆」，也許也因爲這樣，就提前陣亡了。

我談的是大結構的問題。簡單比喻如下：

台灣的廣播類似台灣的農業。台灣在「以農林培養工商」的時代，台灣農業是受到國家（統治者）的政策支配的，後來則是被國際逼出的自由市場化宰制，以致於小農經濟的競爭力衰退到谷底，農民變成絕對的弱勢。

台灣的廣播，早先是在專制強權政策的掌控下存活，如今則是取決於市場經濟法則，不能賺錢的節目穩死無疑，要不，你就得符合特定目的性的依賴指示存活。

不只古老傳統的廣播，其實台灣的傳媒都一樣，總特徵：聽眾、觀眾沒有自主權，通常被迫接受，要嘛在一堆爛蘋果當中，選個較不爛得徹底的；要嘛關閉視聽！然而，大多數人卻是邊看邊罵，然後邊罵邊看，以致於跟著「爛死了」還自以爲高明。

相對的，台灣的觀眾、聽眾太需要夠水準、夠專業、夠深度的好節目，可惜，要培養出夠鑑賞力的觀眾、聽眾足夠大量之前，好節目就被迫下架了！台灣絕大多數節目，掌控在夠缺德、有夠沒水準的資本家手中啊！文化部呢？不提也罷！說個半開玩笑的話，我很想炸掉那些演幾百輯連續劇的電視台！但更可惡的是，媒體人三不五時就會罵罵台灣的觀眾、聽眾沒水準！

這個大議題下的龐多問題，讓我很想研究台灣的廣播或傳媒。可惜，我不能這樣的「良性的不專心」，還是打住

吧。唉！我總覺得做什麼總得像什麼，擔任任何角色，至少得具備那個角色的樣子，也就是老一輩台灣人認為的「樣子」（Lasi）！以後若有機會，我會認真探討之後，再來跟大家分享！

其二，好久以來，我注意聆聽聽眾跟節目主持人的對話，或相互之間不對等的言談，我心常有一種說不出口的哀傷。在不誇張個人的感受下，我還是要說，台灣存在太多、太多需要被關懷的人，而這麼龐多需要被關懷的人，他們的問題很大的一部分是自找的，這自找的問題又可分成三大部分，一部分是不義政權汙染化、毒化教育造成他不自覺地陷入。這部分是他不自覺自找的，可以算是非自找，但他無法自覺，所以還是自找的；第二部分是社會風氣、氛圍造成的，也就是整體時代風尚誘導出來的，包括影劇、傳媒日積月累慢慢引導出來的自尋煩惱，一大堆意義不大的比較、計較，物質化、虛擬化，生命似乎盡往很不實在的方向在狂奔；第三部分，傳統迷信、帝制、專制古生活文化習氣的拉扯、矛盾與阻礙，藉助片面的是非，卻腐蝕理性力量的進展。但是，所有的所有，基本上最大的背後結構，是來自太多政治力的黑手在運作，也就是統、獨之爭，超過一甲子國不國的扭曲，且在2008年之後，惡化到近乎潰決的悲劇。這個第二大項要談論的三大部分，則龐大到所有。在這裡我無能談。

在這裡，我隨意只舉一個渺小的例子，說明政治黑手的操控：

2015年7月14日我到嘉義、布袋好美里做口述史採訪，

有個受訪人說：我們太聖宮前往海邊方向，較早是十多公頃的墓仔埔，這裡有條好地理的龍脈、血脈，康熙年代，清國派個叫做蔣大亮的地理師到我們這裡，把這個龍穴地理破掉了！所以怎樣、怎樣……。

　　我在全台各地的調查，乃至各種鄉野傳說、文本，諸如此類破地理、壞風水的故事或說法多如牛毛、不勝枚舉！

　　事實上這類「鬼話」，大致上就是「政治暗語」，偏偏大家都假裝不知道或不願思考，其實它是透過「迷信」，「告誡」台灣人：不能台獨，「因為你們台灣人，沒那種命啦！」也可以反過來說，也就是站在台灣人的立場：台灣本來就到處有「龍穴」，各地皆可產生「真命天子」，奈何都被「清國或中國」來敗了了！

　　這個台灣夢魘，有史以來都是來自中國，現今穿上的鬼面具是「統獨之爭」，過往則是利用迷信在毒害、催眠台灣人，而且，現今的傳媒反覆重播著這些鬼話連篇。

　　我要特別強調：沒有什麼統獨之爭，一向只有中國想要侵略台灣、併吞台灣的企圖或事實而已！但歷來傳媒，一直或明或暗，變換著各種名詞、說詞，在蠱惑、洗腦、汙名化、催眠著台灣人！

　　其三，應該進入我想談的主題了，也就是廣播與聽聞的奧妙。

　　隔空講話叫廣播；面對面是對談；三人以上或稱大夥兒為聊天；一人講、眾人聽是謂演講或上課。反正不管形式，聽聞或由耳朵傳達到大腦或心靈的途徑，是人類感官當中很奇妙的現象。「聽說」人類死亡、彌留之際，所有感官中最

後消失的一個叫做聽覺，因此，有人臨終時，最好不要吵雜、喧譁，或給予柔和、溫馨的音樂為最棒。台灣人深知此間莊嚴，還不時提醒、告誡：不要「吵死人」！

我曾經在電台講過半輯的「活體有聲書」，以大乘佛教第一個學派「中觀」的創始人，出身天才兒童的龍樹菩薩為例，說明聽聞是人類知識傳遞最有效的方式。龍樹菩薩據說還在吃奶的時期，就由聽聞背誦得出大約512萬個字！古印度所有經文，一概是口耳相傳下來的，文字是晚近才大量運用的。

武俠小說的功夫包括「魔音穿腦」；《西遊記》制服得了潑猴的是念咒；古印度人特別相信聲音是有魔力的，還發展出一大堆密語及咒語。而「聲」是一種波動，人耳聽不見的叫超音波，事實上是誤用了中文字，音是指最奧妙的，甚至是形而上的聲，超越物理現象界的波長及頻率的，觀世音不必拿聽診器，祂是用「觀」的，不是「聽」；祂觀的心音，也不是心跳的聲音，而是靈覺。中文字涵蓋各種波段，以及頻率，乃至有形、無形，謂之音聲或聲音。

就一般的聲音來說，我上課、演講或廣播之前，不管是多熟悉的題材，最好還是要準備、溫習（熱），最重要的是兩件事，一是講的熱情或內外在的動力；另一項是養好體能，因為聲音就是能量，聲音是有溫度的，聲音是有力量的，聲音是透過質、能，整體性地傳導與振奮或感染人心的。沒有充分的體能，只能是心有餘而力不足。

聲音的質能的大小，取決於發聲者的真誠度、利他程度（或無私程度），以及智慧深度，也取決於聽聞或接受者心境

複雜的狀態、閱歷、人生境遇，還有時空的種種因緣。如果可以引起聽者的共振、共鳴，則力道是加成或等比級數的，甚至是緩慢的質能互換公式的（例如 $E=mc^2$），可以影響一生一世，或隔空感染的！

　　然而，一般的講者與聽眾之間，常常由於情境上、程度上、智能上、經驗上……天差地別，可以達到加成性的共鳴、共振並不容易，有時候是雞同鴨講、對牛彈琴（註：對牛彈琴這句成語只是人本霸道的習慣用法，牛不見得不能領會特定波段的琴聲！）；有時候是言者無意，聽者有心；最多時候是彼此誤解、各自解讀，畢竟俞伯牙與鍾子期是千古絕唱、鳳毛麟角啊！

　　1980 年代末葉，林俊義教授長期下苦功在科學哲學的議題，有次在課堂上卯足全力、貫穿科哲史精華，上了一次深入精闢的好課，下課後跟我說：「喔！講完課有一種虛脫感！陳玉峯啊，我這課不講給你聽，要講給誰聽啊！」相對於今，我常覺得林教授與我還可算是幸運啦！像我在中部某大學上學期的課，我堂堂聲嘶力竭、搏命演出，除了偶而賣相較佳之外，多半是在公墓上演唱，逼得我拿出道士用的招魂鈴，但使用一次後也不管用了，下次我準備帶幢幡！

　　然而，2015 年元月中，我做全國聯播網一個節目以來，卻發現台灣民間草根基層聽眾的水準超高！由幾位跟我聯繫過的聽友的反應，有些我講得很深沉的哲思、反思，他們不僅抓得住旨趣，還聽出弦外之音，甚至也可聯想、推衍到我沒講出的意境或層次。當然，也有一些誤解與盲點。

　　整體而言，台灣基層常自以為學歷低、讀書少，而且，

他們多半還保有傳統對知識分子的敬意，最重要的是，他們具備一種特殊台灣人的謙虛，其實也不是謙虛，而是禪門文化的底蘊，不會被知識綁架，某種程度似乎了然萬法唯識，此外，我與聽眾之間存有對台灣鄉土的共同認同意識使然。

我在大學課堂上常強調，我在野外調查、前往異國異文化學習時，特別注重不下任何批評、評斷，只求精準記載抓得到的觀察、聽聞。要判斷、要評比、要論述，以後再說，回來再論。我跟學生提醒，學習技巧千百種、武功心法萬萬種，以「虛其心」為頂級法門。然而，台灣的草根聽眾普遍具足！至少絕大多數聽我節目的人，我相信如此，這是我近來最大的福報！

我也瞭解正反相生、福禍相倚，語言能及處總是兩極並存。廣播也可以是催眠，可以是妄相蠱惑，假話講數十百遍也會成真。一些所謂的「大師」，騙人騙到自己都相信呢！還有，許多人只因為習慣的養成，乃至有意轉無意的慣性，後來變成一類情感轉移式的依賴。這類聽眾很容易買成藥。

雖然從事廣播，除非是現場Call-in節目，否則是欠缺「人來風」的高能量的付出，當然這是指製作者用心盡力地製作。

親愛的聽眾朋友，聲音是直達心靈的脈動，是思想、情感4D的藝術。廣播界有個古老的「炭火比喻」，廣播像是燒木炭，點燃需要時間，它的燃燒緩慢，但即令炭火熄滅了，餘溫還是久久。廣播不是電視或瓦斯爐，一開點火，畫面熾熱；一關則瞬間熄滅，常常了無痕跡。如同報導與文學的差別，報導的特徵就是看過就沒了、忘了；文學則是沁心入

脾，隔著長長時空，還不時、無意間冒出地下溫泉來。

最後，稍稍說明聽聞跟文字的差異。

文字的會意遠不如聽聞的直接，看文字得經過視覺、記憶資料庫的喚起、不同組合的推敲、核對或比較，必須專注，讀書或閱讀文字存有很多大腦運作的各個不同層級，要讀入心，很費時，也很容易遺忘、走失。文字通常又那麼小，視野多半被侷限在方寸。反正，光是要喚起文字特定語意、意象，大腦心識必須耗費大能量，而且又是多層且間接，不像聽聞的無孔不入、輕鬆直接，可以說，聽聞不慍不火，不必分解消化，也可暗暗發酵！

言語、音樂、聲波等聽覺如果是葡萄糖，人體組織、細胞可以直接吸收，則文字大抵是蛋白質、脂肪，至少是澱粉、雙醣類，必須經過分解、裂解成基本單位，人體才能接受、吸收。心靈或像植物，並非你撒泡尿它就能吸收，尿液等必須經由細菌等多方分解成含氮的鹽基、離子等，植物的根方能利用，曠日廢時，還需要特定的助緣呢！

朋友們，台灣傳統美德與文化，幾乎都是由口耳相傳的教化而來，它形成今天台灣最美麗的風景，以及善根的永續。而日本俗語說的，眼睛能講的，比嘴巴多很多，是在強調心領神會、拈花微笑、想像或靈覺的特效，在我來說，各有特色、互為流通。

2 活體有聲書

　　《風雲台灣·談古說今》開播以來，原本我採取較散漫的交錯方式開講，這是因為考慮廣播聽眾多半是在工作、開車或邊做雜事的狀態下收聽，比較不可能完整聽完每一天的完整1個小時，所以設計成聽個片段也許也可抓個大概，畢竟

姚家兄弟（弟弟9歲）由媽媽帶著，2015年7月26日專程由高雄搭車到北港，轉口湖，為的是聆聽筆者演講，看看收音機播音者的長相如何。據說，兄弟倆（姚珞誩、姚珞璜）每逢《風雲台灣·談古說今》播出時，都會收聽。

這不是在課堂上正襟危坐、專心傾聽。

　　然而，經由一些朋友試聽2、3輯之後，有些朋友，特別是美琇女士依據其閱聽人的專業，建議我採取區分為若干單元，分別談述特定主題，這樣聽眾比較能抓得住旨趣。於是，我將內容大分為4+1個單元：玉峯仔講古、生態與環保、心靈暨宗教平臺，以及台灣文化教育，外加特別專輯，也就是訪談個別議題的投入人，或過年等特定節目或內容。美琇女士說，聽起來好像另類的空中教室，或有聲書。

　　是可以這樣說，沒錯，甚至也可以視為有聲書的獨白，或不是。美琇女士的說法，引起我想說個小故事。事實上有聲書不但不是現代科技文明的新產物，恰好相反，它是數千年來或古人傳遞知識、聽聞的主要方式，還有不識字素人的文化傳承手段，只不過古人是個別背誦，以人為載體；現代有聲書是機械大量複製，便利傳播及隨時、隨地、隨興收聽。

　　已知最厲害的古人「有聲書」大概例如南印度的龍樹（Nagarjuna；西元150-250年），他是第一個大乘佛教學派（中觀）的創始人，鳩摩羅什（龜茲人，即今新疆庫什、沙雅兩縣之間；西元344-413年）翻譯的《龍樹菩薩傳》，說他在哺乳期就能誦讀四部《吠陀經》各四萬偈，每偈32字，所以在小時候即大有名氣。也就是說，他小時候就至少是一部512萬字的活體有聲書。

　　他什麼都很傑出，還會隱身術。年輕的他與三個好朋友不時隱身溜進皇宮中，讓宮女大肚子，因而國王找人破解，例如可以用白粉鋪地，找出隱形人，如同電影情節，從而追

殺這些青年。龍樹幸得脫逃，但他的朋友被殺。他倖免於難後才領悟欲望是痛苦的根本，因而出家爲僧。一開始他學小乘佛教，90天內就背盡三藏（經、律、論），當然也是數百千萬字或以上。隨後又得到某一座塔中藏存的許多大乘經典，例如《八千般若頌》、《法華經》、《普曜經》、《楞伽經》、《華嚴經》等等等。他是一部現代電腦。

　　他將佛陀或初期佛教的「緣起說」，升級爲「緣起性空說」，否定客觀事物的實在性，做爲佛教解脫觀的理論根據；他的八不說：「不生亦不滅，不常亦不斷，不一亦不異，不來亦不去」，也就是全盤否定生滅、常斷、一異、來去，這4對範疇。或說事物沒有眞實的生或滅；靈魂沒有常存不變或會斷滅；因果既非是一，也非互異；也否定運動的來去等方向性。生、滅指實體，常、斷指時間，一、異指空間，來去是運動的角度或方向，如此，否定了宇宙實體、時空及變遷的絕對性，幾乎也含括了愛因斯坦的相對論！這是他的唯心辯證法，否定了事物的眞實性與客觀性，大大影響了佛教發展，建構「萬物皆空」的弔詭。

　　我將龍樹及馬克思的辯證法，視爲古代及近代的兩大「恐怖主義」。而龍樹是古代有聲書，馬克思是近代文本書，兩者都影響全球漫長的時程。我的空中談只是台灣夜市路邊攤，或什麼也不是，也許是有點小意思的雜音，但一份台灣情罷了！

3 《台灣之音》

（2015.7.4 播出）

親愛的空中朋友，大家好！我是陳玉峯。2015年6月30日之前，我在快樂聯播網做一個《風雲台灣‧談古說今》的節目，大約做了半年。現在，那個節目已經因為經費的關係停掉了。那個節目是在每禮拜二到五的早上10-11時播出，節目分成五個單元，也就是：玉峯仔講古、生態與環保、心靈暨宗教平臺、台灣文化教育，以及特別專輯等。本來我預定要講的題目及內容，至少可以講4、5年，如今忽然停掉了，也許可以另作轉向。聽說原節目，全國聽眾朋友的反應還不錯，台中望春風電台台長嚴玉霜感到不做有點可惜，所以邀我在這裡客串主持每禮拜六，同一時段，來插花仔就是了。

對我來說，數十年、一世人在台灣打拚，我的原則、作法從來沒有改變，只要能讓我為台灣服務，做多、做少都是我最好的福報。

雖然現在每禮拜六只有這一點鐘，聽眾的族群，可能跟我以前的節目有些差別，但是我相信這些都不是問題，而且，這個節目更自由，不須分段，沒有廣告，因此，我想抱著自在的心情，隨著感覺意象流走，來為大家服務。

大概大部分聽眾朋友都不認識我，所以我在今天第一輯

一開始，簡單向大家報告，介紹我自己。我出生在西部海邊的雲林北港鎮，我不知影爲什麼父母給我取了一個台灣最高山的名——陳玉峯，而我的確，一輩子都在譜寫台灣的《山海經》，我做台灣的植物生態研究已經40年。因爲年輕時都在做土地、生態的調查研究，瞭解台灣政府嘴巴講的、文字記載的，都跟實際上或事實有一點點差距，那一點點差距是要用光年來計算的，所以，1980年代，我凍袜條啊，就口誅筆伐，也走上街頭抗爭、運動，就是現在在說的環境運動、保育運動、弱勢運動、平權運動、原住民運動、政治運動……等等，橫直哪裡有不平，我們就會站在哪裡發聲。

我最早做過6年多國家公園的公務人員。1980年代就替東海大學林俊義教授操盤立委、國代、市長等3次選舉，接著曾爲某立委、張溫鷹前市長做文宣等等。爲了瞭解台中的種種問題，關心台灣的生態議題，1991年我設立NGO「台灣生態研究中心」，1990年代我做過台中1百多個公共問題的研究。1991至1996年期間，台中的問題差不多讓我吵得最大聲，大約每禮拜或十來天，台中就有我發表的議題，很熱鬧。經過20多年，那時候的研究結果，到現在還是很管用，因爲大部分問題都沒解決，甚至更加惡化。

這些台中地區的瞭解，可以在此節目中做些背景，用來談論台中的現在及未來，當然也不見得只適用於地區性而已，基本上我是以全台灣爲論述的。

我最早在大學教冊是在台大植物系3年，然後，逢甲土地管理系兼了一學期（故事，口述），再來，去東海大學生物系兼任了幾年。接著，在靜宜大學中文系兼任一年，然後專

任於通識教育中心。1998年我創設全國第一所台灣「生態研究所」，後來加設「生態系」。所以，我做過通識教育中心主任、生態研究所所長、副校長等等行政工作。

2007年我辭職（網路上有人黑白寫……口述），學習宗教哲學6、7年，也跑去美國、歐洲、印度、印尼、日本、泰國……，後來，我去一間大學的宗教學系，擔任客座教授一年，然後我又跑掉了。接著朋友來邀請，2014年我進入台南成大台灣文學系，現在是台文系的專任教授，也在東海通識兼課。

所以，我教書的系別有台大植物系、逢甲土地管理系、東海生物系、靜宜中文系、通識教育中心、生態學研究所、生態學系、玄奘大學宗教學系、成大台灣文學系。恰袂似俗語講的「十二生肖變透透」，各種行業都做過似的，也寫過60多本書。因此，我可能比較不會受到一、二種專業的限制，做起節目來，可能範圍可以稍微大一些，但是我的本業是生態，其他算是副業。

咱這個節目不分單元，核心議題或主題都是台灣，就讓我從台灣的自然或生態旅遊切入。但是，廣泛或全面性的相關，多少會帶到。

剛說過我在台灣山林學習40年，最近這8年很少上山，除了MIT找我去大鬼湖、玉山、南一段等等做解說以外，就很少爬山了，但他們一找我卻又是「大晡吧」！

上個月，我突然翻閱以前拍照的中央高地南二段，從八通關到南橫公路的草原、森林、山嶽，看到台灣高地熟稔的地景，單面山像是不對稱金字塔的星羅棋列、曲折佈陣，色

澤、色溫漸層的嬗遞，無論是藍天白雲的襯底，或是霧氣打底的山水，反正就是洋溢著前世今生的溫暖，給我一個遼曠無垠的家園感，油然滋生。這就是所謂「聖山」的感覺，不只是人死後靈魂歸依的場域，更是隨時隨地都存在的慰藉，也就是大地有情。

青壯時代我不懂「愛」，不解「情」，但我卻長期接受台灣、地球生界最大情愛的呵護。情與愛不是擁有、佔有、支配等等渴望或慾望，而是無條件的給予、庇護、照料、接受與寬容；情愛就是自由自在與自然，讓人心有個可靠的慰藉與依歸；情愛沒有目的論，也不需要動機。

我這樣的說法，並不是要告訴別人你該如何或不該怎樣。該、不該是人類社會或群體生活中，為確保整體及世代生存、發展而產生的，後天式的規矩、守則，或所謂的倫理、道德的約定俗成，或依不同時空制定的法規條文，往往是很大的偏見、莫名其妙的執著。

我比較喜歡沒有比較的，單純自然的情與愛。因此，即令現實與理想拉鋸，時常有弔詭或矛盾，《台灣之音》第一輯就從自然之旅或生態旅遊開始。往後的節目，我一樣會談教育、談環保、談政治、談文化，無所不談。

現在，我們就進入「遊山問水系列」的導引，然後旅遊、神遊塔塔加鞍部、新中橫。

4 誠摯的佈施沒有佈施
《台灣之音》第 5-8 輯

　　親愛的聽眾朋友大家好，今天是第5輯，又到了陳玉峯時段，《台灣之音》的節目。

　　上週我談新中橫的生態旅遊，講到台18公路102.1K的鹿林「假」神木，接下來原本準備要講104.7K的「石山服務站的鬼屋」故事，但今天我想先談台灣的「無善之善」、「無德之德」、「無功用行」，或說台灣人超越時空、隔空感染的，一種極為神祕的心法。這種心法的本質是《金剛經》、《法華經》、《楞嚴經》，或「台灣禪」。雖然，我過去曾經在《風雲台灣・談古說今》解析過「觀音法理」，但因一下子講得太深，大部分聽眾難以領會，今天，我先透過2015年7月4日，在高雄鹽埕區長老教會，為綠逗募款的演講中發生的故事，以實際草根基層的行為，再度側面說明台灣人的純粹利他的感人事蹟。

　　但是，說是感人的故事，事實上幾乎沒有故事，所要講的，一、二句話就講完了，用文字、語言去形容，似乎一點兒也不感人，因為這種故事是超越故事、超越語言文字，只在普通一、二句言談中，伴隨著有力的動作，讓人瞬間體悟的不可言說。一旦要去解釋、說明，它就愈遠離，甚至愈描愈黑，平白蹧蹋了原本的單純與清淨。

　　所以，我只能透過很俗的話或方式，與朋友分享，但願我的敘述，不會汙染了本然的單純與清淨。所以，我只好先從我的演講開始，然後引介發生的事，後面再進行種種詮釋，包括對科學解釋的反思。

　　朋友們，請原諒我得強調，你聽不懂有些我在解釋的部分，沒關係，但是這些表面上很跳躍的言語，就如同佛法唯識論在說的「種子識」，它會深埋你的靈內，適當時機或因緣成熟之時，它就會萌發、茁壯，開花結果。而且，我得花3、4個小時才能稍微講完整一些。

　　2015年7月4日下午，「綠逗」在高雄的募款演講會，原本安排我第一位講，後來我打電話給美琇，建議她如果願意讓我為綠逗募款，最好演講的順序，將我調到後面。因此，美琇開場後，第二位講述者是「基進側翼」的陳奕齊，他慷慨激昂，頗有年輕世代的氣概，口才一流；第三位是吳錦發，他是老薑，談笑用兵，詼諧辛辣，針砭猶勝當年；然後，由「島國前進」的黃國昌接棒，他以穩重誠懇的語調，解析政局與前瞻。接著，由我作募款演講。

　　我在寒暄問候之後，背誦了16句《昔時賢文》，下面我就把當時的講詞，重新在這裡講一次：

　　〈綠逗高雄演講〉（略）

　　我在講出要賣那瓶「鐵板沙」之後，高雄熱情的聽眾，一位先生馬上說：他出5萬買下第一瓶，但接下來就沒聲音了。而其他演講者沈清楷、何博文接著講述。表面上募款也就沒了，事實上才正要開始。

　　聽眾一個接著一個去買書、捐款，然後拿來給我簽名。

有的人塞個幾千塊；有人跟我說：「不好意思，沒多帶錢，剛只捐2萬塊，回去以後再去劃撥！」事實上，大部分捐款人都不想留名、沾「善事」。突然，一位清瘦的女士走上來，在我座椅旁蹲下來，而講座桌正好隔開觀眾的視線。她把一堆東西塞進我的背包內，但我忙著簽名並沒有注意到。然後，她掐住我手臂的瞬間，力道蒼勁、異乎尋常，她說這個給你去做事。我抓出那包東西才知道，是一疊5百、1千，也許是2千元的新鈔，厚度約6、7公分。她不留名字，我堅持。

就在看不很清楚那是一疊鈔票，以及她有力地抓我手臂的瞬間，我猛然領受到我近年來不斷在宣傳的，台灣傳統宗教的「無功用行」。就在這當下，我把那堆應該是錢鈔抓出，要了麥克風，胡亂地講了幾句話，就把那疊厚厚的新鈔，放到美琇的桌面上。

她沒捐什麼，她與我也沒看清那包什麼，我或綠逗也沒接受什麼，但三者之間就好像電流脈衝似地，一個箭步的波動傳導過去而了無痕跡。

本來這樣已經足夠，但我還殘留的一些俗氣，硬逼著她留下電話、姓名，寫下來交給美琇。

美琇站起來，垂下清淚，只能講了二、三句，不知該講些什麼的致謝詞。接著還有一、二位來賓，講些其他的話題，結束那天的演講會。

那天，我大姊及大姊夫從台北趕下來高雄，到會場聽演講。他們也跟捐款的女士聊天，還有我跟她零星、破碎的談話，我得知這位捐款人不看電視、沒有手機、不用現代化的

許多產品。她孤獨一人，過著近乎苦行的簡樸生活。她參與大大小小的政治、社會運動。她擔任義工，她對社會行為、麁多公眾人物的言行，瞭如指掌。她講了好多好多我聽都沒聽過的人與事。她在一、二十年前就聽過我關於土石流、山林或環運的演講。她也告訴我，某某學運的年輕人（這年輕人口才好的不得了）她還在觀察。當然我了然她的意在言外。

　　我回台中的第二天，輾轉傳來有人要捐款給我。我要了對方的電話打過去致謝、婉拒。我告訴她：我一輩子做社運、教育，骨子裡不承認這個政權，所以我從不立案，沒辦法開收據給人家，妳還是去捐給真正在做公義、公益的人吧！她說她一直都有在捐款給做公益事的團體，她聽到《風雲台灣・談古說今》節目要停，立即打電話去綠逗，她說她願意認養一個月的廣播費用（40萬元），不要馬上停掉，但不了而了。她堅持要捐款給我，我說好，妳就捐給我一百塊錢吧！然而，後來她還是寄來了一筆款項！

　　我也問她，為什麼要捐款給我？她說你一直在做很多社會事，而我們有心卻無力，只能捐些財物，希望你能繼續做下去，我們也捐給很多出家人，他們也都沒收據哪！

　　親愛的聽眾朋友，今天我想談的就是台灣人的佈施，佈施的內在動機是什麼？傳統宗教說佈施有幾大類，財物施、法施、無畏施，而佈施的最佳境界是三體輪空，也就是：以財濟人，內不見己，外不見人，中不見所施之物，是謂三體輪空，是謂一心清淨，則斗粟可以種無涯之福，一文可以消千劫之罪。

　　然而，傳統宗教這樣敘述是不得已的，上述，事實上是

「佛」渡有錢人 ?! 注意手持元寶。

矛盾的，是勸世的，是有動機的、目的論的，是用福德在引誘勸募財物的，是有可能充滿雜染的，是可能走向墮落的、斂財或其他負面結果的，是更可能淪為贖罪證之類的阿Q心態的！

眞正台灣禪門的佈施不是這樣的。「三體輪空」的究竟義是沒有什麼佈不佈施的！如果人眞的可以「一心清淨」，何來種什麼無涯之福？何來消除什麼千劫之罪？如果人還是抱著福與罪的念頭，本身就是雜染；一心抱著行善而做著善事，很可能不但沒有善，根本就是綁架自己的心，執著而無法自在哪！《心經》、《金剛經》就是在破除這樣的迷障。

《六祖壇經》說「一切福田，不離方寸；從心而覓，感無不通」。我說這也是一種迷障啊！然而，對天下蒼生而言，六祖不得不講些三十六對破解法，但所有語言能講清楚的，都不清楚！然而，再講下去就又產生更多的誤解與迷失，就讓我另從實例來講吧。

幾年前我很想推動「誠摯的佈施」，也就是產經企業大小老闆，在生產、製作、行銷、分紅利等一連串過程的每一環節，用心盡力在避免危害社會、造孽世代，總原則是任何生產者，爲其生產品負責的基本態度與行爲。許多表面上中規中矩的生產者，事實上，不負責任地將外部成本轉丟給土地環境，汙染水土空氣；許多產品不斷腐蝕人心、危害年輕世代（請原諒我暫時不列舉一大堆恐怖的產品及長遠的惡果），然後，這些公司再設置一些慈善、公益單位，在社會上標榜行善、賑濟、種樹、教育等等一大串「偉大」的善行。更恐怖、邪惡的如頂新、政府，或一些宗教團體，那就不必再說了！

　　一個人真誠面對內心，隨時隨地隨境遇的每一步驟，他的心就是良知、天理。現在許多所謂的出家人、修行人，拿了企業、商人的錢，徹底淪為「拿人的手軟」，更且以價計量，比奸商更奸，因為他是買空賣空完全不做實際事，跟惡質政客等同。惡質政客彼此不斷創造虛假的、不存在的幻象問題，然後一天到晚忙著解決不存在的問題，他們真的很「忙」，因為「忙」這個字的精義就是「心死了」，眼盲、目盲、感官麻木，連真心都死掉了啊！

　　如果聽眾還是覺得我講的太抽象，我就再度舉環保與資本家的例子來說明吧！

　　2015年6月22日中午，施明德先生在雲林打個電話問我：雲林縣議會通過的《禁燒生煤與石油焦自治條例》，中央及環保署卻百般阻擾，則出手拿捏該當如何？也就是說，施先生的問題重點的一部分是，他該不該站在環團直接、立即訴求，強硬抗爭，包括釋憲（打憲政官司）？或直接由地方政府及民間環團硬幹到底？

　　我告訴他，環團當然要站在本業堅持且抗爭到底，但政治人物的視野及智慧，必須洞燭結構性的問題，以及長短因果各層次的關係，事實上，在技術上可以不斷提昇燃煤的效率，且將燃燒不完全的CO_2及其他汙染物質降低，問題只在於廠商、業者願不願意投資改善，以及政府環保單位願不願意提高標準管控及監督。燃煤不是零和戰局，不是焦土政策，而是如何調整「賺多少錢」的道德及規範，不就是政治的智慧嗎？！

　　施先生很聰明，一聽就懂了，可是現在的政權呢？

　　不幸的是，台灣因為政治的緣故，從農業到工業、到三級產業（如服務業）的時期，最高指導政策是可以犧牲台灣，只為成就土匪霸權的反攻大陸，所以環保及生態問題是走到了超級破壞及汙染的地步，才後手不得不做亡羊補牢的掩護。所謂的環保運動，從1980年代末葉到2008年，算是「活不下去、官逼民反」不得不揭竿而起，並非理念、信仰或自覺型的運動啊！

　　現在的環保署長說，台灣大約4成的電力靠燃煤（火力發電），若禁燒生煤等，會造成國家安全的問題。準他說法，雲林縣引進六輕之後，癌症死亡率變成全國之冠，大成台西村每14人就有1人得癌症，這些人或已死亡的冤魂就必須為了「國家安全」而犧牲？！

　　這讓我想起後勁五輕動工前，1990年中，當時的經濟部長蕭萬長南下招安後勁反五輕運動，後勁人李玉坤先生前往高雄國賓飯店11樓會談。蕭告訴他：後勁只有2萬人口，台灣2千多萬人口，這2萬人是否愛來體諒這2千多萬人口的經濟前景？李玉坤告訴我說：意思是五輕若沒蓋，台灣經濟會壞了了！那次的談判過程中，蕭萬長也說，他們要花很多錢來整頓汙染。

　　結果如何？1990年9月21日五輕正式動工了，之後，汙染則罄竹難書、天降油雨、接連爆炸！然後呢？蕭萬長在2012年出版的回憶錄《微笑的力量》第154頁說：「五輕完工後，國際乙烯的價錢大漲，大概3年賺回一個資本額。」

　　而我就借反五輕大將劉永鈴的口（拙作，2014，《環保神明大進擊》第219、220頁，225-228頁）說：

　　「台灣2千多萬人，後勁2萬人。2萬人不是人啊！你政府2人不會照顧，20個人不能照顧，200個人可以不顧，2萬個人可以犧牲，那麼2千萬人你可以給他們幸福？胡說八道，你騙誰啊！是『你的』政權、『你的』國家、政黨、特權在賺，還是人民在賺？」

　　「後勁2萬人的權益在哪裡？要他們白白犧牲，都去死？你們在後勁放屎、放尿，稅金、利益都交去台北。在高雄吸血，到台北開花，區域性的不公平、反正義，棄地方人民身體健康於不顧，只成就當權、特權的榮耀、財富、享受與幸福，卻踐踏鄉野弱勢的身心，毒害土地環境，迫害萬物生靈與世代，這樣的成就叫做國家發展

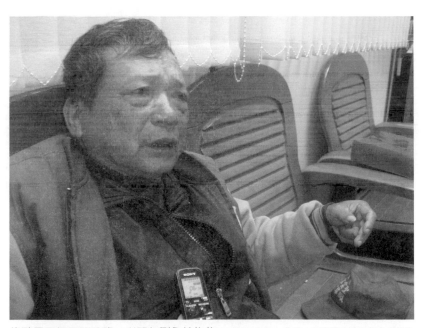

後勁反五輕頭號戰將，老朋友劉永鈴先生。（2014.2.11；後勁：高雄環境問題請參見拙作《環保神明大進擊》）

嗎?!」

　　KMT政權製造了半個世紀以上的「環保與經濟衝突」的鬼話，因為他們是建立在台灣不是家的反本土、反認同的情結之上。從經濟學、生態學原理出發，環保與經濟本來就是「同一家」，是一體兩面的同一件事啊！

　　環保與經濟的問題，是良心的比例原則問題，是政府及人民水準的問題，是政治清明度的指標啊！

　　環保與經濟利益的問題，就是資本家、特權者賺多少的問題，是這代人與世代子孫權益的分配問題，是欲望與良知比例原則的問題，從來就不是環保與經濟有什麼衝突的問題。對一個不是問題的假問題，不斷地渲染擴大、加工加料添味素，只是惡魔為維持、加碼自身更大利益的下流與造謠！

　　請問，有史以來全世界哪一家工廠，純粹是因為做環保而倒閉、關廠？拚命誇張說要謀求環保與經濟什麼「兼顧」啦，什麼要找「平衡點」啦，什麼要「如何兩全」的研究、規劃啦，都是「精緻的愚蠢」、「偽善」、「蓄意、故意的無知」、放縱貪婪、違背良心的邪魔！

　　環保本來就是經濟發展的基礎，環保本來就是投資者必要的基本成本之一，念頭一轉，還有什麼環保與經濟衝突的問題？所以，環保本來就是時代良知水準的指標嘛！

　　19、20世紀資本主義、帝國主義，將自身的利益建立在對第三世界的剝削與對未來世代的掠奪，到了21世紀，不僅惡業不消除，環保署還幫特權在加油打氣，這是什麼政府哪?!台灣或整個地球生界怎可能有光明、美好、健康

的未來啊？！

　　20多年前我罵台灣的特權奸商投資1塊錢，就想賺1千、1萬、10萬、百萬，只賺幾成、幾趴就划不來，那個年代就是什麼產業東移、南進、西進的年代，如今呢？

　　聽眾朋友啊！大家去宜蘭看看，當年陳定南縣長趕走六輕，現在的宜蘭如何？每逢假日，國道5號都塞爆，難道塞車時要罵陳定南？還是讚嘆、禮敬陳定南？再看看現在的雲林六輕與人民，有苦說不出，水深火熱啊！悲劇我就不再說了，但那些夭壽的資本家，吃撐了還不夠，連燒生煤的技術改善都不肯做，這就是政治問題啊！

　　所以我說，什麼叫誠摯的佈施？也就是生產者為生產品及附帶產生的一切問題負責任的態度與行為！那些犧牲環境、施暴弱勢與世代，然後賺進不義之財，再假裝在做公益、做善事的人，都是惡魔，而那些什麼宗教慈善幫忙惡魔擦屁股、化妝抹粉者，更是魔中之魔！

　　下面，咱擱回來我在高雄為綠逗募款演講之後，隔天有人要捐款給我的故事。我再問台灣人捐款佈施的內在動機是什麼？過去我強調，你不是捐款給我，我不是拿你的錢財來營造自己的私利、享受。有錢做有錢能做、該做的事；沒錢做沒錢可以做、該做、恰好方便做的事！我做再多、再少，也沒有功德、沒有福德，我只求內心的自在，做什麼事都可以「過心」，這是大原則。

　　一般台灣人的捐款大致有幾大類，一大堆檯面下的政治暗盤，對選舉雙方押注或交相結納，為營造更大私利的骯髒

事，不算，由於幾百年來，台灣人政治上的被宰制，人民普遍期望自己人可以當家作主，台灣人希望可以掙得書寫並在體制內施行教育的歷史自主權，因而數十年來，政治活動總是可以獲得最快速且大量的募款金額；再則，突發性的災變、劫難，不分國內外，台灣人不落人後、舉世聞名；再者，最普遍且捐款人數佔全國之冠者，即宗教勸善、樂善好施，定期小額捐款，或富貴人家趨炎附勢、互相拉抬的宗教錢閥，等等，舉凡這些，我一生迄今一概無緣得知其真實面貌，我講不出它們的奧妙。

　　我很有限的接受捐款的經驗，絕大部分都是屬於台灣禪文化，也就是心中沒有行善想法的行善，通常，那是一種內化的「該然」，就像高雄市公園陸橋下賣10元自助餐的朱玉女阿嬤，10塊錢讓你無限量吃到飽。她賣了50幾年，賣掉了7間房子！朱玉女年輕賣餐時，看到許多窮困的碼頭工人吃不飽又不敢太花錢，她就採取這樣的方式，顧全窮人的面子、裡子。她就覺得應該這麼做，她沒有什麼行不行善的念頭。善不善都是被逼問出來的，只好找些大家聽得懂、俗話這麼說的佈施。

　　同樣原理，沒有理由、不須動機、目的的無所求行，只是自己覺得該然的一種內化倫理，這是台灣人400年來，禪門不立文字的教化感染出來的一種內在自覺。它的基礎是「緣起性空」，行為準則是「饒益眾生不望報，代眾生受諸煩惱，所做功德盡以施之」，且「不捨世法，不壞威儀，而能隨俗」。也就是說，做再多所謂的純粹利他，他覺得也沒做什麼善事，他看起來只不過是普普通通的草根基層，只是吃

飯、睡覺、做事，但無論做什麼，都可以「過心」而當下自在。大家想一下，如果一個人做了善事，心裡都擱著他在做善事，期待別人可以知道他在做善事，台灣可以因為他在做善事而善良起來了！再想一下，這樣人是多麼可憐啊！被善事綁架良心、監禁良知，活得好辛苦，很不自由吧！

之前告訴大家我問那位想要捐錢給我的女士為什麼，她被我逼急了，只好用一般人聽得懂的目的或動機論說：我就有心無力，你能做事，就讓你做吧！事實上，我很清楚她在做的事根本不需要理由，更無須解釋，因為這就是「禪」，但「解釋」就是指月之指，而且，說是一物便不中。我只好說，台灣存在著一大票人，右手做的好事，不讓左手知道，右手也當下就忘了！

然而，這樣的說法，現今絕大多數人很可能還是不懂。我過去也不懂。我媽在世的最後2、30年都在編織、義賣，捐給宗教團體、醫院病童。2007年春，我在我媽的墓碑上題了一段話，最後一句是：「行善的最大好處，就是忘了善！」題字當時我完全不知台灣禪，不知台灣傳統的觀音法理、觀音心法、無功用行。2007年以後，我到印度，我寫興隆淨寺的歷史沿革，才到妙心寺圖書館，無意間看了李岳勳前輩的奇書《禪在台灣》，我才了悟我一生行徑的始源處，也終於解破了不須文字、語言的善行，無善之善、無德之德、沒有佈施的佈施，等等無功用行、無所求行。

但是，這套心法太過微妙，一下子道破很可能沒人懂，因此，2012年我出版的2本書：《玉峯觀止：台灣自然、宗教與教育之我見》及《台灣素人：宗教、精神、價值與人

筆者母親的墓碑。

格》，特別是後者，我寫了一些台灣素人的小傳記，附加了許多小故事，透過故事的潛移默化，傳述這些語言、文字表達不來的心法。但是，我還是擔心讀者看不出來，所以我落筆時，仍然儘量用大家習慣的方式。

　　事實上這套心法最難解釋、無法理解的部分在於：有些人根本沒有接觸到前面敘述的禪法，也沒有任何先前的經驗，卻在某些機緣下，做出沒有目的、動機的善行。換句話說，這種無善之善是可以隔空、隔時感染的，不像病毒，至

少還得靠氣流傳播，因此，幾乎是神祕主義或超現實的一種靈動。先前我寫《台灣素人》時，只敢用接受無功用行善行的人，有天也會用同樣的方式，化作愛與行動，施加在後代或其他人身上，如今，我想也該試著直接說明了。

百猴效應

我先舉「第一百隻猴子效應」（百猴效應，Hundredth Monkey Effect）的故事為例。

1950年代初葉，日本京都大學動物學家前往宮崎縣（南日本，九州瀕臨太平洋的一個縣，Miyazaki-ken）海岸邊的一個小島Koshima（幸島），研究一小群在島上的日本獼猴的行為。他們用甘藷餵食、觀察。除了一般動物行為的記錄之外，研究人員發現，猴子在吃甘藷時，不喜歡沾黏在甘藷皮上的土沙，會將土沙拍打掉一些。後來，有隻1歲半的雌猴（相當於人類5、6歲小孩）發現在溪水中洗一下會更乾淨，甘藷更好吃的樣子。不久，大部分的這群日本猴都學會水洗甘藷的行為，但是仍然有一小部分大約年齡超過12歲（相當於人類的4、50歲）的公猴，始終拒絕改變，而且這群頑固分子，多屬於社會階級較高層的權貴或領導猴。

溪水乾涸後，猴子也懂得跑去海邊用海水洗，而且，看起來好像更好吃的樣子，人們會聯想到是不是沾了鹽水更好吃？

接著，1975年勞倫斯・布萊爾（Lawrence Blair）出版的書《Rhythms of Vision: The Changing Patterns of Belief》，談論信仰的改變模式，在其序文中提出了「百猴效應（Hundredth

Monkey Effect）」這名詞，強調上述故事的後續驚人發展，也就是1952年到1958年間，大部分猴子都水洗甘藷吃，只有老權勢頑固分子拒絕，但1958年間，當幸島洗甘藷猴子的數量達到臨界值的時候，譬如說第1百隻，接著則全部島上的猴子都洗甘藷吃了，老頑固也改變了。

更神奇的事發生了，隔海對岸的九州高崎山（Takasakiyama）的另一個猴子族群，竟然也懂得洗甘藷吃了！這兩群異地的族群完全沒聯絡啊，這種行為卻可跨越空間、不須媒介而感染？！

也就是說，某種覺醒達到臨界值（例如說第1百隻猴子）之後，這個覺醒會超（跨）越有形空間的阻隔，感染傳播給不同的族群！

日本猴洗甘藷的行為，能否隔空傳染給台灣獼猴？（2010.8.9：新中橫）

　　1979年萊爾·華生（Lyall Watson）出版的《生潮（*Lifetide*，生命潮流）》將之擴大解釋。

　　後來，肯恩·凱耶斯（Ken Keyes, Jr.）又出版了《第一百隻猴子（*The Hundredth Monkey*）》一書，而讓這些故事廣為流傳。我剛講述的內容就是肯恩·凱耶斯的敘述。「百猴效應」就廣泛地被當成啓發人心的寓言，比喻正面力量帶來的社會改變。

　　從唯物科學或狹義科學的觀點，跨海感染等等說法是僞科學，但人們就是喜歡傳播這類立志性的，美美的傳說故事，用來激勵人心。

　　1996年，日本的經營顧問大師船井幸雄也寫了《第一百隻猴子》，而且到處演講；1997年台灣也有了翻譯本，於是，渲染的主旨集中在：當某種行為、思維，匯集到達某一臨界點，其影響力將不需要任何媒介，而可以無遠弗屆，到處感染、鼓舞人心。

　　講更細些，日本經營顧問之神船井幸雄很會掰，他說；只要是對的信念，這類無形的力量，就可以聚集，而形成很大的正面能量；只要團隊中的任何人願意率先行動，他就可以在群體中產生示範作用，並在無形中跨越時空的藩籬，從而影響絕大部分人。任何新觀念的推廣，一開始只要有7%至11%的人願意接受且認同，則一旦到了特定的臨界點，就會出現驚人的進展而質變、量變。

　　於是，台灣許多演講人、宗教師，也多不斷引介、宣講這些故事或道理。

　　這類說法，到我陳玉峯手中，我的解釋會有一點點不同。

　　其一，在我未曾親自到幸島、高崎山及其他地區觀察或驗證日本獼猴的行為，以及收集、研讀京都大學的動物行為相關報告之前，光憑我看過的洗甘藷影帶等，依實證主義、狹義唯物科學的判斷，日本獼猴隔海感染的說辭很可能是偽科學、假科學的誇張；隔海、隔空感染其他猴群的說法，有可能是研究人員的疏漏。

　　其二，為何這類研究以及往後的詮釋根源自日本？依我對宗教文化的瞭解，最可能是日本具有顯性禪文化濃郁的氛圍（而台灣是隱性的禪文化）。日本獼猴行為的研究，很大一部分是事實，但解釋及推衍的部分已經不屬於唯物科學的範疇，而是人文學科的領域，但自從20世紀中葉以降，科學的定義、科學哲學的既廣且深的探討，早就打破科學與其他學科的壁壘分明，而層層套疊、複雜交織。所謂「偽科學」的駁斥，是從唯物科學基本教義派的觀點所產生。

　　其三，老頑固權勢猴拒絕改變，但是超過臨界值之後（戲稱第1百隻），全數猴子的行為都改變了。這的確是偽科學，這是文學化的比喻、聯想、期待、群體氛圍等。這些說故事的人，為了說服群眾，甚至假造數據，將象徵、比喻、想像等，右半大腦的活力，穿上數據的外衣，假冒實證，例如船井幸雄的7-11%、臨界值的第1百隻等。

　　其四，超越時空的傳播是可能的，但藉科學、數據的造假，卻有害於事實。依我見解，世人最熟悉的隔空傳染的例子，源起於佛陀在靈鳩山的「拈花微笑」，心傳給大迦葉密法，但此例證是佛陀與大迦葉都在同一時空，只是不必藉由言說的領悟，是即後來禪門的師徒印證。（註：「印證」還是有

些言詞或動作）

　　超越時空的感染，事實上以人類群體行為來說明，遠較用猴群為例更顯著，因為人類是已知所有生命當中，意識（靈魂，Consciousness）最強烈的物種。

　　19世紀末，法國社會心理學先驅古斯塔夫‧勒龐已敘述，從個人到群體心理，存在有系列明顯的變化。有意識的個人人格會消失，無意識的集體人格會得勢。也就是說，由個人的思想、感情的暗示，可以相互感染，而轉向或匯聚成某種共同方向。這種群體心理或氛圍，最顯著的例子之一類，即日本文化，例如明治維新時期到軍國主義的盛行、戰爭的大屠殺、神風特攻隊、日本第一等等，但我認為西方的嬉皮、神祕主義的流派等等，也都屬之。正、反面都可能，魔鬼也利用這招。

　　佛法講的「應現」某種程度以上亦然。

　　套用印度教現今修行能人的理性敘述，一個修行極深的人，可以藉由他的腦波，改變周遭人們的思想波，將自己的想像，植入周遭他人的腦中，讓旁人的感官皆察知、看見修行者的「想像」。無論你要稱之為念力、思想波都一樣。

　　中國古代道教的許多傳說，例如道士化作白鶴飛走了，真實的情況是該道士將自己的思維——化作白鶴飛走了，植入其他人的腦波，自己再趁機會溜走了。另如印度修行人實施魔術、幻術，道理皆然。

　　其五，我個人沒有印度修行人的訓練與閱歷，更沒有上述能力，但我從自然界的體會，後來讀佛經、理解印度教的經典，很容易產生特定程度的相應。我在台灣山林40年的

生態調查，在自然界當中，不由自主的體會，原來各種感官知覺可以互換、流變，例如中央金礦到白洋金礦之間盛開的紅毛杜鵑，讓我由視覺，轉化為腦海中的現代熱門搖滾；溪谷流水聲配合雲霧，轉化為弦樂四重奏，我確定五官感覺可以流通、互換。

我在自然山林的調查過程中，不自覺地說出：原來，感情是最深沉的理性；理性是最優雅的情感！我根本沒有將之分別。

我不談神祕主義，一點兒也不迷信。8年來我對台灣宗教的學習，讓我體悟深沉的台灣禪法，台灣傳統宗教其實只有一尊神佛，即觀音佛祖，但是由於政治的多變，外來神明不斷更替，但都只是應現觀音而已，底層的本體觀音從來穩穩坐定，如同台灣的自然界，而台灣的禪法，就是觀音、媽祖、王爺、三太子的禪宗法脈，直接從馬祖道一禪師傳承而來，它的傳遞、傳播，或感染人心的方式，有一部分是類似「百猴效應」，但百猴效應是穿上科學的外衣，卻走向文學的想像與神祕主義的途徑；觀音法理則以心傳心，透過台灣長期純粹利他的方式，不斷滋長像高雄朱玉女、陳樹菊之類的草根基層，從而形成台灣最美的風景，卻從來不會張揚。它是隱性文化。

請容我再強調一次，聽眾朋友，你不必一定要求每句談話的合理性、邏輯正確性，因為這些東西最主要的部分，不是唯物科學的思維模式。唯物科學的邏輯，也不會理解這類直觀的禪悟或感染。

我現在要直接說2015年7月4日綠逗高雄演講的捐款事

筆者小時候就讀
北港「慈德禪寺」
（我們稱「菜堂」）
幼稚園的教室。
（2011.10.24）

北港慈德禪寺主祭「觀音佛祖」（2011.10.24）；我不確定童稚時期的環境氛圍對我
日後有無影響。

件了。原本綠逗安排高雄的演講人並沒有我的名字。是因為6月27日，綠逗在台中市五權路「小英之友會」辦的演講中，我第一個講完就因有事先離開了。隔天，王美琇打電話給我，說是有一對高雄的聽友，特地從高雄趕來台中，只為了想看我一面，因此，無論如何，高雄的演講會要我下去。

所以我就開始準備演講的內容。我單純地想說，我做的廣播節目不到半年就因經費短缺（聽說一個月要花40萬元）停掉了，剩下一個傍晚的節目，是讓年輕、青壯世代談論政治等等的內容，且目標鎖定在2016年的總統及國會大選，那麼我演講的內容，就該為綠逗至少募到1個月的廣播費用，不能讓青壯世代失掉廣播的聲音哪！

我所瞭解的禪宗文化，最大特徵之一就是赤裸裸的裸真，念頭愈單純愈好，最好是沒有念頭。要有念頭就是利他，而利己就是惡。

也許是我單純的念頭感染了高雄鄉親，那天7位演講者，好像只有我直接向人家募款，我內心只想、只希望讓青壯世代可以繼續發聲啊！沒想到到了演講會的最後，由清貧生活的草根，捐出了超過一個月的數額。我當下對無功用行的感受，像電流一樣的瞬間體會，而講感謝實在是多餘。

其實我過往幫別的團體募過幾次款，都很圓滿，這不是金額多少的問題，更完全不是我會講話，而是台灣基層早就流動著如同百猴效應的一種內化的氛圍。如果說我有功用，充其量是我恰好碰觸到草根基層本來就具足的，沒有佈施的佈施。他們本來就一直在做著沒有行善的行善啊！

近年我體悟了所有修行的總目標（生活就是修行）在於兩大

項，也就是超越物理、化學定律的超自然，以及超越三世兩重因果的捆綁，或說超越DNA對自己心性、行為的控制。我的存在，就是帶給接觸或未曾接觸的人們能量、力量、希望、反思等等，心的、靈的活化，而完全沒有功德，沒有做些什麼吧？！

最後，我要談科學。現今絕大多數做科學研究的人，都屬於唯物論下的狹義科學主義者。其實，狹義的科學是利用我們有限的感官接收的窄隘訊息在下判斷的。它是以所謂的理性、亞里斯多德邏輯（註：A一定等於A，A不可能等於非A；數理邏輯、公式、定律）為基礎，它是現代的一種時代典範，這種方式求得的真理，只是特定認知下的一種真理，但絕非真理本身。

我過去在《風雲台灣·談古說今》當中，曾經講了一輯「科學的謙虛」，重點或暫時性的結論是說：經過現今科學實驗檢證過是正確的，而且，再經「否證法」檢驗過也是正確的，這樣正確無誤的定律、公式、理論等，充其量也只被評估為接近約7到9成的真理而已。

現在我要說，被認定為「偽科學」的東西，也有可能存在著一些「超科學」。什麼叫偽科學？科學哲學中曾經辨識了種種偽科學，偽科學跟假科學也是不一樣的東西。我隨便籠統地舉個小例子：

有段我很窮的日子，我連走路都希望撿到錢。經過統計，我撿到1塊錢有70次；撿到5塊錢硬幣有20次；撿到10塊錢硬幣有10次；我從來沒撿過50塊錢的硬幣。因此，人們遺失錢幣的關鍵在於重量及大小，愈重愈大的錢幣愈不容

易遺失，或掉下去也愈容易被找到。

這也算是偽科學，無聊！

真的，我愈學愈多卻愈來愈沒有學問。對我來說，真理很重要的一部分是，人啊！永遠要帶著謙卑的反思，真理都是信仰的一種態度。

不要以狹義的科學去質疑信仰，更不要只以自然科學的真假去質疑信仰、理念，也不必過度以科學質疑鬼神、靈魂。科學、數理邏輯的真假或真理，只不過是一種相對性的信仰。

親愛的聽眾朋友，談這些東西沒什麼深不深的問題，只不過多數人不熟悉而已！所有語言能談論的東西，只要深入探討，幾乎全部都有問題。我不打誑語，蘇格拉底最真切的一句話：唯一我確知的就是，我什麼都不知道。

5 綠逗高雄演講

（2015.7.4）

　　感恩台灣、高雄這片天地、眾神！主持人、眾來賓、現場鄉親序大、朋友，大家好！

　　《昔時賢文》誨汝諸君，觀今宜鑑古……（略）

　　「觀今宜鑑古，無古不成今」，我們現在的空間叫做鹽埕區基督教長老教會。你看長老教會的標誌，一叢像樹枝的火焰，代表長老教會在台灣多次遭受清國的迫害，教堂屢屢被燒掉，但他們堅持下來，這個標誌就叫做「焚而不毀」！換句話說，就是一代一代前輩的堅持、打死不退，才有今天這個空間、這個所在。

綠逗高雄募款演講者，左起黃國昌、王美琇、吳錦發、陳奕齊等。

　　同樣道理，我看到咱現場的鄉親，濟濟攏是為台灣拚歸世人啊，雖然，咱攏在基層；雖然，沒人識咱，但是我佮大家保證：咱攏在寫台灣歷史，咱攏在做有意義的世世代代的事志！請大家給自己一個肯定，一個鼓勵！

　　綠逗奮鬥這麼多年來，目前在拚的，就是「國會政黨輪替，民主才不會倒退」，6月27日我在台中說這簡單，只要18歲可以投票就翻盤啊，但是目前的國會沒法度，所以明年大選之前，當然大家應該拚選戰。這方面濟濟先覺會談，我呢，由長遠角度來講。

　　30多年前我為什麼會投入反對運動？因為我是做生態調查的，迄今差不多40年。我在全台灣所研究調查的結果，發現政府講的，跟事實有一點差距，那點差距是用光年來計算的，所以1980年代我就投入環境運動、種種社運，而且，很大的一部分投入教育、文化，包括體制內外。體制外就是「環境佈道師」、「山林書院」；體制內就是開創生態系、生態研究所。結果呢？依據投入幾千萬元，再看看現在環境運動、社運的菁英，或各地的領袖人物，真的，效果很大。我是從天文、地文、人文、生文在培育人才的，包括最近半年

來在快樂電台做的節目都一樣。

　　這些教育、演講的內容，很重要的一部分叫做「土地倫理」，「土地倫理」我講幾十個故事，其中一個故事就是這一瓶沙。

綠逗2015.7.4高雄募款演講會場。（鹽埕區長老教會）

　　1988年2月16日除夕，我調查濁水溪6年要結束了，我調查到濁水溪入海口，而太陽已西沉，大地已昏暗，我太太卻還在遙遠的沒口溪沙洲拍照。大喊她，沒回應。我衝過去才知道不是她不想回來，而是她陷在流沙陣中，抽一腳，另一腳就下沉，而且，我察覺我兩腳也在下墜。

　　一開始還覺得好玩，台灣怎麼會有流沙啊？但愈來愈不對勁。我大叫：「用滾的！」好不容易我們才滾出流沙區。驚魂未定之際，還是很好奇，我順便用採集用的大袋子，裝了一、二公斤流沙以誌紀念。當時，我完全不知影它的厲害，回來後那袋沙往櫃子一丟，也就忘了。

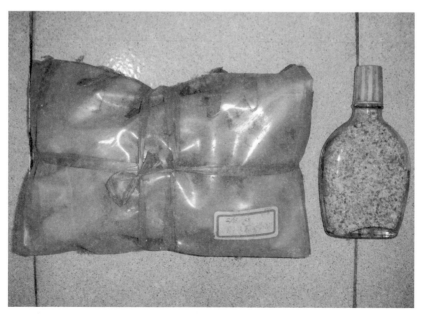

1988年2月16日（除夕）傍晚，我在濁水溪入海口流沙區包了這包沙。2010年1月20日恰好翻出它，裝了一小瓶，2010年1月23日在台南富強教會為台南環保聯盟募款演講義賣。劉信男先生出價了30萬元「買」下它！圖中右側另瓶則是墾丁國家公園尚未設置前的砂島貝殼砂。

　　二、三年後有一次，閱讀清國時代的方誌看到：濁水溪下游出海口地區存有流沙區，沙質黝黑細膩，人稱「鐵板沙」。人若掉下去，九條牛也拉不起來。忽然間起了一陣雞皮疙瘩，哎呦兒，好佳在！然後，腦海閃過了杜甫的兩句詩：死去憑誰問，歸來始自憐！

　　什麼意思啊？人啊，處在苦難、災難、劫難中，真正可憐的，早就死光了，而輕微的、幸運的，安全回來後，才可能在那邊「顧影自憐」。所以呢？只要還有一口氣在，人就沒有悲觀的權利！

　　這罐沙的母體是在至少3千5百萬年前，在海底變成石頭。650萬年來，歷經無數次地震胎動，隆擠成玉山、八通關山、合歡山，等等。某次地震岩塊掉落後，也許在碎石坡擱置了百千年，再滾落濁水溪上游支流，再經幾百年、數十年的流動，研磨成麵粉般鐵板沙，然後，和著原住民的史詩，華人開拓史的滄桑，流積到28年前，2月16日與我的邂逅。

　　2010年某天我清掃書房，翻出了這包沙，恰好台南環保聯盟要募款，我就裝了一小瓶沙，講了這個故事，以這瓶沙募款。結果，成大的一位職員以30萬元買下了它。同時，我辦山林書院營隊，講土地倫理時，我向學員義賣，條件是：十年內，你要做有意義的社會奉獻事，若沒有身體力行付出，那你要捐給你認為好的公益團體至少10萬元。歷來，我義賣了約百瓶。

　　2014年318學運。3月19日我接到訊息，傳自立法院：

（略）

　　梁詠淇、林明慧、黃銘崇、吳星儀、吳顯堂……請參看《自然哲思三部曲》。

　　這些沙正是母親母土，是台灣人的情與淚，是我們的美麗與哀愁，帶給我鄉土的啓發，帶給我的朋友、學生們，一股深沉的，來自母體的力量。

　　綠逗歷來在做的，就是付出。所以我今天也拿幾瓶鐵板沙在此義賣。《風雲台灣‧談古說今》已經停掉了，我希望剩下一個政論節目絕對不能夭折，要從2016年大選前倒數回來，讓濟濟的青壯世代發聲！

（鐵板沙募款）

　　2013年我隨MIT南一段之旅解說，3月5日登上最後一座百嶽卑南主山的故事（略）……《私房菜》（我們從來沒在搶救山林，而是山林從來都在搶救我們！但願後代子孫能跟我一樣，看得見這片天造地設、美好山水，但願天下人一齊來保衛母親母土，說完，我老淚縱橫……）。

　　我做將近半年來的廣播，教我瞭解台灣基層勞工、濟濟家庭主婦平凡中的偉大，咱台灣人的聽眾了不起！爲什麼？因爲政府教育體制從來都在餵食我們毒藥，但是，咱濟濟的基層，因爲內心非常的謙虛，他們專心聆聽、仔細思索，他們從山林土地、宗教心靈、傳奇故事……連結到台灣文化的活水源頭。他們快速成長，他們自覺覺他！是聽眾偉大，不是我陳

玉峯堯講！

《了凡四訓》貧家女的故事（略）（書本募款）。

老家北港義民廟石獅的故事（略）；台灣人不可輕視；眞英雄大抵無名！

但願我可以繼續喚醒台灣最美麗的風景！

山林書院營隊。（2014.7.9；水山神木前）

2015.6.27綠逗台中區募款演講會講稿

各位鄉親朋友，大家好！

我有一位前輩朋友，這個月剛退休，成功大學歷史系的林瑞明教授，他是台灣文學史的專家，也是台灣詩人。最近他寫了三千多首自創的台灣俳句「恁母日」（對抗子曰），也就是5個字、7個字、5個字的短詩，他自己玩得很快樂。他拉著我唸給我聽，非常趣味。我唸一首跟大家分享：（但是他太文雅，所以第3句，我把它改寫）

我是台灣人；我主張中國獨立；嘜攔夭飽吵！（和平共存世）

我們說台灣獨立，他們就要來亂，那我們說中國獨立，總可以了吧？！

台灣有句粗魯話叫做「畫虎懶」，是什麼意思呢？

我在澎湖某間廟口看見一對石獅，其中一隻，獅腹有6個乳頭，再往下，腳倉頭竟然做了一副男人的生殖器官！怪小，這一隻不就跟蚯蚓一樣，是「雌雄同體」？為什麼？因為台灣沒有老虎、獅子，台灣人也沒仔細看過老虎、獅子明確的各種器官，因而在雕塑老虎、獅子時，只能按照自己的想像，且通常以擬人化的方式來表現最常見。所以，「畫虎懶」相當於北京話的亂扯雞巴蛋、胡說八道、瞎掰！例如我

國首都在北京、最高峯是喜馬拉雅山等等，背離常識與事實的荒謬，更動員一大票餓鬼格的御用專家、學者，對不存在、不清楚的事物，給予虛假、複雜的論述，也就是精緻的愚蠢與謊言。

然而，這些只是特定既得利益者的表態、邀功、做業績吧。中國真正、實質顛覆台灣主體、台灣社會、台灣人心的東西，包括利用買辦奸商買下台灣、收買文人知識分子、老鼠會行銷商品系統、宗教統戰、戲劇藝文、傳媒、馬統政權等等天羅地網、鋪天蓋地、無遠弗屆的方式或途徑，甚至連環保等民間團體也一樣，以年輕人長期在地蹲點！但所有的所有，關鍵在於已經共產黨化的國民黨，真的，國民黨不倒，台灣不會好！

林瑞明教授在台南公會堂創作台灣俳句「恁母曰」。(2015.6.2)

近十年來，我鎖定在如宗教、文化、生態、土地面向的反赤化事工，就親像濟濟林瑞明教授用詩、用歷史、用文學，在最長遠處，厚植台灣主體文化工程的根基，表面上沒有在談選票、台獨、建國，但效果是「拉一票，得兩票」，我們改造了淺藍者，我們拉近了中間色帶，我們堅定了本土主體，我們深化了世代自覺。

綠逗要我談的題目叫做「如何讓國民黨在國會不過半」，這是近期目標的「know how」。很簡單啊，18歲可以投票就達到了嘛！我在30年前就強調，我不會想要去說服4、50歲以上的人，而對年輕世代，我從來不去說服他們，而是刺激思辨與引導自覺。我喜歡談的，側重在「know why」！

千禧年阿扁當選後，我寫文章期待DPP培養新政黨取代KMT，當年好像沒人瞭解；去

綠逗2015.6.27台中募款演講會場。（台中小英之友會，五權路）

年318正是成立新政黨（不是現在的分割式）的最佳時機，結果我又很失望；好佳在，如今紅衛兵出頭，又是美妙的大好時機，2016年希望蔡英文有些格局與遠見。

但是，別人再怎麼愚蠢，也不能證明你多聰明；不管對手多爛，也不能證明你的高明。有些人長期在草根基層打

綠逗2015.6.27台中募款演講會聽眾。

拚，好比春耕時段翻土打地基；有些聰明人在綠油油的稻田中施肥；政客在熟透的稻穗搶收割，「各司其職」罷了。像我在綠逗快樂聯播網做不到半年的《風雲台灣‧談古說今》，同款，我無直接講選舉、沒談獨立建國，而我側面得知，最大的聽眾群是勞工、是基層，是國中、小、高中畢業生。昨天，有個聽友千方百計找到我的電話打來說，他聽到美琇姐說節目要停掉了，他很難過，他一定要告訴我，他們整個工廠的勞工感謝他們的老闆，讓他們準時收聽。他們過往都不知道山林生態、環境、文化、宗教、教育、政治可以這樣連結，他們聽這些東西可以快速成長，不僅可以連結土地、政治覺醒，更可以化為行動，關懷社會，而且聽了節目之後，連自己生活的煩惱，也可以解決大半！

好，這些看不見的我就不說了，再來，談看得到的，可以是很轟動的策略。

2012年我寫了一個計畫，策略是我們可以利用我們最大的弱點，創造最大的優點與優勢。

我們根本不必申請加入聯合國，我們可以由民間組織來規劃，循序漸進，不斷邀請翁山蘇姬、達賴喇嘛、蓋達組織、ISIS……來台灣不斷開會、串連，我們聯合全世界不被承認的國家、組織，新創另一個聯合國！（略）給我一個施力點，我們可以桿動整個地球脫離軌道，不是嗎？！

台灣民間永遠有股最強悍的草根力量，歷來卻最被忽略。

2012年9月7日，我在虎尾寮、新塭作草根口述深度訪談。受訪者其中之一，未受教育、不識字的鹽工顏秀琴女士

（當時82歲）的言談間，不自覺地哼著台灣「降服」後一年，台灣基層勞工的歌謠，她說有五段，但她連一段也唱不完整：「⋯⋯搬請來，走出茨外，一路到車頭。者濟人攏總相全（這麼多人通通一樣），財產沒半項；五十一冬，真像美夢，為著台灣不願放；肩頭頂行李者重，有錢請沒工。人濟濟，相諉相擠，載轉來去落地（人這麼多，相互碰撞、擠來擠去，載回去放下吧）⋯⋯」

　　狀似天真、純樸、逗趣的俚歌底下，我瞥見似笑還哭的一閃淚光，甚至於她自己也未察覺。我將之語譯如下：「⋯⋯台灣的政權也好，個人也罷，總是會有轉運的時刻啊！這麼多的台灣人通通一樣，沒什麼有價值的東西傳承嗎？五十一年了，曾經的世界強權大日本帝國，只不過是鏡花水月、空思夢想而已，但是為了台灣，這副責任就是不甘願放棄啊！肩膀上的重擔如此沉重，沒有人可以幫你承擔。雖然台灣人這麼多，大家互相計較、互相批評。我還是回家鄉，好好落地生根吧！⋯⋯」

　　還是老話：過去戰鬥、現在戰鬥、未來戰鬥、死後戰鬥！我永遠追隨各位的腳步，向前走！

7 口湖談土地倫理 （2015.7.26）

一、引言

1. 如果要賭上你所有的財產、家當，有幾成勝算你會下注？9成？8成？6成？5成？4成？3成？

　　從鄭成功時代到現在，從海岸線到高山的台灣人，敢下這個賭盤的勝算，大概由3成到9成。也就是說隨著時空，在台華人的冒險犯難精神，大致每況愈下，多變成軟腳蝦。哦，不，講這話侮辱了蝦，軟腳蝦只是蛻變、退殼後的生理現象，只為了茁壯成更大隻。

　　1661年（354年前）4月29日（農曆3月20日）夜間，狂風暴雨大霧的惡劣天候下，鄭成功在帥船上下令進攻台灣，他的2個部將跪著幾乎是向他哀求：能不能等風雨稍歇再開拔？鄭成功吃了秤錘、鐵了心說：如果老天要我打下台灣，今晚出發後，就會風平浪靜，要不然難道要餓死在澎湖？當夜一更（19-21時）就蠻幹到底，出發了！出發後，風雨是少了些，但大浪翻騰、非常驚險，直到三更（23:00-01:00）以後，才轉晴朗。

　　鄭成功為什麼冒死一搏？因為他們4月23日大軍

2萬5千人全數抵達澎湖各島，但整個澎湖群島總動員收集的甘藷、大麥、黍稷合起來不過百餘石，不夠全軍吃一餐！（《蘇府王爺》343-348頁）我估計，那天晚上的勝算率大約是3成！

2. 1950、1960年代出生的海邊人，性格上大致還保有3、4成勝算的情況下，還勇於放手一搏，而且，海邊人，多次失敗還是可以再出發，重新從伙計、基層幹起都願意。海邊人出外，賺不到錢沒臉回來。海邊人耐磨、耐操、堅毅、果敢、獨當一面、奮戰不懈……（《蘇府王爺》568-569頁）

3. 口湖人是海民的乳酪、菁英……

二、生日及故鄉有什麼意義？

我們居住的地球，太陽光由太陽照射到地球得花8分鐘。如果太陽是一粒籃球大，地球就是34公尺外的一粒綠豆。

我們坐在這裡是不動如山嗎？

光是地球自轉，24小時轉了40,075公里，時速1,667公里，地球號高鐵是台灣高鐵的5、6倍。

地球繞著太陽，公轉時速是10萬8千公里，是台灣高鐵的380倍。

太陽系繞著銀河的銀心轉一圈是2.5-3億年，時速是？公里。

銀河系朝向織女星系快速移動，時速是？公里。

我們的宇宙以近似光速在膨脹，時速是？公里。

我們現在究竟在宇宙的哪裡？

時間呢？

我們的宇宙史如果當作1年計算，人的一生就是大約0.1秒-0.25秒；如果地球46億年史爲一年計，一個壽命80歲的人就是活了0.55秒！

我是誰？父母生我之前誰是我？生我之後，我是誰？我從哪裡來？要去哪裡？怎麼去？爲什麼去？

生日爲什麼要點蠟燭、吹蠟燭、吃蛋糕？

沒有時空或我們這個宇宙，就沒有眞理、沒有有或沒有，而且，一百年前沒有你和我，一百年後也沒有你和我。你、我的存在只是偶然或巧合嗎？德國人受不了人生偶然論，流行著一句諺語：一次就是沒有一次！如果人生就是偶然的一次意外或巧合，生命就完全沒有意義？！

我們的感官、識覺對於稍微大一點的時空就幾乎無感、無法感受，只能藉助理性、公式、數字作「理解」。大約7-10萬年前的史前人類開始留下對生、死、時空的困惑，或尋找答案的痕跡；7、8千年前在恐懼、無知的情境下，開始明確地設定參考點或座標，例如印度人的火祭檯、各人種族群的祖靈地，也就是人心的神聖時空。神聖時空大抵可以是來處與去處，例如台灣原住民的聖山；任何人的神聖時空，正是他的生日與誕生地，因爲這是產生他到這個世界上來的座標原點。

人對故鄉就天生會有一種抽象到具象的依賴感、慰藉感，也就是從心理到屬靈的原鄉感，或叫地方感。然而，爲

什麼4百年以上的在台華人，卻始終沒有「聖山」？所謂台灣人的人地關係的內容是什麼？

　　從人地關係發展到土地倫理還有一段距離，這是群體的自然文化的一部分，我今天要談的，就是台灣的土地倫理，或許也可以讓大家理解，為什麼數十年來台灣的體制教育，始終在教美國人的土地倫理、英國人的土地倫理、中國人的土地倫理，就是不肯談台灣的土地倫理！

　　而生日當然是一個人在世上的時間原點，每一年的生日是地球公轉的週期再現，代表四時輪迴的再生，生日賦予每個人生命更新復始的寓含，生日就是重生，淨化後再開始，吃蛋糕象徵重生，至於吹蠟燭則可提醒人，活著就是這一口氣罷了！

　　所以，今天你在這裡，不管你是從外地返鄉，或在地原鄉，我們至少在時、空的涵義裡，回到神聖的時空原點，也

雲林縣口湖鄉拒設火葬場自救會邀請筆者演講《土地倫理》，會場在「金湖休閒農業區遊客服務中心」。
（2015.7.26）

是更新重生的新開始；而且，某種程度表示，爲著一口氣，
我們在這裡！

三、土地倫理

由植物演化生態，經原住民、外來民族，乃至台灣常民
文化，剖析台灣的土地倫理。

演講會後合影，並隨後辦桌上菜，誠乃台灣鄉野的溫馨文化。

8 話前話
《風雲台灣・談古說今》第89輯

親愛的聽眾朋友，陳玉峯向您請安：

古希臘哲學家戴奧基尼斯（Diogenes；B. C. 412-323）正在吃當時窮人慣吃的扁豆餐時，一位權貴的朋友向他說：「你如果願意迎合皇帝，稍微順從一下，就不用窮酸到這種地步！」戴奧基尼斯說：「你若願意學吃這種扁豆餐，就不用犧牲尊嚴去諂媚任何人！」

有次亞歷山大大帝去拜訪戴奧基尼斯，站著向坐在地上的他說：「你有什麼願望，我都可以滿足您！」戴奧基尼斯說；「有！請不要遮住我的陽光。」

戴奧基尼斯與亞歷山大死於西元前323年的同一天，他90歲；亞氏才33歲。他被視爲希臘的「犬儒主義」者。他被後人依傳說，描繪成裸眞的代表，拒絕一切虛僞與矯揉做作。而他的對應、對話邏輯類似《六祖壇經》的36對法，以子之矛，攻子之盾，在兩極對立的矛盾中，激發不同面向的省思。

我個人喜歡、欣賞的，不是那些刺激耳目的針鋒相對，而是沒有書寫出來的沉澱反思。

朋友們，這個節目進行到第43輯的開頭，我談廣播人的告白，強調的是我的態度。羅曼羅蘭曾經強調，態度永遠

比事實重要；愈少的完美，擁有愈多的自由。我不是拾人牙慧，只是隨順自然。這一切要感謝朋友們願意收聽，以及綠逗王美琇女士給我機會。

在上一輯，連講10輯的《綠島金夢》結束之後，也該到了第二階段的回顧與前瞻了。

在這裡，我想向朋友說明這88輯以來，貫穿所有內容的主軸在何處，附帶也說明，表象上我一生較大的時間放在研究及教育工作，但事實上我很不會「教」人家做些什麼，也最不想「教」，而只想「培育」、引發一些自生根苗，長出他自己的莖葉花果，而無關於我，充其量我是「產婆」、「助產士」而已。天底下現今人們很少有人會記得幫他出生的助產士究竟是誰。因此，這樣最自然。

由於接這個節目事出突然，原主持人出任文化局長去了，美琇女士來電要我「代班」一下，我沒有足夠的時間構思，只好把自己熟悉的東西濫竽充數、權充暫代。而一些朋友恰好也肯賞光，來訊表達這些內容並非只有短暫的嚐鮮期，而希望可以製成CD或有聲書，因此，我想說就先將一些相對「不會過期的」，一輩子研究或體驗、體悟型的思考或故事，一路講下來。雖然是分成「玉峯仔講古」、「生態與環保」、「心靈暨宗教平臺」、「台灣文化教育」及「特別專輯」，等5個單元，但骨子裡的主軸其實是台灣自然史、台灣文化史、通識教育等，透過個人生命與台灣社會變遷史的相關，以常識的方式來呈現。

粗估，如此個人化的內涵應可談4、5百輯，但如此一來就太過分了，豈不是需要8年以上才能講得較完整？世間

從來都是成、住、壞、空，莫說聽眾朋友，就我自己也無法忍受這樣的節目，因此，除了較重大的原理或現象以外，自然史、文化史等我個人專長的內容，將減少講述，而且，今後將朝印尼、印度等等國外經驗敘述，並且在一個月內，另一位主持人陳月霞女士即將登場，必可為朋友們帶來另一風格的走向，而我會跟她輪流交替來為朋友們服務。此間，我也該規劃、設計新的議題，例如「一畫、一曲、一故事」等等題材。至於心靈、宗教面向，我一直想要稍加深入淺出探討的，還是會在節目中談論。

因為，通常人的一生當中，最可能花費最多的時間與最大的力氣在解決自己製造出來的問題。我常說，自由人的煩惱百分之99是自找的，剩下的百分之1通常也不例外。關於人生，我們永遠得不到滿意、終極的答案，因此，我們的生命才處處有意義，而且時時刻刻我們必須決定自己認為的意義的內容，再逐一地肯定、否定與再創造，薛西弗斯的神話如是說，從精衛填海到存在主義也一樣如此說，但是我還是得要否定它們，只因為我還在呼吸。

還有，我仍然會提醒，甚至批判生態、生界、環境的危機與災難議題，因為現實上實在是每況愈下、十萬火急，但人卻愈來愈消極、散漫與傲慢！我還是無法容忍急事不重要，重要事不急的弔詭；死了一、二個人叫悲劇，死了幾萬、幾十百萬的人叫做統計數字，這是哪門子比例原則與正義？！為什麼什麼一隻蝴蝶在東京鼓動翅膀，可以在美洲、非洲造成大風暴，這樣的鬼話連篇卻可以造成轟動而家喻戶曉，卻無人在乎每分每秒地球上消失了多少物種，無時不刻

全球超過10億人在挨餓？！

　　附帶地回答一下花邊訊息，有年輕的朋友寫信跟我抗議，也教訓了我一頓，說他已經很忍耐地聽了我好幾輯的研究所的課，他爲什麼要每天花一小時來忍耐，而且他要我要懂得包容，不可以罵人了，而且他只想聽有趣的、好玩的東西。像這樣的要求，我會考量，同時，我也會收聽、尋找目前全台灣的廣播節目，找到了，再向這樣的聽眾介紹。

　　好！我們現在進行節目的第二單元「生態與環保」。

　　先談中部地區的生態特論，通俗性的解說。

榮瓜棚仔腳
告別與開始

（2015.6.30 播出）

敬愛的聽眾朋友，大家好！大家平安！我是陳玉峯。

不管我剛才講的是什麼題目（綠島金夢）、何等故事，我必須在此打個岔，另外講一個故事，跟剛才的完全無關。

現在要講的，是我種榮瓜的故事。這個題目叫做〈榮瓜棚仔腳〉，副題叫「告別與開始」。

23年前我在茨裡的四樓陽台種榮瓜，連續種3年。

種榮瓜真趣味。每年4、5月種子種入土，很快地就發芽，隨後，生長迅速，親像灌風同款。我足愛看它的生命力，它的成長與喜悅，不只是一暝長一吋，是一日發袜歸尺！但是它需要大量的水。種西瓜的說：一粒瓜仔九擔水，榮瓜同款愛大量的水，我早、晚得愛澆水，若沒，它就皺縮縮地。

我記錄它的成長，引導瓜仔芽端到特定的方向、位置去。開花不過午時，我還跑去附近的瓜棚，摘採別叢的花朵，幫它授粉；黃昏時，為小瓜果套袋，大概，一個禮拜就可收成，超過8、9天，就變榮瓜布。到了九月風信一起，忽然某天，葉枯葉落，常敲得水泥陽台上，滿滿的，金屬狀撞擊的秋聲！

每天晨昏，我常坐守在榮瓜棚仔腳，欣賞著霞光與榮瓜

生長、開花、結果，以及枯榮的奧祕，但是死亡總像突發，結束或死亡經常沒有預告片，過去我說的：可以重複演出的叫戲劇，永不回頭的叫人生！

種茶瓜的日子，我因爲每天需要澆水，我擔心絲瓜無人照顧，所以我錯失了許多合該遠遊，上山研究調查的機會。後來，我就設計，製作了簡單的滴灌法，逃離了絲瓜的卷鬚，如願地上了雪山、合歡等中央高地，也擺脫了2、3年的習慣。可是呢？！一到了高山野地，還眞懷念絲瓜棚下的晨昏！當然，台灣山林豐富龐雜的驚豔，也叫我流連忘還！

茶瓜的生活史緊湊、繁忙，充滿生之喜悅、力道，甚至晚期有點兒狂暴。該它萌發、抽長、開花、結實、枯萎與終結，該它每一份該然時，它就活出那一份該然，我無能幫它駐顏有術或長生不老，因爲它的本質，早就寫在它的基因圖上。環境條件好些，它可以活出更加地盡情與徹底；條件受限制時，它只能扭曲變形，甚至夭折。它只能逢時、逢地，活出它潛存的極限。

人生何嘗不然。該你天眞、該你狂狷、該你躁進、冒進、該你血汗纏鬥、該你愛得死去活來、該你癡顚、該你頹喪

黯然、該你平淡怡然、該你槁木死灰，該你每一份該然與必然，你可以淋漓盡致地活出每個當下的本然與該然。當然我們也瞭解，還有種種的超越與智慧。

　　絲瓜的卷鬚伸出時，接觸什麼緊纏什麼，這是內在本質

菜瓜棚仔腳的寓意如人飲水。

以及外在的機緣或宿命。當卷鬚挺空過時，沒有或錯失可以攀附的對象，它就常常反捲，伸向自己的莖葉，惡狠狠地纏勒自己。有時候差不多勒斃了自己，只能在下方的莖節另長新枝。

比喻在人身上，差不多相當於一些有才氣的人，命運卻很怪舛，有的人就會自認爲懷才不遇，而不願意從自己的性格去改造，更糟糕的，就會自暴自棄，把自己的才氣用來針對自己、扼殺自己，淪爲自己勒斃自己的絲瓜。

我自己被自己種的絲瓜綁架了2、3年，因爲我沉醉且投入，享受在瓜棚下的美麗與哀愁，而且，形成了一種依賴與眷戀。有部老電影《惡魔島》，主角史提芬麥昆被人陷害，含冤被囚禁在汪洋中的惡魔島，而插翅難飛。他受盡凌虐，餓到抓了一隻蟑螂，還忍著切塊分幾餐吃。他費盡一切心機準備，要利用最大潮時，跳下懸崖逃生。他暗自收藏羽毛、棉絮，自製救生圈。終於一切成熟、就緒。

就在千載難逢的大暴潮風雨夜，準備跳海的瞬間，同謀的男配角達斯汀・霍夫曼卻臨陣退縮，不跳了，最後，只有史提芬麥昆逃出且報仇了。

達斯汀・霍夫曼爲什麼不逃了？因爲他在惡魔島養了一群豬，每天餵養著那群豬，寄情在另類生命的章回小說。他臨陣脫逃的唯一理由：「我走了，誰來養牠們！」

荒謬嗎？哦，不！這就是人性當中，情的移轉、依戀，到難以自拔的象徵，當然也可能含有「斯德哥爾摩症候群」，或其他的種種情結。

親愛的聽眾朋友，《風雲台灣・談古說今》就要在6月30

日結束了！不久前，王美琇女士打電話告訴我，因為今年募款的情況不太好，惶惶咱這個節目必須要切掉，因為一個月需要40萬元的節目費用。我一聽到的感覺：生、老、病、死；成、住、壞、空，沒意外，正常啦！然後，我想起了23年前我開始在陽台上種絲瓜的往事。是啊！結束或死亡總是忽然就來到，人生、生命大都如此！沒人抓得住、料得準。

　　過去，我在上課、演講的態度，大多抱著這是我人生的最後一堂課，最後一次演講或上台。我總是自我要求，盡可能盡我本分，盡我可能地，對應聽眾或觀眾來發揮；新的學期一開始，我常會告訴學生：我通常用一生來準備一堂課，因此，我從來沒能準備好自認為完美的一堂課，不過，慢慢地，你會發現，我是用全副的生命在上課的。

　　我很清楚自己的優缺點。8年前我辭掉大學教授、副校長等等一些現實的職位、薪水，因為自己反省我「一無是處，面目可憎」，竟然還有若干大頭症，於是，我斷然割捨空幻的名位，選擇投入宗教哲學的學習。去年，我正式重回江湖，再度專任於成功大學台灣文學系。今年1月，意外地接下綠逗這個廣播節目，很恰好地，2015年1月13日播出第一輯，到6月30日結束，大約5個半月，正好等同於我種絲瓜從生到死的旅程！

　　聽眾朋友，我不敢講我講的有好、沒好，至少，在一條菜瓜布產生的過程，或說一學期以來，不知你可以感受到我的初衷、原則或用心盡力沒？我沒有跟別人比較的習慣，但求活著，做著有意義的當下，淋漓盡致。

　　這段時間裡頭，我都沒有跟聽眾朋友連線或對話，只是

蒙頭講些自認為有點意思的話。而一些聽眾朋友，卻想盡辦法要跟我聯絡。譬如說，劉明東先生，他叫我替他介紹師父，他要學「收驚」，我有佮聯絡，但劉先生好像沒去學；莊淞文先生問我如何破解門口路衝的問題，我要他種盆栽、樹籬，因為植物本身就是天兵天將，結果如何我不知影；熱心投入日本宗教的何麗滿女士還不辭辛勞地，跑來台中找我，要我參加他們的放水燈祈福，可惜我因野外課無法參加；關廟陳永盛先生招待我去看他的農場，還跑到台南妙心寺上我的課（附：工廠故事）。

許素釵女士，她寫了封信給我提到：

她從 2015 年 1 月 15 日（四）開始準時收聽節目，並隨時做筆記迄今，她在感動之餘，連三更半暝醒來，都再三收聽、寫心得筆記。不管是開車、在公司上班，她「唯恐漏掉隻字片語」，她很擔心我不能再主持節目；她說，台灣獨立的願望，支持她活到現在！

真見笑，我沒法度滿足許多朋友的要求或願望，親像許素釵女士的話，給我講不出半句話！只能看看有無後續因緣吧！

不過，我做節目是預錄的，我已經錄好 122 輯，到 6 月 30 日為止大概播出不到 100 輯，後手還有約 22 輯。我一個想法，是不是聽眾朋友認為可以將這 122 輯做成一片 CD？但是因為綠逗的財務有困難，綠逗還要維持一個政治性的節目到 2016 大選，所以我不能加重綠逗的負擔。所以，不知道聽眾朋友是否願意來電預約登記，只要數量有夠成本，綠逗就可以製作這片 CD。麻煩你來電登記，電話：02-

熱情的聽友陳永盛
先生（伉儷）招待我
去參觀他的農場。
（2015.6.23）

陳永盛先生（右）帶我們去拜訪傳統藝術家翁明輝先生（中；竹藤編織師），左為
陳月霞女士。（2015.6.23；台南）

00000000。

感謝各位朋友，感謝綠逗。以後有機緣，希望可以再度為大家服務！

2008年4月我前往印度，在聞名全球的阿占塔（Ajanta）佛教石窟內，讀到一段銘文：「一個人只要在世間留下清晰、生動、深刻的記憶，他就會繼續在天堂享受幸福……」而我深切了悟，沒有過去、現在、未來或當下，卻可以實實在在地活出每一時刻的實在。佛陀一生最多時間的教化、教育是採取沉默，我相信對一些聽眾朋友來講，我們的節目並沒有停掉，而是進入了沉默之音，進入了自然千風之歌！

無限祝福每一位聽眾朋友。

如果朋友想要跟我聯絡，可以經由我自己創設的「山林書院」。有兩位聯絡人：劉先生：0963-299-407；黃女士：0927-476-689。他們的電話及e-mail信箱在《綠島金夢》這本最新的冊上頭都有。因為這一年來我一直在研究綠島，7月初會出版第二本綠島海岸植被生態的冊，目前剛開始準備撰寫第三本，我本來有想說綠逗可以來辦幾遍仔「綠島之旅」，我來帶隊解說。現在節目停了，只好作罷。

最後，願望每一位台灣人都可以在自己的崗位上，打拚為台灣，迎接咱共同光明的未來！祝福台灣！魯凱語的：走吧！加油：伊啦，可曾安那！

印度阿占塔石窟。
（2008.4.10）

10 中部環團聚會備忘錄

（2015.6.5）

　　在今天的聚會裡要我講話很困難，因爲都是一樣的感覺：哪有人「回家」還要演講的道理！而智豪開設的「山佳伊」環境咖啡館既然選擇在世界環境日開張，要我來跟大家敘舊，也許也可以藉此機會，吐吐擔憂，大家或可相濡以沫、彼此取暖，互相鼓舞。

白首回溯

　　1990年我們在台灣、台北，倡導、推廣「世界地球日」的理念，1991年4月22日，在台北中正廟前廣場舉辦第一次盛大活動，由華視轉播的社教晚會，當時除了強調地球日的核心旨趣──「全球思維、在地行動」之外，我個人著重在國府據台後，最欠缺的台灣自然生界的知識教化（當時被少數專家學者把持，配合統治者政策，作僞理論的製作），強調自然情操、土地倫理等生界文化。

　　而1987年解嚴後，乃至千禧年的大約13個年頭，我將之視爲台灣歷史上短暫的「台灣式文藝復興運動」，說來悲哀，卻也是台灣人主體性蓬勃崛起的輝煌13年。說「悲哀」，乃是因爲並無深沉「台灣文化」、「台灣工藝」的傳統被發掘，也沒有充分自覺創意性的創造力，但的確將現今各

類公民活動的原型都已激發。因爲解嚴後，台灣社會動力的主流，乃在政治平反、政黨政治的開創，無暇顧及眞正的「文藝復興或創生」，而更主要的原因正是大中國、反本土的洗腦、汙名化台灣，從來都是國家體制教育的核心任務，即令到如今，一樣扭曲變形地使惡。

這13個年頭，台灣的生態保育、環境保護運動也很難產生主體創發與傳承或茁壯，通常只能在某種程度以上，被迫與反對黨或所謂藍綠對決下的靠邊站。因此，第一次政黨輪替後，20世紀下半葉環境運動的菁英或入閣，或「礙於情面」，成長的力道頓失，許多團體或夭折，或淪爲形式殘存。

二次政黨輪替後，原本即堅持奮戰不懈的環團或人士，夥同新生、新興的少壯菁英，蔚爲2008年迄今的運動團體與諸多活動。

1990年前後，可以說是台灣環境運動最熾熱的時期，例如後勁反五輕、反核、森林運動等，1990年恰好也是台灣生界潰決、大地反撲的分水大嶺，更是全球環境變遷最重大的逆轉年，或說，從地球史古生代、中生代、新生代，而進入滅生代的正式開張。人類花了大約半個世紀反思、行動、宣導的環境救贖，事實上並無扭轉大潰決的趨勢，充其量延遲一些些大毀滅到來的時程而已。世界史上最無效率或效益，最不符合經濟成本的廣告文宣，或許以環保爲最，原因無他，國際間欠缺眞正有效的懲處辦法，只淪爲虛假的道德勸說罷了。

1991年，我將台北主婦聯盟引介來台中，經由人事變

後勁反五輕運動寫下台灣環境被迫害史上，揭竿抗暴的許多「第一」。（2013.12.9：後勁文物館）

遷多次，台中菁英諸女士的苦心經營，成功地切入生活各面向。而該年底，我設置「台灣生態研究中心」，以山林地毯調查研究的模式，探討台中都會的龐雜議題，加上對全國生態、環境問題，進行抗爭、協調、運動等事工。1991年底至1995年間，從研究、調查，經協調、公聽，或行運動、抗爭，乃至協助各地團體相關議題的使力，締造中部最活躍的民運現象，但也深感人才培育或教育，才是一切的根本。

　　而1994年中，擔任大學專任教職之後，雖然力陳生態、環境議題，但非專業科系，實難落實實際從事環保、保育新生代的養成。直到1998年，在同仁協助下，終於開創全國第一所「生態學研究所」（之後才成立生態學系），直接切入體制學制的教育工作；另一方面，長期社教工作的四處演講之餘，自1998年起，辦理多期的「環境佈道師」，8天密集課程型的營隊，此即體制外的環保人士的培育營。而其成果似乎顯著，迄今許多菁英，一直在環境議題上奮戰不懈，並領導、帶動龐多的鄉土環境捍衛。

　　2007年中，我辭離大學教職，幾近遁入空門，專心學習宗教哲理，此後約6、7年間，前往歐陸、美國，感受西方文明氛圍；至印尼蘇門答臘，了解熱帶雨林的搶救；赴印土體會印度教、佛教的搖籃；也到日本勘查多樣文化。

　　2009年88災變以後，再度出來闡述生態災難與環境議題，乃至2012年創設純民間生態教育的「山林書院」，舉辦營隊，一樣從事體制外的環境人才培育。此間，曾至大學擔任宗教學系的客座教職一年，去年則至成功大學重拾教鞭，也在東海兼任。2015年1-6月，另在快樂聯播網，空中漫談生態、環境、人文、宗教系列，也就是說，仍然著重在教育的軟體工程。

　　在這些背景下，我想跟朋友們以及年輕世代，漫談若干體會與感受，而我所謂的年輕世代，指的是1993年台灣第一台手機上市，1994年廣設高中、大學多元入學，1996年首度總統直選下，出生的年輕人，或說，台灣生態系及全球環境走向不歸路以降的族群。

中台灣理念型環團的崛起

而台灣「生態學系」成立後，2003年10月，我將「台灣生態研究中心」的大部分工作移轉至生態學系，設立「台灣生態學會」，同時發行《生態台灣》季刊，將體制內保守不涉及社運的歷來窠臼打破，當然，在此之前，1998、1999年早已將教會大學師生帶上街頭運動矣！（搶救棲蘭檜木林運動；1991年則帶東海學生進行森林運動，責成台灣當局宣布禁伐天然林）

生態學系、研究所的大學生、研究生畢業後，產生了不少現今環運的戰將，投入全國性及中部地區的環運行列，夥同其他環保、社運團體，展開青、壯世代的公義行動。

如今回想，當年以自捐及募款共約3,300餘萬元，得以培育諸多保育、環運的將才，或足以告慰台灣土地生界矣！然而，2007年我辭離生態學系之後，該系所幡然蛻變，似乎不再產生投入社運的畢業生矣？！誠乃「人亡政息」？！

幸運的是，中部地區的有識之士紛紛崛起，蔚為如今理念型環運或社運的茁壯與成熟，擺脫過往附屬於政黨或窄隘意識型態的囿限，更且，在環境議題等社會關懷與付出，拚勁與勞心勞力的程度，令人動容、感懷。

最近半個月來，我前往雲林口湖鄉成龍濕地旁，參與在地反火化場自救會的事工，也在5月30日，在楊國禎教授的聯繫下，我們進入中科擴廠的53公頃基地勘調，初步瞭解其生態衝擊，也思考運動大方向或較長遠的策略。

有感於青壯朋友們的努力，只要大家肯賞光，我想在暑假為大家辦個自然或生態旅遊，到塔塔加、大塔山、阿里

山等中海拔地區（3天2夜），表達對大家的敬意或慰勞，一方面，稍微放鬆，投入自然的慰藉；另方面，大家可以交換意見、交誼。

大肚台地

關於中科擴廠的砍或移樹區的勘調之後，我有若干思考藉此機會就教於大家。

南北夾於大甲溪與大肚溪之間，直線距離約21公里的大肚台地，由於過往強權統治，以及民智未開，至1990年代早已過度開發而百孔千瘡，原始植被大多蕩然不存。就自然度、保育、台中盆地都會維生系統的保護、環境汙染等生態暨環保觀點，早就該由區域計畫、國土規劃、都市計畫、山坡地保育等面向，整合而全盤規劃。原則如下：

（1）釐析出大肚台地生態總特徵暨其生態或因果關係

　　①頭嵙山層地質、地體史、地理的立地環境特徵。
　　（可由珍稀物種作為指標）

　　②大安溪以南，西部台地的氣候特徵以及暖化作用下的今後趨勢。

　　③原始植群的追溯、原生植物社會（包括野動等）類型、演替現象與反覆演替的模式。

　　④各分類群（taxa：種、亞種、變種、型等）的生態區位（niche），或其個體生態總內容；各分類群的關鍵性或變動性限制因子的理解。

　　⑤平埔文化迄今，人與大肚台地的相關。

　　⑥大肚台地東西兩側，山、海維生生態系的運作關

係。

⑦災難檢討、預估與前瞻。

（2）現行土地利用總反思

①土地屬權、法規通用性或如何修訂（純法規議題）。

②國土規劃、區域計畫、都市計畫、山坡地保育計畫，以及權屬關係，如何突破（行政或政治性策略）。

③現行土地利用總盤點。

④依據生態總特徵及因果相關（上大項），釐訂規劃、改革總綱領、原則，劃分理想性的生態區、計畫帶或區域類型。（註：類似國家公園的分區，但大肚台地範圍太小，只能依地形劃分水平帶為宜）

⑤現實條件下，公權單位如何藉助民間力量做前瞻處理？

（3）中科擴廠案

①零方案的可能性如何？司法或政治性的解套的可能性如何？

②替代方案為何？

③如何將本案轉變為長遠策略性的出發點？

④如何扭轉現今政府暨民間「假生態」的誤謬？（詳後）

⑤擴廠區預定地範圍內的珍稀物種，如何不淪為造景、庭園植栽？如何在自然野地長存？

⑥大肚台地森林最小面積的保育或真正自然的復育議題。（請注意大肚台地南段）

⑦環團如何有共識，特別是終極理想目標及運動戰略或戰術爲何？

⑧運動一般技術性層面，如何創新？談判、抗爭手段的大、中、小原則爲何？

⑨核心重點之一，在於可能性汙染的龐多問題系列。（另議）

（4）大肚台地及南、北台地（頭料山地層）的相關（略）。

1989年迄今，我定居在大肚台地，它是我的家、我的鄉、我的根、我的情感繫賴，家園有難，大肚台民怎可能視而不見而不挺身而出？感謝環團的大愛！而我認爲沒有行動的構想只是幻象；眞正的智慧最好具備明確的終極目標或理想（即令與時修訂），而不在乎枝梢末節、人際紛擾等等干擾，但求內在的持定，取決於格局、知識、寬容、慈悲或素養。

接下來我想談年輕世代的大困境，但在此只能點到爲止。

取代上帝的惡魔

現今年輕世代已經面臨最嚴重的困境，或在於過往人類累積的知識、經驗已然無能應對（我只能以台灣爲範疇來談），因爲主體性、結構性的自覺建立極爲脆弱。就整體或平均傾向而言，年輕世代已從過往「沒有自由的秩序」，走入「沒有秩序的自由」，這類「自由」的特徵之一是，以情緒發洩替代承擔與面對挑戰，請注意，是發洩而非逃避。這類「自由」宣洩之後，是無限的迷惘與空虛。

不幸的是，年輕世代卻得面對人類有史以來最恐怖的困

境：人類已經取代上帝，而群魔亂舞。個人認定最主要的三大惡魔群是：地球生態體系大潰決、人工智慧，以及基因重組。

因為過往台灣學界或知識分子欠缺足夠科學哲學反思的涵養，而以科技末流掛帥，夥同社會價值典範的潰決，面對科技惡魔，年輕世代毫無招架能力，所有問題皆然（包括環保等）。

今天只能略微說明地球生態系大潰決的議題，而且只以相對通俗的方式來討論。

先舉日前一則報導摘要如下：

某「生態園區」經6年復育，在尊重自然理念下，已積極造林3千棵，樹種以五葉松、樟樹、油桐、山櫻花、橄欖樹、濕地松、茶花、九重葛為主，並復育螢火蟲，設苗圃、生態池、菜園，而建築意象呈現現代中國風云云。

試問所種樹種哪一種是原生於其土地上的植物？五葉松、樟樹、山櫻花是本土樹種，但該地原本屬於殼斗科等原生林生育地，並無這些「本土外地種」，而更多物種如橄欖、油桐、濕地松、茶花、九重葛等，徹底是外來種。該坡地原本不存在水生生態系，挖個水池叫生態？人工養出螢火蟲、出現小綠葉蟬就叫生態？以中國溫帶園林思想及人工營造暫時性的造園造景即叫「生態」？

事實上全國鋪天蓋地在執行的，正是中國式傳統的「人定勝天」、園林思想，假借「生態」之名，執行「變態」之實，顛覆亞熱帶、熱帶台灣的自然生態系，違反自然演替、剷除自然生機，卻大剌剌地宣稱「生態」、大賣「變態」，用

以營造商機，而全國絕大多數人無能理解其胡扯，更永續汙
染大地、阻絕天然營力自療。

　　藉此例，點出年輕世代的困境。

地球生態系大潰決

（1）切割化（fragmentation）現象

　　①自然生態系被切割化的問題愈演愈烈（島嶼生態問
　　　題）。

　　②知識系統的切割化已臻無以復加（人性解構）。

　　③界面知識取代系統知識（智慧瓦解）。

　　④整體性（holism）蕩然不存（虛無個體）。

　　⑤人定勝天（反自然）完全取代自然；人，已然成為
　　　上帝（群魔亂舞）。

　　⑥價值系統、人生意義的切割化（後後現代大崩解）。

　　⑦過往環境問題、生態潰決從未曾解決，只有每況
　　　愈下。

　　⑧永續發展、自然生態、保育、復育、環保……愈
　　　趨「虛擬化」。

（2）承載量（carrying capacity）議題

　　①國家完全欠缺終極目標。

　　②政府沒有實質政策。

　　③短暫現實代替公共政策的內容。

（3）「現代、當代」的實質意義

　　①依據過去問題創造更多新問題，而代代汙染，不
　　　願面對因果關係與結構性的解決；現代意即反現

在、反未來！

②沒有明晰的過去，沒有現代，沒有未來，沒有當
下！

③等待大潰決的失敗主義！

人工智慧大議題（略）

（1）從阿諾電影的《魔鬼終結者》到強尼‧戴普的《全面
進化》。

（2）邏輯世界 v.s 生命有情世界的和解或對決。

（3）人與神、人與魔、人與宇宙、人與時空的終極性困
境。

基因重組大議題

（1）直接介入生命本身而替代上帝。

（2）30年來全球環團的大退卻（全球環團的式微）。

台灣的世代變遷（只談價值系統）

（1）1971年退出聯合國：傳統價值大鬆動（戒嚴時代）。

（2）1987年解嚴：13年台灣式文藝復興運動。

（3）2000年第一次政黨輪替：價值系統全面崩潰。

（4）2008年第二次政黨輪替：鄭捷殺人粉絲團。

（5）2016年社會新價值系統的時代大創造。

中部環團的新契機或展望（略）

輯二、
生態旅遊與廣播

帶成大學生前往大塔山的生態旅遊與解說。

（2014.12.6：大塔山登山口）

11 遊山問水系列引言

　　地球生命演化到人的最大特徵之一，在於人腦的發達。而人腦的奧祕即在複雜的褶皺，擴大了龐多的面積或功能界面。可相類比的，台灣是個高山島，超過3千公尺的大山頭2百餘座，夥同數不清的中、低海拔山巒疊嶂、溪谷縱橫，張起立體空間的萬花筒，直將三萬六千平方公里的單調平面，幻變爲數十、百倍的多元，加上夠深邃的地史、生命史的時間厚度，形成半個地球至少四次大冰河時期的諾亞方舟，收容中生代以來的繁多傳奇。

　　台灣就是山的世界，山林就是台灣，四面大洋環繞的海上仙山。

　　沒有進入山林就沒到過台灣；未曾認知、感受、親炙、體會山林的台灣人，或只能說是半個台灣人。

　　人的一生對自己的腦中潛能的開發或運用微乎其微；台灣人對母親母土，生界萬事、萬物的學習、感知、運用、善待，或乏善可陳，但破壞、終結的行爲卻無遠弗屆、罄竹難書，造成民族靈魂原鄉的「腦殘」，主體的活水源頭及其生機也七零八落。如今，雖有許多有識之士投入救贖的艱辛事工，但國家權力中心的積習難改，政治人物以短暫利益、私利爲優先；民間不察社會價值典範之瓦解，是非善惡蕩然

不存，徒以民主、多元的浮淺表象，從過往「沒有自由的秩序」，走到如今「沒有秩序的自由」，或不負責任的放任。

更麻煩的是，黑暗勢力在台灣的部署、蹲點，數量、各行業界、層面，早已恐怖驚人。馬政權這幾年來殆已掏空台灣60餘年的「反共」根基，國家主權、主體、安全、經濟、信仰、價值……差不多已腐蝕光了！

社運界普遍亦遭滲透，徒留一個空殼架子罷了！因此，真正有心、有識且願意獻身社會公義的工作者，遭遇近30年來最大的困境矣！而將近10年來，我退居幕後，只做基礎教育、教化工作，即令愈來愈感力不從心，也只能以老驥伏櫪、摩頂放踵自嘲。

此間，自然教育、環境或生態解說，或為最輕鬆、愉悅的長遠工作，或許也是一種逃避或苦中作樂吧？！誠乃境愈閒而心愈苦。

姑且暫時放下黑壓壓的憂慮，就遊山問水去！

> 莊嚴之島名蓬萊，永恆不變綠色深；
> 物產富饒之天地，貫穿南北四百里。
> 大山大脈並群嶺，超過萬尺者一百五十餘；
> 群雄競爭之姿態，於此乃見其偉大。
> 昇自大洋的太陽，飛越於高高之雲表；
> 沒入海峽的月亮，遙遙遠送於足下。
> 向天呼嘯而風起，向谷吐納而雲湧；
> 千古森林環繞於左右，紅葉石楠花鋪陳御花畑。
> 山澗流水瀑布的音聲，於此乃見其尊貴；

……

憑藉遠離塵寰的山靈，蘇生老去的靈魂；

因神的默示而覺醒，掬取力量的泉源；

對多汙的人間世，注入神聖的使命。

……（註：數字略加修正）

——〈台灣中央山脈之歌〉，本間善庫，1934.7

　　荖濃溪因連日豪雨而湍湍滔滔，它，若無其事的流逝，碰到岩石就避岩石，遇上高地即就低處，一直隨順地流到應到的地方，而達成其目的。我回憶曾經三次關山越的足跡，仰望著令人懷念的山中寂靜。　　　　——關文彥，1936.6.15

塔塔加解說

生滅前引

世人只知成、住、壞、空或生、住、滅，或者，更無助、無奈的說辭叫「無常」，卻很少人騎在變遷大階段的刀口上。而生命意義的大體現，通常只在這刀鋒口上。

形成台灣島的機制，正因台灣位於地球隱沒帶的一段，地體成、住、壞、空的刀口上；形成台灣島的地殼，就是空滅前的向上一躍。

這一躍，擠出了萬、千山稜逶邐並列，再由天老爺的情傷淚水一一蝕解，匯聚流失的痕跡叫河川，套用人類的語言，殆即麥克阿瑟大將殞滅前的註解：老兵不死，只會凋萎。

台灣眾多雁行並峙、南北縱列的脊梁叫氣概或山脈。

台灣的地文本質就是氣概，終極性的生命意義。而它的子民如紅檜、扁柏、台灣杉、帝杉、雲杉、冷杉……，從來以如是的調性相應，卻少有人體悟與兌現如是的台灣精神。

台灣精神

年紀愈大的人愈需要提防什麼？中、老年以降，近視者

往往轉變為遠視，提醒人什麼？生理、生活姑且不論，只以精神、眼界面向試說。

2012年有次我跟國家退休元首談話，我想遊說他將殘遺資源投入民間草根教育，特別是自然、土地、生態的教育，他說他年歲大了，看不見教育的成果了，他只在乎總統大選！我跟他說：急事不重要，重要事不急嗎？！你們每次選舉都是至高重要，卻聽任百年根基大業長年敗壞、腐蝕人心，因果、結構的問題恆不處理，這叫畢生經驗智慧？！

2012年大選還是大敗。不久，卻傳來該退休元首在拍他的傳記片。他太愛他自己了！他似乎從未真正參悟？年老之時，戒之在得！

2014年，我訪問很有名的台灣大老，向他說明我想興辦民間學院，培育宏觀的人才。他說愈宏觀的人愈沒辦法做事情。或許，他沒搞清楚宏觀與誇誇空談的差異。每逢社會、政治紛擾的時機，他就會出來講些很不得體的話。

為什麼一些有成就、有名望的「大人物」，愈活愈沒遠見、格局、宏觀？

因為自我感覺良好的成就者，執著在昔日的妄相，眼見時日無多，更想牢牢握住抓不住的小我欲望，因此他心急。愈是心急愈執著，愈看愈近，只剩下看見小我、小私，連諸葛亮都無法避免，他明明知道北伐必敗，還是出兵，最後只剩下空城計，死後殘存的一滴小聰明，而斷送一世的宏觀、遠見、智慧與格局。

無論好名、心急、執迷、短淺……關鍵都在參不透自私小我的盲點，於是年歲愈大，愈遠離台灣精神、氣概或格

局，愈活愈退化。

台灣格局

　　岩漿對流，向地心下陷的位置在花東縱谷。屬於菲律賓海板塊的海岸山脈，以及屬於歐亞陸板塊的中央山脈等，不斷推擠而向上逆衝，台灣從650萬年前開始斷續自海底上衝，大約250-300萬年前出海，且迄今不斷以各褶皺推擠上衝，並承受降雨、地震、重力、風蝕等，而崩塌下瀉，加上氣候變遷及山林演化，進行很複雜的地體及生態體系的變化。中部地區被推擠成全島最高山地。

　　中央山脈最高脊稜落在自馬博拉斯山（3,785m）、秀姑巒山（3,825公尺，最高山）、大水窟山（3,642m）至南大水窟山（3,381m）的段落。其西，擠出了全台最高的玉山山脈，從玉山北峯（3,858m）、玉山主峯（3,952m）、玉山南峯（3,844m），乃至東小南山（3,711m）的主稜，形成雄霸全台的天險山屏，硬是將中央山脈逼矮了半截。

　　玉山山脈以西，又擠出了由北至南的大塔山（2,663m）、對高山（2,405m）、祝山（2,451m）、小笠原山（2,488m）、自忠山（2,606m），乃至北霞山（2,471m）的阿里山脈脊稜段落。

　　而玉山山脈與阿里山山脈（這2條大約平行的南北縱走主稜之間，相隔約13餘公里）之間，另外擠出了「鹿林—東埔—同富山小山脈」（註：地質上屬於阿里山山脈，這名稱是我為方便計，自行命名的迷你山脈）；就山頭高度而言，鹿林前山2,862公尺、鹿林山2,845公尺、東埔山2,782公尺，北端同富山2,285公尺，北向下落抵達神木溪與沙里仙溪（下段已匯流於陳有蘭溪）的合流點

叫同富（和社），該溪流已劃歸屬陳有蘭溪。

以上，簡化地說，在東西不到30公里範圍內，平行縱走著中央山脈、玉山山脈、鹿林迷你山脈及阿里山山脈的主稜突起。這4條中台灣的大氣概，銘記著650萬年來的台灣精神，也就是開天闢地以降，絕地逢生的骨氣。

然而，綜合所有因素的生態研判，阿里山山脈及玉山山脈才是關鍵的龍脊。前者定位針闊葉混合林，台灣最大的降雨帶；後者出現森林界線（timberline），譜寫出高山生態系。而塔塔加，正是這兩大山脈的大分界。

塔塔加鞍部的時空隧道：水鹿棲息的原鄉、台灣中部及南部的分水大嶺玉山山脈及阿里山山脈的龍骨之間，擠壓受力可能最是強大的部位，依我判斷，就是從玉山主峯向西，經玉山西峯（3,518m）、玉山前峯（3,239m），下抵塔塔加鞍部（2,610m），再翻上大竹山（2,854公尺，又名麟趾山，張隆盛命名）、鹿林山（2,845m）、鹿林前山（2,862m）、石山（2,682m），下經「玉山口」，再上溯自忠山（2,606m；阿里山脈南北縱走的主稜山頭之一），這一條東西向的橫稜。

「塔塔加」有人說是鄒族語，指寬闊、平臺草原之處，然而，我口訪布農族人卻是「水鹿棲息、休憩或晒太陽的地方」。這裡，就地質、地體而言，實乃「石破天驚」，它是玉山山脈與阿里山山脈（西部麓山帶）之間的界線斷層。其東，乃厚層板岩及變質砂岩的互層；其西，屬於白砂岩、粉砂岩、頁岩互層的南莊層。前者地質年代是「始新世」；後者是「中新世」晚期。兩者地層落差超過5公里厚度，地質史跨越約3千萬年。

　　換句話說，人從玉山登山步道走下來，經塔塔加鞍部僅只約10公尺的路段，登上大竹山登山口步道，短短不到幾秒鐘，就已跨越差別5公里厚度、3千萬年的時光隧道！我甚至懷疑，哪天再來個大地震，玉山山塊再度逆衝，現今的塔塔加鞍部，必然乾坤大挪移而面目全非！

　　這條塔塔加界線斷層，在塔塔加鞍部部位算是其相對「硬頸」處，崩塌流失的速率相對地緩慢。鞍部南、北，大致沿斷層線下切，形成北側的沙里仙溪上游；南側的楠梓仙溪上游（楠梓仙溪林道）。

　　就我植被生態研究的角度，我更將玉山、玉山西峯及前峯、塔塔加鞍部、大竹山、鹿林山及其前山、石山、自忠山（兒玉山）、東水山等，東西向的橫稜，視為台灣中部與台灣南部的分界或分水嶺。此線以南，扁柏漸漸消失，乃至完全只有台灣紅檜可存在，同時，南台植物的分布北界，亦無法跨越此稜線。

　　而在塔塔加鞍部向東，可上眺玉山南峯，以及其下的楠梓仙溪流域；可觀賞玉山前峯北向坡的雲杉純林，以及南向坡的火燒後松林、草原及不當造林的雲杉；北向略偏西，最顯著的地標即標高2,782公尺的東埔山；南瞰，即楠梓仙溪林道。

相關解說

1. 楠梓仙溪林道

1949-1953年間實施每木調查；1950年編列伐木計畫；

塔塔加鞍部。
（2010.2.14；春節）

1954年開鑿楠梓仙溪林道（簡稱楠溪林道），以東埔山莊爲起點（OK），楠溪工作站爲10.8K。施工以人力爲主，加以炸藥爆破；1955年12月開始運出木材。

伐木先是擇伐，1960年以後改採皆伐。

1963年以楠溪林道有人打獵，引發大火，連燒14天，自南往西北、東北蔓燒，燒出今之大竹山、鹿林山區、東埔山等之殘遺的白木林，也燒死了今之「夫妻樹」。

楠溪林道資料詳見筆者《台灣植被誌》等，或其他研究報告。

2. 東埔山

東埔山屬於前述「鹿林—東埔—同富山小山脈」的一個

夫妻樹位於今之台21-141.7K附近，估計不久將隕落。（2015.5.15）

突出山頭，特別是從塔塔加鞍部回頭走下東埔山莊的前段路，因為北向眺望，東埔山最是高峙於景觀所及。它的登山口在台21公路的144.2K附近（註：塔塔加遊客中心是台21-145K，台21公路的終點，也是阿里山公路台18線的終點），沿登山步道上走約800公尺，海拔爬升約200公尺，即抵達山頂。

東埔山頂東望可見玉山山脈龍脊各山頭，也可看見背後的中央山脈的馬博拉斯山（3,785m；左）、秀姑巒山（3,825m；右）；北下瞰即和社、羅娜等陳有蘭溪谷地；西望乃阿里山脈巨大連綿的屏風般的主稜。

登山口至山頂的區域屬於「台灣鐵杉林帶」，因伐木及火災而原始林蕩然不存。1985年筆者登頂調查。

東埔山登山口以下地區的雲杉及紅檜針葉混生林，於1939-1942年間砍伐，木材來不及運出，而囤積東埔山下，然後，台灣鼎革。

登山口至東埔山頂的鐵杉林則於1950-1954年間伐除，1956年開始造林。然而，1962年的大火將造林燒光，1963年更連燒半個月。

（詳細資料請參看陳玉峯，2004，台灣鐵杉林帶（上），370-452頁，前衛出版社。）

1963年那場大火，我曾口訪當年參與救火的隊員。其引述，鹿林山稜線段落，野生動物如山羌、水鹿、山羊等，成群逃命，飛躍過稜線的數量與景象，蔚為奇觀，似乎為「鹿林山」地名下了註腳。

3. 大鐵杉——原玉山林道及楠溪林道交會處

1981年11月14日我首度調查玉山，行經這株大鐵杉。34年來我常以它講解鐵杉林帶，因為，人對極端化的事物充滿興趣，雖然它並非「最大」，但對不熟悉山林的平地人而言，已然夠大。

這株鐵杉有多大？

鐵杉的生長速率介於台灣紅檜與扁柏之間，當然，不包括極端值。

以有限的研究數據推估（158歲，胸徑26.28公分），年均直徑生長為0.1663291公分，則胸徑1公尺者約600年以上；2公尺者1,200年以上；1.5公尺者900年以上。因此，塔塔加地區這株「路衝」大鐵杉胸徑為1.96公尺，推估約1,180歲。

依我過往山林調查的經驗，台灣鐵杉老齡林的平均年歲，多在350-500年間；單株大樹較少見超過900年或1.5公尺以上者，但我曾見過超過3公尺胸徑（接近2,000歲）者。通常5、6百年以上的大鐵杉多已走上腐敗，因而樹幹上常長出一些多孔菌，像是大小不一的厚圓盤鑲嵌其上。這類巨大靈芝形的多孔菌，我見過直徑約70公分者，可能生長超過百年也未可知。而台灣獼猴喜歡坐在上面，咀嚼嘴中

貯存的食物，因而又名「猴板凳」。

　　關於台灣鐵杉的若干基本資料如下：

　　a. 鐵杉屬名 *Tsuga*，是從日本俗名「ツガ」拉丁化而來。

　　　　全屬全球有9或10種。（北美4種、喜馬拉雅1種、日本2

大鐵杉胸周長617公分，胸徑1.96公尺，約1,180歲。（2015.5.15）

種、中國2種、台灣特產1種）

b. 1896年11月，本多靜六首度描述「栂帶」，也就是台灣鐵杉林。台灣鐵杉第一份正式採鑑的標本來自玉山，1900年R.Torii所採集。1908年正式命名。

c. 鐵杉林的分布中心在海拔2,500-3,000公尺之間（中部），南、北略降，最低分布在新竹，約1,300公尺。其分布中心的年均溫在8-11℃，環境屬於台灣中海拔雲霧帶的上部。

d. 樹皮鐵鏽色，因而得中文俗名；台語叫「油松」；以木材價值低，故為現今殘存最多材積的針葉樹種。

e. 台灣鐵杉全株，以及小枝椏的林冠、枝椏頂，皆呈傘狀。因而在雲霧瀰漫時分，造形、顏色等，深具飄渺詩意。然而，以其樹冠造形，無法承載降雪重量，因而鐵杉與冷杉的交界線，正是台灣的降雪線。其上，生長耐著雪壓的台灣冷杉；其下，繁榮著傘蓋形的台灣鐵杉。當氣候變遷時，降雪線及降雪數量左右了植被帶上遷或下移的最直接效應。又，由於過往台灣伐木主要的對象為檜木林，檜木分布的上界與鐵杉交會，因而鐵杉林往往也是伐木的上部界線。

f. 台灣鐵杉的自然文化舉例，泰雅人的「yapa」，泰雅人植物的命名與象徵；台灣鐵杉多生長在山稜磐石等惡地，而能以盤根捍衛地土、鞏固環境，取名為與爸爸同音、同義，兩者互為取義與寄寓。

13 自忠（兒玉）、新高口、石山的解說

　　每逢報稅時期有人幹譙連連之際，我常會勸他走一趟「新中橫」就「賺回來了」而氣消。因為這條選線錯誤、折損一半路段的「橫貫公路」，本來就是個錯誤政策，後來，經由「內部勸阻」，蔣經國下令廢除從玉山八通關到玉里的東段計畫，只剩下從水里到塔塔加、從塔塔加經阿里山，到嘉義的山區觀光道路。

　　由於頻常崩塌或路基下陷，年頭到年尾都在維修而「工程永續發展」，若計算開鑿乃至連年維修所耗損的人民血汗錢，除以迄今通車、遊客的總量，則每旅遊人次得享國庫

新中橫的「工程永續」。（2010.8.9）

「補貼」的金額驚人，因而旅遊一次，「淨賺」一次！這也是
國家、政客之惡之一！

新「中橫」簡介

　　1979年7月起，公路局對新中橫公路雙向施工。其由嘉
義經阿里山、自忠，抵達今之玉山國家公園塔塔加遊客中
心處，謂之「嘉義玉山線」，全長92公里，而由後庄至觸口
橋的16公里，以及由觸口到阿里山的55公里，係利用原有
公路拓寬而來，俗稱「阿里山公路」，於1982年10月1日通
車。說來可笑，由於10月1日當時稱為中共的「偽國慶」，
因而此一通車「大典」默默進行，一切從簡，更不敢張揚。

　　而由阿里山至塔塔加遊客中心（註：當時稱為三線交會點；
1991年4月14日正式啟用）的21公里路段，屬於新闢路段，但很
大的一部分是沿著舊有森林鐵路路基闢建者，1987年通車。

　　至於水里經和社，上抵塔塔加遊客中心的「水里玉山
線」，於1991年元旦正式通車，全長71公里，據稱工程費
22億元。通車之初，人滿為患，不久即因斷續崩塌而頻頻被
列為危路，迄今尚在「管制」中。

　　我從施工初期即斷續調查沿線生態，也目睹從半片茶葉
也沒有的狀況，發展到今天的「阿里山茶」的「走紅國際」。
1991-1993年我發起農林土地關懷運動，當時我計算茶農每
賺一塊錢，台灣社會必須付出37-44塊錢成本。1996年賀伯
災變、1999年921地震等等，證明我算錯了，少算幾個零！

　　我目睹施工單位將公路開鑿時部分的土石推到下坡去
（違規、違法），更且為實施傷天害理的「綠化」工程，施工者

將原始林砍伐至遠離公路路面十多公尺處，不但「合法盜林」，復有各項工程款可賺，還有人們想像不到的龐多罪惡，從KMT霸台迄今，從未有實質的改變。這些土石後來變成賀伯災變的元凶之一。

　　土地悲劇的案例我寫了幾十年，不想再談了。之前，公路總局委託製作台18公路的紀念專冊。製作單位除了採訪我之外，據說是公路局的某個處長或高官要製作單位請我寫篇序文。我除了肯定公路局員工的任勞任怨、冒險患難之外，也鼓勵工程人員基於良知與專業，要勇於向政客或錯誤的政策說「不」！

台18公路阿里山至塔塔加遊客中心路段的前身

　　1912年12月20日，嘉義到二萬坪的森林鐵路完工，1913年陸續完成二萬坪至神木、神木到第4分道（現今阿里山火車站），以及第4分道到沼平（舊阿里山火車站）。

　　1915年前後，眠月鐵路完工。而後尚有許多支線。

　　簡化地說，二萬坪以上的許多鐵路都叫「林內線」，完全為砍伐檜木而開鑿，林木運出後而拆除。阿里山區伐木史大致而劃分幾大階段，第一階段砍伐阿里山沼平及其鄰近地區；第二階段砍伐眠月線上下及其鄰近地區；第三階段則繞過萬歲山，往自忠、新高口及其可延展的支線區域砍伐。日治時代最後計畫開採塔塔加鞍部以南的楠梓仙溪流域，但已終戰。

　　1931年，由沼平至兒玉（自忠）的鐵路完工，同年底更延伸到新高口。

　　1933年，自新高口新闢從新高口至東埔山腳的「東埔（下）線」。

　　1942年，在東埔線鐵路上方另闢「哆哆咖線（塔塔加線）」。1954年再自東埔山莊，將鐵路延長800公尺至東埔山下（哆哆咖支線）。

　　從阿里山沼平至東埔山下的鐵路（含塔塔加線）於1976、1977年間拆除，而現今台18公路自阿里山以迄塔塔加遊客中心的21公里路段，大多是沿舊鐵路路線而闢建。

　　附帶說明登玉山步道：

　　1926年9月17日，在鹿林山舉行「阿里山至玉山登山步道」開工儀式。18日動工，人力包括隊長、巡查、原住民、苦力及工事指導等70餘人，11月再增加40人。11月6日開抵達玉山山頂，13日下山。開路隊伍同時建成鹿林山、玉山前山及玉山下的登山小屋。11月14日，在鹿林山舉行登山道路開通典禮。

　　此一登玉山步道的路口，謂之「新高口」。

　　1927年，日本台灣當局測量部即由新步道登玉山，重測玉山高度，得出3,950公尺。

自忠解說

　　阿里山區第三大階段的伐木，就是拆除眠月線鐵路，移往南部的兒玉（自忠）、新高

口、東埔山地區，並打算開發楠梓仙溪流域。

　　1931年鐵路開到此地，由於車站附近殘存殼斗科喬木森氏櫟的大樹頭，台灣人稱此地為「九欑仔頭」。年底鐵路完建至新高口，1932年正式完工，日本人特將此地命名為「兒玉站」，以紀念第四任總督兒玉源太郎，同時，將其南方1公里餘的山頭（海拔約 2,606m）命名為「兒玉山」。

88 災變阿里山區人造林崩垮。（2009.10.10）

　　1951年10月27日，蔣介石前來阿里山、兒玉，登上原雪峯派出所對面的迷你小山丘觀景。林務人員為了「偉人蒞臨」，特在此小丘頂設台階、搭遮陽架、設座，供蔣介石小憩。蔣介石在此下瞰神木溪上游的集水區系，想起張自忠將軍，遂將「兒玉站」改名為「自忠站」，連帶地，兒玉山也易名為「自忠山」。

　　後來，更在此台四周種植雲杉、檜木苗等，以示誌念。

　　阿里山脈南北縱走的主稜，從祝山、小笠原山以南略微低下，再稍挺高後，再度往下凹陷，然後斜走自忠山方向挺高。

　　這一凹陷的部位便是自忠。也就是說，自忠地處阿里山山脈主稜祝山、小笠原山南端小突起山稜，與自忠山之間的鞍部上。

　　自忠正處於東側神木溪上游、西側後大埔溪上游，兩溪向源侵蝕的隘口上，筆者推測，可能也是小斷層經過的部位，而東側的崩塌較為嚴重，特別是88災變最為顯著。

　　然而，自忠危地的現象，早在1941年12月17日凌晨4點半的南部大地震中，即已一覽無遺。當時，從自忠山稜線部位，以迄鐵路下側，裂開約3吋，裂縫綿延數十公尺。自此，日籍人士往西側搬遷。這次地震，阿里山鐵路災損嚴重，特別是二萬坪車站至平遮那車站之間大走山，下陷了數千立方公尺（土方）。

　　自忠即今之台18-95.5至96.6K段落區域，海拔約2,310公尺。

　　自忠曾經是山林小聚落，其發展及沒落史簡介如下：

88 災變後的眠月線鐵路。
（2009.10.10）

　　1931、1932年間，日本人的伐木作業南移，但兒玉只是一集材站，主要伐木聚落處係落在新高口，因為新高口正是登玉山的步行入口，且是樟腦轉運站。

　　二次大戰之後，新高口聚落人口移聚兒玉。而之前，1941年從兒玉往西南方向開鑿「水山支線」鐵路7.5公里，但直到1950年代國府的「殘材處理」作業，才讓自忠人口鼎盛。

　　大約1956-1964年間，自忠（兒玉）以伐木工人、榮民、道班工人、生意人（林業）等集聚而形成伐木聚落，設有村辦公室、衛生所、招待所、林務工作站等行政或公共設施，另如雜貨店、肉鋪、撞球間等民生市集，而且，1962年還設

置阿里山香林國小自忠分部。此分部僅維持6年，1964年以降，住民漸次外遷而式微、關閉。

1963年6月，玉山林管處（阿里山區等）結束官方自營伐木。1965年初，林管處的「自忠工作站」降格爲「阿里山工作站」轄下的分站。此後，殆屬造林工人等之落腳處。

1980年12月23日，自忠車站（日治時代建造的原木兒玉車站）及旁側宿舍、住家等，發生火災，毗連建物付之一炬。

該車站原址，於1983年興建爲「嘉義縣警察局竹崎分局雪峯派出所」。1985年4月10日玉山國家公園管理處成立以後，曾經將之改爲國家公園警察駐站，後來亦廢。

筆者在1985年就職玉管處以降，開始調查此等地區的沿革史。

1980年代末葉，自忠尚存日治以來的一

自忠在88災變之後的危樓。（2009.10.9）

些建物，包括日本人出差的俱樂部、民間雜貨店、木造住家等。921地震、88災變後，道路東北側的建物全毀。諷刺的是，88災變前，謝姓住戶新蓋一棟樓房，88災變時，地基陷落，隨時將崩毀。

　　自忠聚落短暫時程的興亡，正是台灣伐木聚落的縮影：

自忠危樓。（2010.8.9）

蝗蟲過境、耗竭利用、殘存廢墟而沒有歷史，不復任何土地的記憶。

全世界各民族、種族發展於特定任何地區，地區自然資源被人們利用，資源或該地環境的特色，通常轉變成該民族、種族的文化特徵，而且，該文化或特定的生活型有助於其種族、民族圖存，以及環境或自然資源的永續發展。此一文化或生活型中，規範人們的行為準則，或型塑價值觀等內涵，是謂土地倫理。台灣原住民族各有其豐富的土地倫理。

遺憾的是，台灣各外來政權從來以犧牲台灣各地的自然及環境資源，成就其在台灣境外的政治或其他目的，更以其外來文化，強硬施加在台灣土地上，從而導致今之土石橫流、生界滅絕、天災地變橫生，而國土危脆、朝不保夕，失卻從土地到文化的連結，難以產生主體文化的活水源頭，成為流浪在台灣島上的「浮浪者台灣文化」！

此即現今台灣人未曾普遍察覺的，內在或隱性的深層悲哀！

就連地名，迄今流佈著外來政權的陰影。

新高口的故事

一輩子口訪、調查、參悟我台灣原鄉軼聞、傳奇與滄桑，我堅信，任何山頭、溪澗、老樹、地景……，只要有了故事，該場域就活了起來，但如同神靈，久沒香火，神靈都退光光。而故事是有生命的，且藉生命而繁衍而創生。

新高口自從1926年底登玉山步道完工後，乃至1931年鐵路開抵至此，隨即砍伐134、135、118林班，同時，接續

開鑿由新高口往西南方向9.2公里的「霞山線」伐木，1932年砍伐119-122等4個林班。依據日本人原構思計畫，阿里山區的南東地區開發，殆以新高口為前進指揮中心。

1941年，又從新高口開闢一條往東南方向延伸的「石水山線」鐵路，長度2.6公里，1943年砍伐第131-133等3個林班地。國府佔台後，1947-1953年接著進行「殘材處理」，1953年撤除此線。

石水山線的末端是水源地，迄今仍提供部分阿里山的水源。

新高口地當玉山東西向橫稜至自忠山（阿里山山脈與玉山橫稜垂直交會處）之間，介於自忠山與石山（2,682m）之間的鞍部，北有神木溪上游支流、南有楠梓仙溪上游的向源侵蝕。這些河流谷地海拔較低區域的樟樹族群，日本人在新高口設置樟腦局的驛站，收集、運送樟腦由嘉義而出。

也就是說，新高口除了是日治末期伐木的前進中心之外，也是樟腦的集運站。由於樟腦在當時是重要的戰略物資之一，太平洋戰爭末期，美軍轟炸機針對新高口等若干阿里山地區的標的，進行激烈轟炸。新高口聚落建物以轟炸引發大火，遂迫使1930、1940年代初葉新高口的繁榮終結。

1945年以降，新高口的人口移聚自忠，但1950至1970年代還是因楠梓仙溪流域伐木，而人車（火車）絡繹不絕，登玉山者仍然以新高口為步行的起點。

而1941年12月8日太平洋戰爭爆發之後，戰備物資孔急，加速阿里山南東區的大肆伐木。1942年9月，阿里山營林事業公營制廢止，移轉給暴走伐木的「台灣拓殖株式會

社」經營，森林骨牌般傾倒，但木材多無法運出。同年增設
「塔塔加線鐵路」，由新高口延伸至今之東埔山莊。

又，國府之後的伐木、殘材處理、打撈等搜刮行徑，
大抵在1956年官營停止後，改由民營接手，1958-1962年期
間，乃楠溪林道最大出材量的時期，更持續延展到1970年
代末葉。1976年，林務局由新高口開闢玉山林道運材公路，
經鹿林山莊、大鐵杉，銜接楠溪林道。而1977年發包給民
間業者拆除塔塔加鐵路。

鹿林「神」木

阿里山死神木於1997年7月1日崩落半幹，1998年6月
29日放倒殘遺半幹之後，聞名全球百年的地標殞滅，官方
重新找訂「香林神木」代替之；民間自千禧年以後，也在今
之台18-102.1K附近，找出1930年代、1940年代東埔線鐵
路、塔塔加鐵路上下伐木所遺棄的「一株」巨大紅檜，命名
爲「鹿林神木」、「石山神木」或「新中橫神木」，然後由台
大實驗林管處（地屬台大實驗林31林班）於2001年4月，設置棧
道、觀景台、解說牌座等，形成台18的景點之一。

2002年筆者前往勘查時，得知此「神木」並非一棵樹，
而可能是2-5株紅檜擠壓合併生長的「連體樹」，從上方看
下來彷如一株，從下往上看，則清晰可見實乃不整合多株擠
壓合併而成。其中，第2、4分幹已死亡多時。於是，筆者
在2002年10月9日《自由時報》刊出的文章指出其荒謬，因
爲：

其解說牌公然宣稱「該樹」乃「全國第二大神木」，樹齡

達2,700年，樹高43公尺，幹圍20公尺（換算直徑約6.4m）；自詡為「國家重要自然文化資產」云云，完全不提數十年剷除龐多原始巨木林的暴行，卻將伐木時工人所「不屑」砍伐的殘障連體腐樹，「刻意無知隱瞞歷史與真相」，哄抬、炒作為「重要國家資產」，且利用長年反自然、反本土、反生態的教育系統，迷惑愚弄台灣人民，以遂其蹂躪台灣土地、自然的惡行。

以5株樹連體的樹幹去計算「該樹」約2,700歲！這是哪門子算術？五個人綁在一起，其年齡總和為270歲，再宣稱「那個人」約300歲，這不是愚民、詐欺嗎？台大第31林班，於1929-1931年第一次砍伐原始檜木美林，將壯碩偉大的天然林洗劫一空，更在1953、1957、1959年，陸續實施殘材處理，連樹頭、日治時代未拿盡的木材，挖掘殆盡，當年承包殘材作業者即劉姓組頭。

我口訪山林工作者，為何留此「並生木」未砍？原來此並生連體木有擠死者，即令活株也早已罹患蓮根菌（一種真菌），心材業已腐蝕，加上幹材長度不足，甚至連「殘材處理」的價值都欠缺，伐木工人根本不願花白工去砍伐得不償失的「空殼劣木」！

更不幸的是，為招攬遊客，將「老並木」四周原本已演替出的次生天然林木、小樹，以及草本、灌木、藤本、附生等次生社會，僱工剷除，大蓋寬大的觀景台，並花公款打造棧道，宣稱他們在保護老樹。

為了讓觀光客「瞻仰」百年人瑞，將人瑞家中數十成百的第二、三代大人小孩屠殺殆盡，為的是「保護」人瑞？！

台灣人何時才能免於此等罪孽、業障？

可嘆的是，從2002年我揭露此等荒謬迄今，近13個年頭飄逝，胡扯的解說牌屹立不搖，錯字也不更正，所有官網一概繼續扯謊與汙染視聽，這樣的「環境教育」、「生態解說」持續遺害世代、扭曲自然，也沒人在乎！這不叫「生態」而是「變態」！

石山服務站的「鬼屋」

台18-104.7K附近，公路大彎處外側，玉山國家公園管理處設有「石山服務站」。該地海拔約2,470公尺，是台灣獼猴群搶奪遊客食品最頻繁的地點之一。這裡有停車場、公廁、觀景棧道，遊客常停駐小憩，猴群遂聚集此地。

石山服務站的前身，是林務局於1968年，為實施林相變更的造林業務，在鹿林前山的北尾稜山腰上（註：石山服務站該改名為「觀石山服務站」），興建了「造林監工站」於鐵軌旁。其下方坡地即苗圃所在地。

1968年此地區種植台灣二葉松人造林；1975年前後，間植台灣紅檜。

可能是最後一任的造林監工朱傑忠，單獨一人住在這間監工站小屋。一段時間未回家後，家人尋至小屋，朱氏已身亡。此後，此監工站不復有人入駐。

1980年代後半葉，新中橫工程闢建至此，在執行邊坡植生綠化時，此屋再度為工人所利用。

1986年間我在此地調查，所見該監工站（木造瓦屋平房）大致完好，旁邊另搭建一小間鐵皮工寮。公路完建後，鐵皮屋

拆除，監工站歸玉山國家公園管理，從而依原來形制重建水泥屋，後來又加建廁所、觀景寬敞棧道、解說牌、停車場等設施。

　　1987年間，玉山國家公園巡山員曾偶住監工站原址的服務站。他們告訴我，此屋「不乾淨」，曾有人「見有女鬼」！怪怪，死的是男性，何以變成「女鬼」？真乃心裡有女鬼乎？！

　　以上，我僅依塔塔加鞍部至阿里山段落，沿「新中橫」公路，作一日導遊的擇點解說，書寫若干基本資料而已。

延伸閱讀

- 陳玉峯、陳月霞，2005（2013二刷），《阿里山：永遠的檜木霧林原鄉》，前衛出版社。
- 陳玉峯，1987，《塔塔加遊憩區預定地及其鄰近地區之歷史沿革》，內政部營建署玉山國家公園管理處印行。

14 大塔山之旅

一、前言

　　1981年底筆者首度登大塔山頂勘查植被生態，但因當時大塔山屬於軍事管制區，登頂時狼狗猛吠，且筆者喚醒駐地守軍，不料反遭沒收底片，因而當年放棄再作詳實樣區調查等。後來駐軍撤離，登山客逐次熱絡。

　　遲至2002年12月28及29日，筆者始對大塔山步道等，設置樣區調查植群，並登錄步道兩側物種，同時，在研究生協助下，從登山口起，以皮尺丈量步道長度，得知登山口至山頂全長為1,690公尺，而登山口海拔約2,329公尺，山頂為2,663公尺，落差為334公尺，平均每走1公尺得挺升約20公分（19.7633cm），可謂阿里山區最為陡峭的路段，但以短程，只能算是健行步道。

　　隔年以降（2003及2004年）林管處構築登山木棧道工程，且在山頂建設木造觀景台，並拆除原軍隊建築的登山頂段落水泥階梯之上方的水泥頂蓋（或廊蓋），故只保留軍築的水泥階梯。

　　此之前，2000年8月3日，筆者以沼平車站正中點，也就是已經拆除掉的車站月臺上方題字，「沼平車站」的「平」

字與「車」字中間點為0K，沿鐵軌中線，朝向眠月線丈量，
並記錄沿途景物，詳見陳玉峯、陳月霞（2005），《阿里山：
永遠的檜木霧林原鄉》，前衛出版社，513-515頁，測量到
眠月線左側舊里程碑「塔2K」為止，全長1,953公尺，之所
以短少47公尺，推測是日治時代以迄國府時代變遷中，舊2
號橋填土改建、截彎取直之所致（該段落誤差達44m）。

　　據此，由沼平車站沿鐵軌至大塔山登山口，全長約

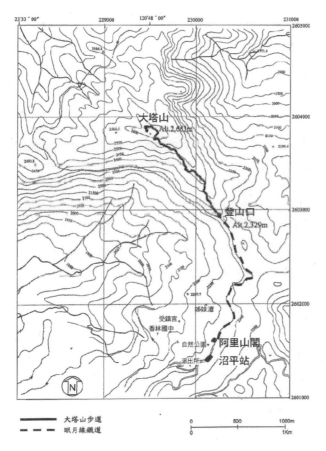

由沼平車站沿眠
月線鐵道至大塔
山頂路徑。（2002
年12月29日製）

1,923公尺，加上登至大塔山頂的1,690公尺，則由沼平車站走到大塔山頂至少約3,613-3,620公尺（加上由鐵軌橫向走到登山口約7m）。

　　沼平車站中心點0K開始，走到阿里山閣大門口中點為193公尺。而281公尺處即左下姊妹池的入口處。1,155公尺的右側，即古老登對高岳的入口處（今已被祝山鐵路截斷），現今尚存已看不清楚的路標及地圖解說牌。1,704-1,713公尺段落，即祝山鐵路從眠月線向右岔出的段落。1,900-1,923公尺附近，即舊稱「十字分道」的地名之所在。1,923公尺右側即大塔山登山口。

　　2002年12月28及29日的測量乃土法煉鋼式，只依靠皮尺及指北針行之，但儘量做到相對準確。當時的樣區調查位置（19個樣區）示如頁136-137附圖。

　　相關樣區及植物登錄，部分見於陳玉峯（2007），《台灣植被誌第六卷：闊葉林（二）（下冊）》，前衛出版社，473-476頁。

二、2004年迄今之登大塔山木棧道健行
（依據2013年2月11日記錄敘述）

　　2013年2月11日（大年初二），筆者依尋常遊客腳步健行大塔山。

　　從森林遊樂區大門口廣場出發，開始計時。

　　約10分鐘抵達梅園入口，第20分鐘到了沼平車站正門口。抵達大塔山登山口大約在第48-50分鐘之間。

（細部如下：第8分鐘至梅園入口之前，左側有株尖葉楓之處，冬季，全數落葉而春芽待萌；第20分鐘穿越沼平車站中央點；第24分鐘至眠月線鐵路與左下姊妹池的分岔點；第26分鐘遇見橫跨鐵道上空的高木棧橋（即自姊妹池往大塔山的架高木棧道）；第30分鐘到鐵路里程2K的橋梁（有新建石砌圍牆的橋），再走300公尺處，乃鐵道與架高木棧道最接近處。第42分鐘經過舊眠月線石製里程碑「塔1½」處，再20公尺後，即新里程碑2.7K處，是第43分鐘；第45分鐘，至鐵路往祝山（右）及眠月（左）的分岔點；第46分鐘，越經舊里程碑3K；第48分鐘右側即大塔山登山口。）

　　眠月線鐵路在此新設有封路欄柵。

　　大塔山登山口前設有兩側圍欄的木造廣場平臺。由登山口上躋，如前述，至大塔山頂共計1,690公尺長，須上登2,734個台階，海拔上升了334公尺。平均仰角將近12度（每走1公尺上升約20公分）。

　　2004年全線竣工的大塔山登山木階梯，當年以木條釘爲台階，階面鋪設碎石。如今進入第10個年頭，碎石幾乎蕩然不存，而木條也開始腐壞。

　　上登的第70、71及79階的木條已腐壞；第295階木條完全消失。

　　第505階右側，立有阿里山常見鳥類解說牌，敘述常見鳥種有青背山雀、冠羽畫眉、綠背林鴝（阿里山鴝）、藪鳥、繡眼畫眉、金翼白眉、火冠戴菊鳥、棕面鶯、灰喉山椒鳥、大冠鷲等。而506階左側一株柳杉造林木的樹皮妍美。

　　505、506階以下至登山口處這段路，依常人輕鬆步伐行登，大約花了12-15分鐘。之後，坡度趨平緩，560階以上又略陡，至611階止。611階右側立有界碑No.37，之後，近

大塔山登山步道與植物調查樣區（2002年）

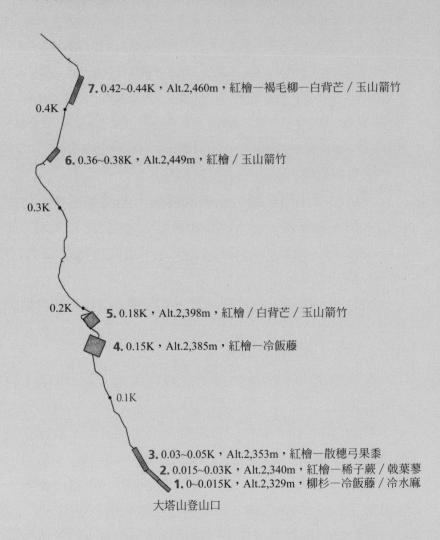

0.4K

7. 0.42~0.44K，Alt.2,460m，紅檜—褐毛柳—白背芒／玉山箭竹

6. 0.36~0.38K，Alt.2,449m，紅檜／玉山箭竹

0.3K

0.2K

5. 0.18K，Alt.2,398m，紅檜／白背芒／玉山箭竹

4. 0.15K，Alt.2,385m，紅檜—冷飯藤

0.1K

3. 0.03~0.05K，Alt.2,353m，紅檜—散穗弓果黍
2. 0.015~0.03K，Alt.2,340m，紅檜—稀子蕨／戟葉蓼
1. 0~0.015K，Alt.2,329m，柳杉—冷飯藤／冷水麻

大塔山登山口

0　20　40m

15. 1.15K，Alt.2,555m，玉山箭竹－紅毛杜鵑－紅檜
14. 1.1K，Alt.2,553m，台灣江某－紅毛杜鵑－玉山箭竹
1K
13. 1.01K，Alt.2,552m，白背芒－台灣江某－玉山箭竹

12. 0.99K，Alt.2,552m，
玉山箭竹／玉山假沙梨－白背芒－台灣江某

11. 0.978~0.99K，Alt.2,549m，
玉山箭竹－白背芒－台灣江某／厚葉柃木

0.9K

19. 1.61K，Alt.2,652m，
白背芒－台灣懸鉤子

1.6K 門　　階梯
階梯　　　1.5K　仰望大石
1.69K

0.8K　10. 0.8K，Alt.2,524m，玉山箭竹

0.7K　水塔

9. 0.64K，Alt.2,488m，
紅檜－稀子蕨

0.6K

1.4K　18. 1.39K，Alt.2,605m，
玉山箭竹－白背芒

17. 1.31~1.32K，Alt.2,576m，
白背芒－玉山箭竹－褐毛柳
1.3K

8. 0.51K，Alt.2,460m，
紅檜－玉山箭竹
0.5K

往上看到大塔山之石

16. 1.21~1.225K，Alt.2,563m，
玉山箭竹－台灣江某－鐵杉／薄葉虎皮楠
1.2K

看森遊區的景點

1.1K

看森遊區的景點

乎平地而輕鬆行走。

　　如果說506階以下的陡坡是對都會人的小考驗，則之後已屬舒解、悠閒或補償的漫步，且愈來愈進入林蔭步道，森林浴的從容可平緩展開。

　　第667階上來之後，左側一塊巨型砂岩壁。至684、685階以後，一小段山路可下瞰神木溪、神木村的小聚落。第697階左側，立有林管處設置的步道里程碑2.5K，也就是說，再走1公里即到達大塔山巨岩塊下方的最後一段台階矣。從506階（鳥種解說牌）走到2.5K牌，大約花10分鐘。

　　697階以上略陡，但一下子就抵一塊解說二代木的牌示。再稍往上走，即到達昔日軍隊貯水用的兩個大水桶於路右側。可在此解說牌附近稍事休憩，並行二代木等的生態解說。

（註：2015年嘉義林管處整修步道，抽換腐壞木階條等）

二代木的解說牌敘述

　　「在同一根株上長出二代木，而第一代木樹齡超過千年，在它枯死後，經過2、3百年，一顆種子偶而飄落其上，藉枯樹爲養分，長成爲茂盛的第二代，經綿長歲月，榮枯演化，讓我們驚嘆大自然的偉大與神奇。」

　　如此的解說似乎顯現撰稿人昧於自然界事實，憑藉片段知識，發揮錯誤想像的敘述。因爲：

1. 日治時期松浦作治郎（1942）計算一株台灣紅檜在1941年度生產了種子2,135,362粒，其中，毬果在樹上時飄落的種子佔77.09%；毬果掉落時散出的種子佔

7.77%；宿留在落地後的毬果內者佔15.14%。一株扁柏在該年生產了790,354粒種子，其中樹上飄落的種子佔59.78%；毬果掉落時溢出者佔25.09%；宿存落果中者15.12%。

　　假設一株3千餘年的紅檜巨木，其一生可以生產的種子數量，筆者粗估為1-6兆粒；一株千年的扁柏一生可生產約2-8億粒種子。檜木林內密密麻麻的檜木大樹一年可掉落多少種子？

　　林地上隨時存在有百萬、千萬粒種子，試問有幾粒得以萌發？又有機會長成大樹？可見天然的淘汰率或天擇壓力高得嚇人！

2. 台灣紅檜種子之能否萌發，乃至長成苗木、小樹、大樹，其影響的因素非常複雜，而難以簡單的線性關係作敘述。依據百餘年來台灣的相關研究顯示（詳請見陳玉峯，2001，《台灣植被誌（第四卷）：檜木霧林帶》，前衛出版社，23-177頁；337-369頁），紅檜種子之得以發芽，光強度是重要因子之一，通常得在相對光強度在30%以上始較有可能，故而檜木林下若上方林冠沒有破空，樹下通常無法見到種苗或小樹。

3. 紅檜在天然環境條件下，常見出現種苗、小樹的地區為：向源侵蝕或溪澗崩塌帶上；大樹崩倒或顯著破空之下，也就是植被生態的天然更新中，經常使用的孔隙相（gap phase）的發生之後；地震崩塌之後的裸地；火燒之後的裸地，等等。

4. 所謂的「二代木」、「三代木」，可以是天然林內的老

樹倒塌後，光度增加的「孔隙作用」所引起的種苗萌
長；也可以是森林砍伐之後，林冠消失引起的種苗生
長，主要是落在原本老木基幹上的種苗長出者，俗稱
「二代木」、「三代木」等。

　　依據筆者數十年調查、研究暨經驗，倒塌的老樹
幹上，或伐木後的樹頭之上，乃因其居於高位，提高
相對受光量，而有利於紅檜種子萌發，相對的，林地
上或林床上的紅檜種子，頻常受到草本、灌木的遮
蔽，根本欠缺萌長的機運，遑論林下盤生玉山箭竹的
林地上。

5. 登大塔山步道區，位於原第3林班北端、20林班的
東北邊界，或更精確地說，位於台大實驗林28-3及
28-2林班的西界上（或是後來的215、216林班西南邊界上），
是在1912年或最遲1917年所砍伐（陳玉峯、陳月霞，
2005，《阿里山：永遠的檜木霧林原鄉》，前衛出版社，529頁），
而今之解說牌所指的老樹頭上的二代木，正是生長在
上述被皆伐之後的樹頭之上者。

因此，解說牌上的文字可以說是「胡說八道」：

1. 此二代木乃是生長在1910年代砍伐之後的樹頭
之上，不可能是「千年老木枯死後，經過2、3百
年……」的產物。2、3百年即令無法形成檜木林，也
早已是繁茂的闊葉林，苗木如何能長出？

2. 「一顆種子偶而飄落其上，藉枯樹為養分，長成……」
事實上應是數百、千、萬粒種子，不時飄落在枯幹

上，經由天擇嚴苛汰選，好不容易才有少數種子得以
萌發且成長爲二代木，此等二代木的樹齡及苗木的發
生期當在砍伐後不久，或以2013年而論，可能係在
96-101年（或更少）之前所萌長者，只消鑽個年輪條即
可檢證。

　　如果上述的地點、年代有所錯誤，充其量修改爲
正確年代，但論述邏輯及原則是相對正確的。

　　多年來筆者常在阿里山區聽見一些導遊帶著觀光
客，重複「偶而一顆種子飄落，長成爲二代木、三代
木……」；「歷經綿長歲月、榮枯演化，讓我們驚嘆
大自然的偉大與神奇……」之類的「隨便講講」！

　　數十多年來，我們的解說教育、生態旅遊、自然
認知、本土資訊……，爲何都無能長進？爲什麼無人
在乎「正確資訊的傳播」或科學的涵養？任憑訛傳、
誤導不斷繁衍、滋長？這只是小小一例子。

　二代木解說牌一上來，即原駐軍的二粒水桶左側。水桶
距離登山口約645公尺，再上走約1公里餘則到大塔山頂。
而從登山口上走1公里之後，即遇見一鐵板橋，乃軍隊駐紮
時所建，係打在岩塊上的工程，懸越斷崖。

　　鐵（板）橋上可左下瞰阿里山區各堆建物。此地至山頂之
間，計約另有3處小段落可看阿里山聚落。然而，當你想要
拍攝阿里山各建築區塊時，每每受到朦朧水氣的干擾，即令
使用偏光鏡，濾掉部分折射及漫射光，仍然無法拍得清晰、
銳利的影像，也無關是否大晴天。根本原因在於白天期間吹

谷風,當太陽光照射山坡溪谷,水氣隨著氣流,由下沿山坡向上吹拂,另股上升流與之相結合。筆者過往不時想像,要在阿里山區不同海拔、不同地點,依不同時刻、不同季節、不同天候等,同時施放不同顏色的煙霧,在大塔山頂架設鏡頭,依分、秒數記錄氣流流向與流速,估算出山風與谷風的系列交替情形。唉!幾十年了,從未實施過。日治時代的測量是施用氣球,當然是更簡略的方法。

過鐵(板)橋之後,陸續有幾塊解說牌,包括鐵板橋上的一塊,分別解說高山鴨腳木(台灣江某)、阿里山建物、高山杜鵑、華山松等。

從登山口上走了約1.5公里之附近,殆即路左側林管處設立的步道里程3.5K碑。再上走第14階,即上到原軍隊的水泥階梯。水泥階梯從第1階起算的第28階轉彎,上到第39階轉角即「鐵杉解說牌」;第43階轉角;第51階轉角,至第65階則結束第一段落的軍隊水泥台階。

之後,沿傾斜的水泥小徑上至鐵門口。入鐵門上走約9階的泥土山路,即為房舍。沿房舍邊的ㄇ字形繞走屋子的3個邊之後,開始上登軍隊的第二段水泥台階,這段陡峭的水泥台階共計129階。上來後,右接林管處製作的木板階梯共27階,而抵達山頂觀景台。

下山時,假設不停留,則從山頂下走到登山口,耗時約40分鐘。

大塔山頂的生態解說

大塔山頂標高2,663公尺,乃阿里山區的最高山,1904

年底台灣總督府民政長官後藤新平率隊勘查阿里山區之際，此山被命名為「後藤岩」，用以紀念開發阿里山最高決策者的後藤新平。而鄒族原住民則相傳是其聖山，也就是好人死後，靈魂歸依的場域（不好的人的靈魂則歸聚小塔山）。

　　由南方的香雪山（2,361m）東延萬歲山（2,467m）、小笠原山（約2,488m），北走祝山（2,451m）、對高岳（2,440m），斜西北向，經十字分道，上抵大塔山（2,663m），再西略偏南向，到塔山（2,484m）、小塔山（2,291m）等山稜線，大致形成阿里山溪（舊稱河合溪，紀念河合鈰太郎）上游的虎口地形的最上緣。

　　這一個大虎口的北緣正是大塔山到小塔山的大斷崖最高緣，而從對高山、祝山，到萬歲山的東、南緣，則是順向坡的大山坡地。它們圍聚成西向大虎口的屏風，截留西南氣流匯聚於此，來自台灣海峽或海上水氣濃厚的上升氣流，頻常在此形成雲海與濃霧，造就檜木霧林的最佳生育地之一。

　　事實上，北自烏松坑山（2,288m）、松山（2,557m）、大塔山、對高山、祝山、小笠原山、自忠山（2,606m）、北霞山（2,472m）、霞山（2,400m）等縱貫的這條稜脈，乃是台灣中部地區截留最大降水的山屏，形成從海邊上躋最高山玉山山塊的水平距離80公里餘的最大降水區，是台灣中南部的水源截留、涵養的中心部位，也是自中央山脈、玉山山塊脊稜以下，第二處最大山屏。阿里山區往下，第三道山屏即奮起湖地區的大凍山稜，此下，則為低山、丘陵、平原區。

　　阿里山區或此一大虎口，正是台灣生態系的最重大過渡帶，往上屬針葉純林；往下為闊葉林；阿里山區即針闊葉混合林過渡帶，也是風力影響最小、全台樹木最高大的區域，

台灣杉的最高記錄約90公尺。

　　由大塔山頂下瞰阿里山區（註：沒有任何一座山叫做阿里山），正可解說檜木林分布的最佳解說點：

　　綜合以上阿里山溪上游的阿里山地區的解析，吾人或可宣稱，沿著第4分道阿里山森林遊樂區大門口進入，至沼平車站，以迄十字分道連線，海拔2,000-2,150公尺之間，正是上部台灣扁柏與下部紅檜的分界線。假設吾人站立大塔山頂，朝東南至南向，下瞰整個阿里山區，由對高岳、祝山、小笠原山、萬歲山連線以西，自稜線下抵第1分道，海拔由2,490公尺，下抵1,800公尺左右，正是所謂阿里山區檜木林所在的範圍，但紅檜的下部界可下抵海拔約1,550公尺左右。而此落差690-940公尺山坡帶的檜木林範圍內，台灣扁柏大致分布在2,000-2,490公尺之間；紅檜約略分布在1,500-2,200公尺之間，現今遊樂區的建物連線即兩者的過渡帶。

　　換句話說，自阿里山森林鐵路第1分道以上，阿里山溪上游向源侵蝕的巨大扇面，即台灣檜木林帶；另一方面，整個塔山山塊、阿里山山脈的台灣鐵杉林帶，自從上次冰河時期之後，已上遷、退卻至大塔山頂稜以及祝山山頂附近，絕大部分的「阿里山」指的是檜木林核心區或其範圍之中。

大塔山頂的地景

　　不確定地球上有多少物種會具有「卻顧所來徑，蒼蒼橫翠薇」的行為或習慣，登上大塔山頂的人，絕大多數的目光首先被眼前的巨石噬著，繼而環顧後選擇下瞰阿里山區自己所來自，畢竟眼界習於人煙處，而對山脈但只茫然漫看，難

以留下任何印象。

　　明明生命從不可逆，人們卻嗜於回顧，更以展望做藉口。

　　與觀景平臺相對峙的巨大砂岩塊渾厚篤實，即從阿里山森遊區側面觀看，筆者曾比喻為左手抱拳，像大拇指內彎（巨砂岩塊）的西北側的那一塊。從平臺近距離平視，形似拇指鈍端。岩塊上固然難以著生植物，岩隙、凹穴、夾縫略聚塵土處長出的植物，以及觀景臺周邊的物種，最顯著的有華山松、台灣鐵杉、台灣刺柏（觀景臺旁可觸摸）、白背芒、玉山箭竹、巒大蕨、森氏杜鵑、褐毛柳、厚葉柃木、台灣江某、玉山抱莖籟簫等等，基本上即鐵杉林帶演替初期的樣相。而「大塔山」解說牌的內容乏善可陳。

　　面對巨砂岩塊的左側，倚欄下瞰，最明顯的地文即阿里山溪數條分支的刻劃，以及中央略遠處，飯包服山下經二萬坪的龐大崩瀉區，其自88災變之後，全面潰瀉為今貌，將來一樣會繼續蝕滑。這座山的另一邊（看不見的背面），正是台18（阿里山公路）新近（2013年元月）竣工的「芙谷峩橋」，88災變的重大崩蝕區。換句話說，山體兩側，鐵公路的咽喉要地均已潰決。號稱銅牆鐵壁、「永不損壞」的新橋究竟可以支撐幾年，但拭目以待（重點不在該鋼體的堅固，而在於立地基質）。

　　左山腰，阿里山森遊區自右側開始，依序有入園收費站、車站及商店旅館區、員工宿舍區、沼平車站區，乃至繞圈下走受鎮宮，經阿里山賓館繞回旅館的一環，歷歷（朦朧）在目，對照「阿里山國家森林遊樂區」解說牌上的建物標示，遊客可自行解讀。

　　另一面「玉山群峯」解說牌，標示玉山山塊諸峯，乃至南台首嶽的關山。其實，在無顯著雲霧的晴朗天，尚可看見雲峯、三叉山、向陽北峯、向陽山、南橫三山等。

　　遊客若攜帶適宜的地圖，另可朝北、朝西等對照、研判諸山川。幸運的話，在大塔山頂恰可由全台最高峯，看盡台灣地體迄台灣海峽或海隅。如大塔山頂的地理位置及地勢視野無與倫比。

阿里山區植物

1. 2004年筆者登錄（明確見及且鑑定）的植物約有360個分類群（種、變種、亞種、型等），詳見《台灣植被誌第六卷：闊葉林（二）（下冊）》，500-514頁；然而，依據歷來採集標本、《台灣植被誌》的登錄，凡「阿里山」存在的植物種，高達1,195個分類群，經詳加研判後，阿里山森林遊樂區自二萬坪以上，以迄最高的大塔山頂，凡海拔1,800-2,663公尺之間，保守估計，至少曾經存在過788種或分類群（taxa），詳見陳玉峯，2005，《阿里山植被調查及復育計畫》，行政院農委會林務局委託研究系列93-05-8-03號報告，7-81頁。

2. 與「阿里山」此地名有關的植物或名稱（略）。

塔山
(2,484m) ▲

▲ 大塔山(2,663m)

塔山裏線

神木　阿里山　▲ 對高岳(2,440m)

第一分道

平遮那

二萬坪

香雪山線

▲ 祝山(2,451m)

▲ 萬歲山(2,467m)

至嘉義

哆哆咖線

自忠
(舊兒玉)

新高口

東埔下線

哆哆咖

東埔

水山線

▲ 兒玉山
(2,606m)

▲ 石山(2,682m)

水山
(2,609m)

霞山線

石山線

從阿里山森林遊樂區第一管制哨前廣場，也就是祝山林道OK出發。

循祝山林道，20分鐘抵達沼平車站。此一新建車站尚未使用時所攝。

原沼平車站。筆者在2000年8月3日朝眠月方向的鐵軌測量起點，即「平」字與「車」字中間點。

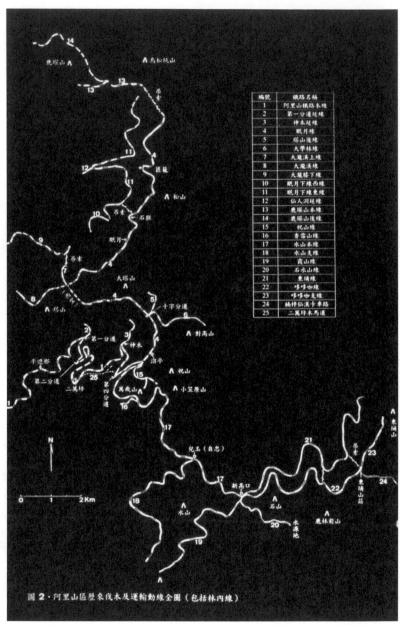

圖 **2**·阿里山區歷來伐木及運輸動線全圖（包括林內線）

編號	鐵路名稱
1	阿里山鐵路本線
2	第一分道延線
3	神木延線
4	眠月線
5	塔山後線
6	大學林線
7	大瀧溪上線
8	大瀧溪線
9	大瀧縣下線
10	眠月下線西線
11	眠月下線東線
12	仙人洞延線
13	鹿堀山本線
14	鹿堀山後線
15	祝山線
16	眉雪山線
17	水山本線
18	水山支線
19	霞山線
20	石水山線
21	東埔線
22	哆哆咖線
23	哆哆咖支線
24	楠梓仙溪卡車路
25	二萬坪木馬道

眠月線即由沼平到眠月，乃至烏松坑山，約 1915 年完建了 14 公里餘。

眠月最高木橋（高サ八十尺）　　　The Mingetsu higancst tree bridge.

眠月線即由沼平到眠月，乃至烏松坑山，約1915年完建了14公里餘。

眠月線里程碑1.9K之前，左側的紅檜及山櫻花開。

眠月線里程碑2K之後，即加新石砌圍牆的橋梁，完全看不出橋梁模樣。由出發點（祝山林道0K）至此，約30分鐘。

自出發點走約45分鐘抵達眠月線（左）與祝山線（右）的分
岔處。此小段分岔起點至分開點，即自沼平車站（0m）起
算的第1,704-1,713公尺。

到達大塔山登山口，即舊眠月線的十字分道附近。登山口
有平臺。

大塔山登山口左側的眠月線，新設「嚴禁進入」
的欄柵。

大塔山登山木棧道完工於2004年，自此起算，
包括最上段原軍隊的水泥階，登到大塔山頂共
計2,734階，但2013年2月11日檢視，木階已
損壞者例如第70、71、79階等，第295階則消
失矣。

第505階右側的常見鳥類解說牌，由登山口上登至此，一般人
大約花費12-15分鐘。自此略往上，坡度趨平緩。

軍隊使用的水桶，以及
旁側的紅檜造林。

管理處里程碑3.5K處，再上走第
14階即原軍隊水泥砌成的階梯，計
有65階，之後其右側可見山稜的鐵
杉。

管理處里程3.5K之前，接近
大塔山頂巨砂岩塊。

山稜散生的台灣鐵杉及解
說牌。

鐵杉解說牌之後，上走軍隊建
築的水泥斜坡小道，抵達鐵
門。進鐵門左上可見原駐軍建
屋。

繞屋走ㄇ字形平路之後，上走第二段軍隊水泥階。駐軍在地時，此段水泥階上覆水泥廊頂，2004年拆除。此段水泥階較陡，合計有129階。

最上段有27階木階（林管處2004年新建），抵達山頂平臺。平臺設有3面解說牌。

拇指頭般的巨砂岩塊。

15 水山線暨水山巨木之旅

　　阿里山檜木林的砍伐、集材與出運，靠藉的動線即阿里山森林鐵道。森鐵完全是爲了砍伐檜木林而規劃、設計與開鑿。

　　1912年12月20日阿里山森林鐵路正式開通，12月25-26日史上第一部運載木材的聯結車（連結7輛裝載檜木原木的列車），由二萬坪開抵嘉義北門站展示7天。然而，1927年之前，所謂的阿里山鐵道本線，指的是北門到二萬坪的67公里路段，二萬坪以上的鐵道前後總計有20餘條，統稱爲「林內線」，也就是爲砍伐檜木林的森林內道路（主要爲鐵路）。當時，火車頭庫（機關車庫）設在二萬坪。1927年機關庫遷移至沼平，自此，以沼平爲各路的前進調度中心。換句話說，二萬坪以上正是檜木林分布之所在。

　　最早的正式營林伐檜區落在二萬坪車站附近的散生型紅檜，但砍下來的木材並非賣售的產品，而是提供建築橋梁、隧道用材，時程是1911年8-11月期間。

　　林內線的第一工區，就是由二萬坪開鐵路到神木站的2,742公尺路段，於1911年11月開工，1913年4月1日通車；第二工區即由神木站（第三分道）開至香雪山下（即今之火車站所在，或第四分道），於1912年1月16日動工，3月即完成，

長度1,473公尺；第三工區即由第四分道開到沼平，長度
1,230公尺，1912年4月10日開工，年底完成，但沼平車站
正式開張是1914年3月14日，完全木造。

　　所謂的「水山線」，乃由沼平回頭，在沼平到第四分道
的鐵道上方山坡，另行建築新鐵道，開設於1912年5月、10
月，分段新建至萬歲山南方，並於1919年環繞萬歲山腰，
開抵兒玉（今之自忠），長度10.7公里，後來又延長至新高
口。1933年由新高口新闢至東埔山腳，長度12.6公里，故而
水山線後來合併稱為「東埔線」。1942年起，東埔線上方另
闢「塔塔加線」，後來的新中橫很大的一段落即循著塔塔加
線而擴建為公路。

　　如今，水山線（或東埔線）鐵路只保留由沼平到水山車站
的1.6公里長的小段落。

　　這1.6公里小段落的原始檜木林，於1913-1919年間，
伐除並集材完畢，今之「水山巨木」即當年以材質、材積不
佳，費不及惠，被放棄砍伐的殘留木之一。

　　因此，解說「水山線暨水山巨木」如下：

　　日治時代，為砍伐阿里山原始檜木林而建築阿里山森林
鐵路（以下，簡稱森鐵）。森鐵自平遮那以東約5百公尺處的第
48號隧道以上，呈現之字形的爬坡道。這些之字形鐵道的海
拔約介於1,700-2,300公尺之間，用來砍伐海拔約1,800-2,450
公尺之間的檜木，其間，二萬坪以下及以上的鐵道，平面圖
檢視，恰好呈現2個類似「M」字形。

　　這2個「麥當勞M」，在1910年代完成砍伐、集材與之
後的造林。上方「M」字形的最後一豎，即由沼平到水山站

（再繞經萬歲山腰到自忠）的1.6公里今尚保存，是謂水山線。

　　水山站上方有株當年放棄砍伐的大紅檜，今之樹高約30公尺，胸周約16公尺，有可能是2-3株紅檜並擠，長成狀似一株的大樹，其中，下半株已枯死。

　　千禧年之後，林管處規劃為新增景觀點，並築有水山站月臺、短短的仿古木棧橋、石階，以及觀景平臺等。自沼平車站附近（警光山莊旁側平交道），沿著老鐵道（水山線）前往，坡度甚為平緩，單程距離約1.2公里抵水山站，來回約1小時。

　　抵達水山站或鐵道里程1.6公里之後，過仿古木棧橋，循右側石階上登。上登85階，即看見左前方的「水山巨木」。第86階即環繞巨木的橢圓形石階路的起點。第135階即上到巨木上方的平臺。另登3階可在木造觀景平臺休憩、賞玩。而後，循另邊石階下來，再走76階即登上環樹石階起點，也就是說，從登山口至繞樹一周，共計210個石階，或約200公尺。

　　由於自沼平朝西南走向的水山線，座落在沼平到第四分道（現今火車站、商店、旅館區）的山坡上方，自沼平車站中心處為0K起算，到鐵道里程1.2K的段落，便聲聞其下方人車的繁囂，但因人造林蓊鬱，隔離了大部分的聲浪，就全阿里山遊樂區而論，尚稱幽靜。

　　此線的解說項目或重點，可視時間長短，就下列各項作取捨：

　　1. 1.2K之前可講解：

　　A. 阿里山原始森林開發史的水山線；B. 人造林與天然

（原始）林的差異；C. 0.7K處可看見對面大塔山自921以降的兩大撕裂帶，而0.7K本身也是崩塌帶，故無大樹阻擋視線，此地可做崩塌與森林更新（檜木林帶）的深層生態解說；1.2K大抵即第四分道火車站上方（坡面上下距離約百m），1.2K之後，鐵路左彎，即繞行萬歲山山腰西側，要轉往東向的自忠區；D. 若有途中小憩時，可視時刻感受谷風或山風吹襲的自然現象。若在中午之前且逢晴天，可明顯感受谷風沿著山坡面上吹。若在下午4-5點以降，則山風由上，下送谷地。

2. 1.2K之後：

A. 1.5K前左側有株大紅檜的枯立木，樹枯幹中空，且被火焚燒過，可解釋紅檜的蓮根菌、枯立倒木的生態，以及火的生態議題；B. 約1.55K至1.6K即新設水山站的月臺及小廣場。1.6K起，一小段的仿古木棧橋等，可解說日治時代森鐵橋梁及隧道等軼事；C. 抵達「水山巨木」觀景平臺後，可解說該株巨木之可能為「並木」，以及紅檜的生態內涵；D. 解說附生植物的生態；E. 觀景臺背後的大型蕨類如柄囊蕨、頂芽狗脊蕨、稀毛蕨、川上氏雙蓋蕨等的解說；F. 巨木附近闊葉樹森氏櫟、高山新木薑子、灌木細枝柃木、深紅茵芋、台灣江某等的解說；G. 地被或草本層植物的解說，例如戟葉蓼、火炭母草、伏牛花、珠砂根、華鳳丫蕨、大冷水麻、咬人貓、五節芒、玉山箭竹、台灣瘤足蕨……；H. 依現地解說牌，講解自然生態保育及營林者觀念、知識、行為的差異，以及其對生態系的不同影響；I. 樹齡如何計算或估算，何謂年輪等。

3. 區外的解說：

A. 水山巨木背後的小稜線上，2005年民間設有一間土地公小廟「昇華宮」，廟口右側有間迷你小祠，供奉地基主香位，可作宗教文化的解說；B. 廟下方左側，以及廟左側沿稜線走約193-200步之後，各有新蓄水池（1992年10月2日完工後立即崩塌的3.5萬噸池，後來裁縮為1萬噸容積）及舊蓄水池（1980年6月12日竣工的自來水蓄水池）。此等阿里山水源議題可作深論；C. 翻越此山稜，走約3百步即下至新中橫（台18）里程91K附近，可沿公路解說萬歲山的地層等，然而，水山巨木區背後山稜被列為阿里山區外，禁止跨越。

以下，敘述若干解說資料或參考文獻、文本：

1. 阿里山開發簡要史詳見「阿里山專業解說輯」，山林書院第二梯次台中營隊手冊109、110頁。

2. 人造林與天然林對比的概略說明：人工林通常為單一樹種，同一結構層，植株分布整齊，單一年齡結構，充滿人為整理痕跡，物種歧異度較低，分階段撫育、除蔓、疏伐、除草等，而以木材生產為目的或導向，等等，相對於天然林之多樹種間雜，多層次或至少三、四層立體結構，植株逢機分布，年齡級歧亂，趨向該地最大光能或資源利用，表象自然而處處令人驚異，物種歧異度高，從第一層喬木、第二層喬木、第三層大灌木或喬木層的小樹、幼樹，到第四層草本、小灌木、半灌木植物，乃至各類型附生植物、蔓藤植物，繽紛逢機填佈不同生態區位（niche），看不出人為鑿痕，而以自然生態系天

然發展至極相，擔任國土保安、水源涵養、提供野
生物棲息、繁衍爲目的或導向，等等。

3. 檜木林的天然更新的學術報告詳見陳玉峯，2001，
《台灣植被誌（第四卷）：檜木霧林帶》，338-369
頁。（以下簡稱植被誌（第四卷））

4. 山風與谷風資料見於「台中營隊手冊」173頁。

5. 紅檜及扁柏的全方位資料詳見植被誌（第四卷）23-
178頁。而紅檜樹幹易受白色菌（或稱蓮根菌）的腐蝕
而呈中空。此菌的侵蝕係依同心圓方式擴大，因而
腐蝕中的紅檜木材橫切面就像蓮藕似地，一個個圓
洞，繁多圓洞不斷擴大，最後整個心材被腐蝕一
空。

6. 「並木」的觀察與懷疑，文字記錄上似乎以質疑原阿
里山神木究竟是一株，或二株合併生成爲開始。奇
怪的是，後來不復有人探討。筆者自1990年代詳加
檢視紅檜各巨木之後，確定紅檜很容易長成數株並
生，且維管束到樹皮等甚至連成一起，而目視難以
區隔。二十多年來所謂的鹿林神木，即爲多株駢生
成連體嬰似的典型，而「水山巨木」筆者斷定至少是
2或3株合併而來。並木通常在下方者較早死亡。

7. 附生植物的解說詳見植被誌（第六卷）：闊葉林（二）
（下冊），514-517頁。

8. 阿里山植物的專業解說資料詳見植被誌（第六卷）：
闊葉林（二）（下冊），457-620頁。個別物種專論，
例如森氏櫟，詳見植被誌（第九卷）：物種生態誌

（一），71-76頁；長尾柯，同書47-55頁；校力（猴栗），同書81-86頁；山胡椒，同書119-122頁；烏心石，同書221-226頁；阿里山榆，同書233-236頁；台灣紅榨楓等楓樹，同書281-300頁；玉山灰木，同書343-344頁；台灣八角金盤，同書345-348頁；水麻，同書389-390頁；長梗盤花麻，同書395-396頁；咬人貓，同書399-402頁；阿里山落新婦，同書403-406頁；小白頭翁，同書411-414頁；曲莖蘭崁馬藍，同書415-418頁；縮羽副金星蕨，同書427-428頁；小膜蓋蕨，同書435-438頁；台灣瘤足蕨，同書473-476頁……以上，只列舉阿里山常見的少數幾種植物資訊。

9. 水山巨木四周，目前殘餘最重要的闊葉樹即森氏櫟。森氏櫟的葉片革質，葉表墨綠、反光，葉背淡黃綠，而最易鑑定的特徵在於歪基，也就是葉基部在中肋兩側不對稱，常有一邊略短缺。有趣的是小枝條上此一歪基現象，常見一片歪左，下一片則歪右，當然有例外。如此的排列現象，不知是否讓葉片易因風力流動而搖晃，用以增加透光度，不致於讓下部葉片光量不足有關？

10. 筆者在7、8年前曾勘查此株「水山巨木」，當時沒有現今人為措施，而且巨木樹上纏繞龐多附生植物與蔓藤，例如台灣藤漆、圓葉鑽地風、大枝掛繡球、青綿花、黃花著生杜鵑、高山葰蕨、蘆山石葦、長尾葉越橘、凹葉越橘、肢節蕨、石葦、稀子

蕨、火炭母草、福建賽衛矛、小椒草、書帶蕨、阿里山忍冬、石月、薄單葉鐵線蓮等等，旁側尚有森氏櫟、深紅茵芋等闊葉樹。而為了形塑此巨木的觀光，當局著手清除巨木本身附生植物、旁側闊葉樹、林下天然草本，更重整林地，鋪陳石塊為高低階，並築成寬長觀景臺，同時，建構步道石階，新設仿古木棧橋，以及長條月臺及小廣場。沿線鐵軌鋪灑木屑，阻止次生草本等發展，形成都會人認為的「整齊、乾淨」的表象。

　　觀景平臺上的解說牌則敘述：巨木位於阿里山往東埔的森鐵旁，建有360公尺之自然步道及觀景平臺，可以看巨木的風采。漫遊在蓊鬱的樹蔭下，享受大自然的洗禮。下方則敘述：檜木用處多，擁有美麗的紋理和色澤，和大量檜木精油的香氣，不易腐爛、不受蟲蛀，是木材中的極品，可製成不同器具。另以圖示如泡澡用的檜木桶、日本明治神宮的大鳥居，以及書桌等檜木傢俱。

　　如此開發為觀光景點的背景思維，乃站在傳統營林思維，以唯用主義、實物利用、經濟價值為背景或導向的設計、構思與實施，對都市人而言，有其方便甚或迎合的「優點」，但站在自然生態保育、生態旅遊或自然思維角度，則有諸多牴觸、負面教育等等效應。

　　清除巨木之外的天然演替植物，阻止天然更新，且以人為硬體強佔棲（生育）地，當然是反自

然、消滅可能復育的途徑、殺死天然物種的行為，而巨木終將枯死，此等觀光相當於殺雞取卵、耗竭利用。而且，將巨木周遭的自然清除，卻說成「享受大自然的洗禮」，所謂的接近自然，其實是屠殺自然，改造天然環境，而只圖謀對單株殘存木的一時利用。弔詭的是，管理單位大行告示牌或禁制牌上的禁止事項（例如禁止採擷草木等等），難免招來只許官家放火、不許百姓點燈的傳統衙門作風的物議。

然而，景點開發與維護自然並非必然的衝突，根本關鍵得先建立自然情操，而自然情操的喚醒，最簡易的途徑可由自然知識切入。自然界本身就是最大的一部天書，一部包羅萬象的全知識大書。全球自19世紀以降，哲學漸漸走向荒野，文明的反省也日益深化，但遠遠不及科技文明的發展與倚賴。對普羅大眾或常民而言，森林遊樂區或自然野地，就是扭轉認知、價值改造的最佳環境之一，我們可以藉由環境教育、自然解說等，彌補體制內外條件的不足。而最重要的問題之一，自然野地、森林遊樂區等管理或經營單位的執事同仁，必須先具備豐富的自然知識、自然情操或涵養，否則只是問道於盲、緣木求魚。

11. 阿里山自來水源蓄水池即位於巨木背後稜線的另一山凹。茲將相關資料與隱憂敘述如下：

阿里山旅客及住民的先天限制因子之一即水源議題。早在1976年省府規劃今之阿里山森林遊樂區

之際，即進行自來水蓄水池的工程設計（註：此之前，居民、業者以四處自行接管引水利用為主）。1980年6月12日，1萬2千噸（舊）蓄水池竣工，6月15日起供水，而1981年前後，今之阿里山（新）第四分道火車站、商店、旅館區自沼平遷移而來，形成今貌且開始運作。

此一舊蓄水池完工迄今已達33年。當初設置時，係以鐵路運載石塊、沙、水泥、橡膠布等上山，先下挖後，將底層以重車夯實，上覆橡膠布（註：實際材料依目視無法確定）而成。此池由四周往中央傾斜而下，筆者在2013年2月12日的勘查時，「PLC配電盤」上的水位指示在4.437-4.441公尺之間，滿水尚可再加深1公尺餘。

阿里山工作站退休的耆老陳清祥先生，多年來數次告知筆者，他擔憂舊式蓄水池的材料及當年工法，夥同30多年來的變遷，有可能引發潰池的危機。一旦潰決（註：橡膠布下方若有土石流失，而橡膠布不堪水壓而裂陷），池水下灌，將直瀉今之火車站及商店區，則災難難以估計。當局有無必要瀉水後檢驗，或重新依新工法重建？千萬不要等到災變發生後再作檢討。至少，水公司有無定期勘驗安全度？

此一擔憂絕非空穴來風。1992年前後，自來水公司新建3.5萬噸新蓄水池，何其荒謬地，竟然蓋在阿里山森鐵水山本線的隧道上方。施工期間無人發現問題，而且，此間有一工人跑到舊蓄水池取水，

不慎滑落池內溺斃（註：中間有一階梯式的把手處，該工人未在該處取水，否則當不致於滅頂）。完工後開始注水，尚在注水過程中，1992年10月7日凌晨，新池轟然陷落，龐大水體瞬時下瀉，沖毀森鐵橋梁5座、路基1,500公尺，水公司理賠予林管處4,300萬元，且直至1993年2月26日才修復而通車。水公司也賠款予被沖蝕的山葵業者。

新蓄水池遂裁減原面積與容積，由原設計之3.5萬噸減成為1萬噸。

新、舊蓄水池相隔約百米，而舊水池位於更靠近新車站、商店區的上方。

新池裁縮之後，標示為「3.5M×50M×6.1M」（註：3.5M應是35M），勘查時新池水位為6.010M，接近滿水位。而從新池旁下走至台18公路約200步，再沿台18-91K往92K檢視左側山壁，得知此地乃一般砂、頁岩互層的岩體，且間雜類似泥岩等易破碎的結構，故此地標示為易落石路段。據此，且參酌耆老的憂慮，加上水池暨周邊環境的勘查後，筆者認為今後的危險度的確堪虞，緊急籲請有關單位勘驗，而現今可做的立即處置，似宜降低一半水位，以防萬一。或至少應由水公司提出歷年安全度或類似的調查報告，以安住民及遊客心理。（註：2015年中，水公司致電筆者已處理好。）

12. 由第四分道（旅館、商店區及火車站）要進入水山線的簡單資料如下：

　　由阿里山郵局旁邊的廣場（車道即原祝山林道0K起算）進入森林遊樂區，依尋常步行開始計時。一進森林遊樂區（現今正建構人車分道工程中），左側有紅檜造林、殘遺闊葉樹長尾柯，以及行道山櫻花等，林下種植最多的是觀音蘭（射干）。

　　祝山林道0.5K左側，挺立著一小群大小紅檜，高大者4株，允稱指標。第10分鐘至梅園路口。

　　行走約12分鐘後，上抵第一個由第四分道到沼平的鐵道，之與祝山林道交會的平交道。

　　第15分鐘抵達（左側）警光山莊，也是祝山林道的1K，此地略上，即第二個平交道，也正是沼平往水山線，通常（目前）沒有火車會經過的鐵道、公路交會處。至此右轉，當局立有一往水山線的路標，加上一面「水山線與水山巨木」的解說牌。

　　沿鐵軌走上水山線。立即映入眼簾的是右前側一棟房舍。房舍終止處的鐵軌里程數0.5K。

　　約0.55K爲加圍牆的短橋，時間約第21分鐘。約第22分鐘走抵0.7K，可下瞰森林遊樂區的員工宿舍區（也是祝山林道0.5K附近），更可清晰看見隔著阿里山溪谷，對面的大塔山、眠月線的兩道明隧道，以及大塔山在921地震之後，崩塌的兩大撕裂帶。

　　約第25分鐘抵達1K。第28分鐘至鐵軌正要大左彎的1.2K。

　　1.5K之前左側有株紅檜枯立木，時間約第32分鐘。約1.55K至1.6K前即水山站木製月臺。約第33

分鐘抵達1.6K。經仿古木棧橋後，不遠前方鐵軌被巨石封阻。

　　循右上新砌石階拾級而上。第85階銜接環繞水山巨木一周的橢圓形階梯步道。

　　靠右，再走50個階梯，上抵步道平臺。平臺邊設有再架高3階後的觀景平臺。

　　回程，由步道上方，下走再上登，合計第76階上抵環巨木石階終點，也是起點。

　　假設解說時間1個小時，由森林遊樂區門口（第一管制哨）來回水山巨木，合計約費時2個小時10分鐘。

阿里山公車及停車場上方（或後上方）即阿里山郵局。

面對郵局的右側，即森林遊樂區第一管制哨前的廣場，由此廣場上走，經火車下隧道，前往第一管制哨。管制哨後，人車分道（尚未執行），沿祝山公路上行。

人行棧道。

第一個岔路口安全島上
直立的台灣扁柏。

祝山林道上行，經梅園路口之後，遇見第一個平交道，即由第四分道開往沼平的火車穿越處。

警光山莊上側即祝山林道的第二個平交道，也就是水山線與林道交叉的地方，目前沒有火車經過。此平交道右轉，即前往水山巨木的路口。

祝山林道1K左側即「警光山莊」。

右轉進水山線鐵道即見
指標。

水山線及水山巨木的解說牌。

鐵路里程約0.55K即新
砌石牆的鐵道短橋。

右轉進水山線走約百公尺，右側一間房舍之後，即見鐵路里程0.5K，因為0K即
由沼平車站正中點起算。

0.7K處乃崩塌地，因而無喬木阻擋，可下瞰祝山林道、
人行棧道，以及遠方的大塔山。

鐵路里程1.5K之前左側，有株紅
檜的枯立木。該枯立木乃原始林
木被雷擊起火燃燒（中空的心材部
位），故而伐木時不予理會，殘存
迄今。這類型的樹洞，往往成為野
生動物的棲地。

鐵路里程約 1.55K 至 1.6K 即「水山站」新建的月臺之所在，月臺後方有一廣場。

1.6K之後的仿古木棧橋。

過了木棧橋另一端回拍，左側有路標。

1.6K之後，鐵路旋即封斷。

水山巨木的樹幹略上存有樹瘤，瘤上長有長尾葉越橘，乃附生植物之一。

可由各不同角度找尋個人認為
水山巨木的較佳欣賞角度。

水山巨木很可能是由3株
紅檜並生而形成。

被清除掉的許多物種之一,例如硃砂
根,若至少能保留部分,可充當自然
解說的題材。

水山巨木（紅檜）原本的大型附生植物
大枝掛繡球的基幹被切斷；故而上方
的植物團呈枯死。

水山巨木旁原本的一株闊葉樹（森氏櫟？高山新木薑子？）也被鋸斷，附生植物
清除殆盡，周圍草本、灌木也掃盡，為的是予人清晰觀看巨木。

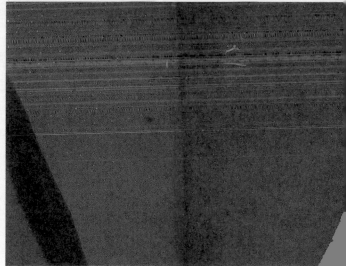

林下灌木的深紅茵芋，屬於芸香科，葉肉對著光源可見黃色的油脂點。

水山巨木側背上方的小稜
線上有間土地公廟「昇華
宮」,建於2005、2006年
間,已屬森林遊樂區外,
禁止跨越。

昇華宮右側配祀有「地基主香位」。

昇華宮左側石塊上有昔日紅檜樹頭，已經大火焚燒。

昇華宮左下方即1992年10月新建完成的阿里山第二蓄水池。由於該年10月7日凌晨崩垮,故裁縮為今之1萬噸蓄水池。此一新蓄水池當年誤蓋在鐵路隧道的上方。

自來水蓄水池蓋在舊火車隧道之上;1992年10月7日凌晨,阿里山上方,自來水公司新建3.5萬噸蓄水池突然崩陷,沖毀阿里山鐵路橋梁5座及路基1.5公里,火車直到1993年2月26日才修復通車。此水池後來裁縮,於1995年1月20日完成,蓄水變成1萬噸。

自來水蓄水池蓋在舊火車隧道之上：1992年10月
7日凌晨，阿里山上方，自來水公司新建3.5萬噸
蓄水池突然崩陷，沖毀阿里山鐵路橋梁5座及路
基1.5公里，火車直到1993年2月26日才修復通
車。此水池後來裁縮，於1995年1月20日完成，
蓄水變成1萬噸。

阿里山1980年6月12日竣工的舊蓄水池，容積1.2萬噸。

昇華宮下方道路通往台18約91K處。

接近台18公路的禁制欄柵。

台18-91K，以及之前前往昇華宮、蓄水池的右上道路。

16 卜萊士的自然情操
阿里山的血崩之路或前世今生大註解

　　如果你有一個朋友，他住在離你居家180公里外，海拔2,100公尺處的山區，而你已經探訪過他百餘次，試問你們之間的友誼是什麼樣的關係？

　　我有位這樣的朋友，他住在阿里山，幾十年來我上山總會去看看他，從他還是小樹看到如今。他的枝椏散射，長披針型的葉片，尾巴拖得長長的，難怪20世紀初，發現他的日本人特地把他叫做「長尾柯」；他的葉緣總是上下不規則起伏，打了三五個波浪才到尾端；他的葉背生似鋪上褐色的金粉，葉面是典雅的墨綠；他全株的態勢，讓我叫他是台灣土地的蘇格拉底，樸素、其貌不揚，卻高貴且佈滿智慧。全台灣他的分身，粗估至少數千萬株，他是台灣中海拔下部界的土地公，捍衛著我們土地的經脈，確保台灣人可以淋浴洗澡或是泡缸。我也不知道為什麼，總是喜歡看著他，看他茁壯，欣欣向榮。

跨世紀的邂逅

　　103年前，一位英國的少年郎卜萊士（W. R. Price；1886-1980），他剛獲得碩士學位不久，且進入英國皇家植物園標本館當採集員。1912年春，他陪伴著老闆，植物學家愛惟

長尾柯葉背淡褐黃。
（2010.11.24；阿里山）

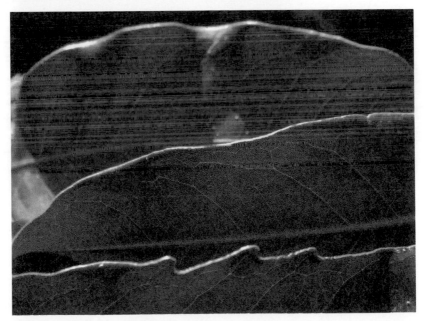

我的老朋友長尾柯的葉緣多變化。（2010.11.24；阿里山）

士（H. J. Elwes）來台灣採集。1912年2月12日，他們在日本樹木學者，金平亮三的陪同下，從嘉義到竹崎，然後搭一小段當時尚未建設完成的阿里山鐵路，之後，愛惟士坐上轎子，卜萊士與金平步行，他們走到阿里山區，登上萬歲山、祝山、大塔山、松山等山頭，然後卜萊士又獨自走到千人洞。該年秋，卜萊士更叩關玉山頂，原本還打算橫越中央山脈，但因原住民紛爭而未能成行。

　　事隔漫長的47年後，在他74歲之際，卜萊士才依據當年的採集記錄，撰寫了《台灣植物採集記》一書，在他逝世兩年後，1982年才在台灣刊行。他的文筆，流露出傳統生態學者，觀察記錄與描述的精準，但更真實的是，他的自然情操、對植物及環境的真情告白，赤裸裸又文雅地逸出字裡行間而深得我心。74歲的他，依據26歲的採集日記寫下48年後的青春不褪色。他在1912年2月中旬某天，走在「曾經走過的風景及植被最美的一段路」上，測量了兩株相距約30公尺的長尾柯大樹，樹幹直徑分別為2.7及3.3公尺，這似乎是長尾柯的老祖公，有數字記錄以來，該種最巨大的老樹，依原始植被常態及我40年的山林經驗，在20世紀初葉及之前，台灣中海拔到處是這樣的參天古木、地土巨靈，只如今，我只在探望它的兒孫，充滿憐惜的祝福之外，徒留滿腔孺慕與唏噓！

　　這面向，我孤獨、寂寞了40年，彷似但丁童稚的戀情。

樟酒

　　表面上已作古的老前輩卜萊士或我，依俗話叫「綠癡」，實際上那是人皆有之的普世人性，依從我們共同的本然，是與生俱來的深沉本性，更是美感與充實的元素系列。卜萊士橫跨了大半個地球來到台灣，一進入台灣原始森林，立即回到心靈的原鄉，我列舉一些他的驚豔與讚嘆，彷彿看見他的雀躍與心情；他的自然情愫，依然在阿里山、玉山、中央山脈發酵。卜萊士從交力坪走到奮起湖（海拔跨越900-1,300m）的途中，生平首度看見樟樹小樹林，他敘述：「它奇特、亮麗且茂盛的綠葉，密緻交織成優雅、圓融的色塊，世

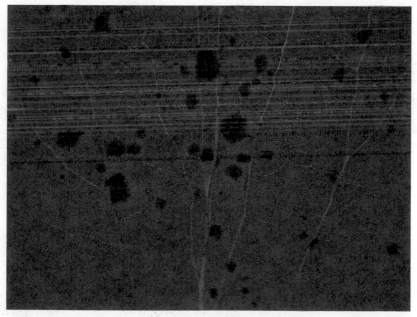

樟樹的紅葉。

界上再也找不到其他地方，擁有如此繁榮可愛的綠色海洋，它們渾身散發的無窮翠綠與生機，並非唐突或猛然插入我的視覺，而是以一種安詳、平寧、愉悅，淋浴、撫慰著我的靈魂，生似前所未見的調酒，繽紛地誘我微醺；他們繁榮、滋長在自己土地的原鄉，直到莊嚴神聖的終老。其實，台灣擁

樟樹之花。

有數不清的森林，所有的常綠樹都是如此的美麗，我們只不過略沾其邊……（筆者略加改寫）。」

台灣人說不認得樟樹，可能是稀有動物，但要如同卜萊士那樣，一頭栽進台灣山林而微醺或酩酊大醉者，顯然不多，因為台灣的體制教育從來都在閹割、結紮我們跟自然的

管道。幾天前大學課堂上，我打出台灣海岸最常見的馬鞍藤照片在銀幕上，124位大學生沒有一個人認得，因為不是人為種植的！

瀏覽著卜萊士的語言、文字，敏銳的人，馬上又察覺，重點不在於認不認識那一種植物，而是在心靈中是否保有人與自然的連結能力，也就是說，我們的教育從小到大，一直在關閉、阻塞我們與自然的連通管，而我們的語言、文字，到處流露著歌頌自然，但一旦身處自然，卻毫無領悟的靈力；我們一向對自然是葉公好龍，因為我們的教育，刻意培養心盲、目盲、識盲與覺盲，這些禁錮，大抵皆透過外來政權豢養的，廣大的學者、專家，不斷地在灌施毒化劑，遠比黑心食品更加鋪天蓋地，一般人無能免疫，幾乎亦無抵抗能力。

青蛙交響曲

卜萊士住在奮起湖的那一夜，「首先只聽到附近山澗激流的水聲，不久，由下方沼澤地，傳來幾千隻青蛙的吵鬧聲，聲波經由周遭

森林密葉的反射而擴大，但不像平地水田的蛙鼓合唱，更像是空谷劇吼。起初，我懷疑能否入眠，但很快地，蛙叫水鳴漸漸變成撫慰的傾訴……」美妙地伴他入眠。

他側面地點出農業文明與自然野地，在蛙群的合奏上存有大差異，事實上，在蛙種、環境地貌，甚至氣溫、濕度、氣壓等等交互影響之下，就連人的識覺，也有萬種差異。自然界的巧妙，和弦、回饋、交織、互補、抵銷……奧祕得無以復加，絕對是形容不得的神祕，人的所有感受，只在綜合結果的無能中，表述一點點摸不著邊際的形容詞罷了！

24年前我舉家定居大肚台地，由於屋後尚存一畝水田，初來，仲夏夜蛙鼓盈耳悅聽。有次，同鄰居分享天籟，不料鄰人聞蛙色變，恨癢癢地說：「一堆死蛙，吵得全家人夜不成眠，我們掄起大掃把，到屋後猛打……」我只能默不作聲。古有焚琴煮鶴，我的鄰居只知追殺蛙群，尋覓一頃死寂，難怪他後來跟我庭院的樹木不共戴天，因為，他們從小到大，浸淫在有如柏拉圖敘述的「地窖」中，數千年「人定勝天」的鐵幕。

1912年2月中旬，卜萊士他們從奮起湖開始，走了24公里路抵達阿里山。當時，從海拔約1,500公尺的多納小站以上，阿里山鐵路只有預定路線，尚未鋪設鐵軌。

他們有時沿著鐵路預定路段行走，有時上下切入溪谷、獵路。他們抵達窄隘平坦地形的十字路之後，循著鄒族人的路跡，攀上一條由西，斜走東北的稜線。這條稜線，正是現今自十字路（阿里山鐵路與阿里山公路交會點）前往阿里山，鐵路與公路之間的分水嶺，也就是說，這條山稜的北面山腰上，

橫走著阿里山森林鐵路；山稜的南向山坡上，迤邐蜿蜒著阿里山公路。

　　他們沿著十字路以東，走上陡峭的稜線，抵達直線距離十字路約1.1公里的山頭。卜萊士記錄這山頭的海拔是1,800公尺，實際上應是1,962公尺。

　　就在這座山頭上，卜萊士第一次目擊阿里山脈西面及北側，濃密、壯觀得無以復加的檜木林；東眺，則見到白雪皚皚的玉山山脈；南向下瞰，特富野、達邦的鄒族部落，星羅棋布在曾文溪上游的山地。

檜木目擊

　　然後，他們再東叩海拔2,022公尺的小山頭。就在小山頭下，海拔約1,980公尺處，他們直接融入檜木林中。卜萊士的日記敘述，「接連約1.6公里的路程，盡是參天巨木⋯⋯」而且，他遇見的第一株針葉大樹就是紅檜。他記上的第一筆：「紅檜，台灣特產，屬於世界上最巨大的樹木之一⋯⋯」

　　有可能這段陡坡逼得卜萊士欠缺逸致閒情，否則必然留下初睹台灣巨檜的感動與抒情吧！我認為他們所走的路徑，很可能就是日本人或文明人發現阿里山曠世大檜林的同一條獵路。

　　1899年1月，日本總督府派駐嘉義的辦務署，其主管山地事務的第三課提出簽呈，主動出擊「撫育番人辦法」，包括進入番社、徹底調查番俗，並留善去惡、施行日語教育（先教小孩，再由小孩教導成人）、設駐在所等。而過往的政策僅

止於懷柔撫番，也就是等待原住民出山時，招待他們酒食，藉以博取歡心。

當時全台灣其實尚處於鼎革大動盪之中，日本地方官僚即勇於任事，積極主動深入山林。嘉義辦務署的主記石田常平奉派前往達邦興建駐派所，並且立即從公田（當時出入原住民區域的關口），僱請平地人的建築工人上山施工。

施工期間適逢農曆過年，工人們都回老家休假去。石田常平先前曾聽鄒族人誇耀大森林，遂興起查訪念頭。於是，商請知母勝社頭目麂鹿等人帶路，攜帶3天份的糧食走上阿里山區。

阿里山大檜林的發現

他們經特富野、十字路，進入巨木純林區。石田常平在櫛比鱗次的檜木巨無霸樹下瞠目結舌，只能發出「其面積是超乎想像地廣大」！石田常平當下的震撼，讓他感動得說不出話來。然而，這次的探索之旅，也註定了阿里山原始林淪亡的悲慘命運。我並非怪咎石田氏，因為1896、1897年間，日本人業已得知台灣中央山地蘊藏龐大的林產，他們一入主台灣，便迫不及待奔向深山探索，沒有石田氏，一樣會有別人；石田氏只是歷史的一種符號、印記。而我手上恰好保有一冊，石田常平書記阿里山林場帳冊的毛筆手蹟，那是在林管處將日治時代阿里山官方檔案全數拋棄之際，從廢紙回收業者手中，搶救回來的2、3冊之一！

這是普遍台灣史的特徵與悲劇，除了不同外來政權刻意要消滅前朝痕跡的手段之外，奴隸當成習慣的台灣人也視同

當然，只剩下外國人對我們的搖頭與扼腕，卜萊士先生就是其中之一。

我認為石田常平的足跡，卜萊士在13年後踵繼。這不叫古道，合該叫做阿里山的血崩之路！如今，這道傷痕的很大段落，已然形成產業道路。然而，1912年2月，卜萊士的採集日記，銘記著火山爆發的瞬間，龐貝古城的化石人在叫出不及叫出恐懼的剎那，一段阿里山原始檜木林的殘影。

他們從1,962公尺的山頂，迴繞2,022公尺小山頭之後，北向下坡路約1.5公里，再東走二萬坪。二萬坪以上，大致是沿著鐵路預定路線走，因而卜萊士好整以暇，代替石田常平，留下「第一次」的心情。

阿里山大檜林最後的剪影

「二萬坪以上，我們置身北向陡坡，其上，佈滿我生平有幸瞻仰的，最壯麗的森林。這裡的紅檜幾乎是純林，它們淋漓盡致地生長到極限，以致於少有人相信它們的存在」「它們平均的樹幹一周，長達9公尺，也就是說平均直徑達到2.7公尺，又，平均樹高約45公尺，然而真正粗壯的主幹往往不及15公尺高，主幹以上，就好像被巨大的魔掌折斷般，轉變成了3枝，或更多挺立的側枝向天伸展，直到像是刷子的末端，而有些植株則欠缺小枝椏及葉片。」

「由於巨大的樹幹與經常殘破的樹冠極不相稱，因而單獨一株巨檜的外表不盡美觀，但予人留下深刻的印象，它們紅褐龐大的身軀，以及凹刻柔軟的樹皮，使我想起了美洲的紅木……」

　　第一段話是抒情的詠嘆，以否定式的驚訝，反證世間的極致；第二段話是寫實的觀察，留下豐富生態意涵的見證。先從現象事實思考。

　　紅檜的純林，平均樹幹的直徑是2.7公尺，也就是每株紅檜樹幹的平均面積是5.73平方公尺，或等於1.73坪；而一塊榻榻米的面積是1.62平方公尺，換算得平均每株紅檜幹面積是3.54塊榻榻米大，換句話說，巨大的紅檜大約有半數都比2坪或4塊榻榻米還要大。配合平均樹高45公尺，那等純林狀況，簡直難以想像！

　　卜萊士對震撼石田常平的巨靈樹海所描述的第一印象，既深刻入裡，場面更是波瀾壯闊，因為它至少牽扯出數以千年計的，台灣地體大變動之與檜木林更新的大循環，直探百餘萬年來，台灣生界的奧蘊，雖然他本身未必具備足夠的認知。

　　我不是刻意要抬舉卜萊士，因為他也精準描述了紅檜林及其苗木的生態現象：「雖然我們小心尋覓，但從未發現幼苗，可能因為倒木阻礙天然更新。」（註：後句一半對、一半錯）「沒有檜木種子能夠在箭竹林地發芽，只能在伏倒的枯腐木上萌長。」（註：這句彌補了上述的語病）卜萊士切中百年來檜木更新理論的關鍵，因為檜木傾向於是先鋒物種，它們的種子必須在充分的陽光下，才能萌長，原始森林下，特別是密密麻麻的玉山箭竹地被，直是幽冥界，好陽嗜光族的檜木種苗無法發育或發展。

　　於是，老樹倒伏以後，林冠、屋頂破了大洞，陽光可以直射下來，但玉山箭竹披起重重竹葉帷幕，光亮還是不足以

啓動地上數以萬計的種子，然而，枯幹腐木上的種子，由於
立地挺高，光照量勉強可以啓動更新，因此，可以在第一代
枯倒腐木上長出第二代紅檜，甚至是落在第二代樹幹上的
種子，再次長出第三代，事實上「第幾代」只不過是個形容
詞，並非倫理上，長幼的世代關係。

阿里山大檜林的世紀解密

　　然而，所謂二代、三代木的紅檜，只不過是局部、塊斑
小林地的零星更新，阿里山汪洋浩瀚的檜木霧林或純林的形
成，緣起於2、3千年前的大地震，或說粗估3千年來，阿里
山區大虎口的地形，必定曾經發生過驚天動地的大崩塌，阿
里山原始大檜林即此次大崩塌之後的大救贖！當然在大崩塌
之前，此山區原本即存有檜木林，但超級大崩瀉，締造舉世
無雙的大檜林。因爲台灣中海拔山區，每隔數百、數千年的
大、小地變，正是檜木林之所以長存百餘萬年於不墜的主要
機制，反之，也因爲生幅動輒上千年的檜木，將地變的周期
拉長，一方面利用崩塌時產生的大量裸地，萌長種苗，且彼
此聯手捍衛地土，在群體生長的交織下，穩定並營造土壤堆
積，因而較小型的地震或風雨，無法撼動山坡及檜木，直到
更長時期的諸多地震，以及地下水文切割至臨界程度，再配
合大地震或超級颱風的極端暴雨，發生大地變，再度產生廣
闊面積的檜木林大更新。

　　因此，我將台灣中海拔地變的週期，視同檜木平均年齡
的n倍估計。例如紅檜平均樹齡若爲1,200年，則大地變週
期可能是1,200年，2,400年或3,600年等，以阿里山而言，

綜合研判後，比較是傾向3,600或7,200年也未可知。

　　我認為阿里山脈從南往北的主稜，即由霞山、北霞山、水山、自忠山（兒玉山）、小笠原山、祝山、對高山、大塔山、松山、烏松坑山等連線，約略平行於玉山山脈，是玉山山脈以降，台灣第二大帶山稜大屏障，截留西南氣流及東北季風等降水的最主要地形，形成台灣最大的降水帶，年降水量可超過4,000公釐，賀伯災變時，甚至2天可以累積2,000公釐的恐怖雨量。而且，不只大氣降雨，超高濕度在白天、夜晚及植物的滲泌作用下，也形成普遍的「樹雨」，而所有因子的匯聚，總成如阿里山地形等中海拔地域，終年處在雲霧裊繞、霧濕瀰漫的飄渺天地中，因而檜木林也被人稱為「霧林（Foggy forest）」，全世界僅只美洲西岸、日本及台灣，坐擁如此天機，這三大地區，正位於太平洋海岸聳立高山的中腹！

　　而所謂的阿里山區，乃上述南北縱列的阿里山脈，朝西延展兩條東西向的大支稜，三條稜脈所圍起的虎口大地形，虎口下陷的底下，便是阿里山溪（河合溪）流竄的水系。北橫稜即由大塔山高聳著厚層的硬沙岩，夾著薄層頁岩，狀似多層蛋糕堆疊的大斷崖，氣勢磅礴，但這等地形難以

發展大森林，只在其下方的崩積土上，可資發育，但若因崩塌而地體不穩定，森林則遭受干擾；相對的，在阿里山溪南岸，上溯到阿里山東西向大支稜的廣大山地，過往被古典地形學者稱爲「阿里山高山平夷面」（註：現今沒人相信這名詞及內

阿里山的霧林。（2014.1.30）

涵），也就是小笠原山、祝山向西，經萬歲山，斜下2,361公尺山頭，往西，經2,115山頭（即二萬坪南上方），在西南向銜接卜萊士、石田常平自十字路爬上來的2,022及1,962公尺山頭，這條直線距離約7公里的橫稜以降的，北向或西北向緩坡，正是阿里山大檜林所在地，大約2×7=14平方公里的區域。

這片北向坡面，下延至阿里山溪谷，也就是由海拔2,500公尺，下抵1,800公尺的落差，正好是氣候帶上，檜木林存在的最佳地域，而且，我粗略推估，3千年來（應在2,500-3,000年前期間）曾經發生超級大地震，也就是如同88災變，小林村上方的大走山，而未曾流失的檜木祖先，龐大的種子基因庫發揮地土的大救贖，猛爆或連續數百年大萌發，終於形成未砍伐之前的阿里山大檜林。大地變與紅檜的更新，絕對相關；扁柏較不需依賴地變，它們較屬長存性的族群。

台獨分子

台灣的這兩種檜木說來有趣，它們遠古的祖先我認為是冰河時期，來自日本且經琉球群島引渡台灣，扁柏的形態幾乎維持與母體的日本扁柏一模一樣，因而它的學名或物種鑑定，大致可視為台、日同種，但紅檜不同，紅檜是來到台灣大約150萬年來，不斷適應台灣地文、氣候變遷，演化出與台灣土地同步調，也變成台灣的特產種。

紅檜與扁柏在阿里山區的分布也涇渭分明。現今阿里山大門口或第四分道，今之火車站至沼平車站連線，延伸眠月鐵路一線，大抵正是它們的分界線或交會帶，其上為扁柏

林；其下為紅檜林，兩者存在有上下約50-100公尺落差的交
會帶。

　　不過，我無意再講述一大堆自以為「學術」之類的「專
業」，相反的，正因為假學術象牙塔之名，而行漠視鄉土的
教育，才可能讓外來政權強暴我們的土地、生界到如今。全
台灣認識台灣紅檜這種徹徹底底原住民的人，通常只限於劊
子手、買辦、山暴龍、掮客……一大票榨盡台灣最後一滴血
水的背德者，而我們體制教育的學者、專家，只會為暴政製
造假理論與屠殺的藉口或理由。我一生的經歷叫我瞭解，我
愈是抗暴，愈是孤獨而走上百年孤寂。不過無妨，我選擇孤
寂，這是存在的價值與意義之一，我面對的是千年文化的劇
毒，但在此我得打住。再回1912年。

神木的迷思

　　卜萊士在記錄他對初見阿里山大檜林所留下的扼要敘述
中，最有趣的是，他形容紅檜粗壯的主幹，往往只在15公
尺以下段落，往上則像是被巨掌拍斷，折損成為多分枝上
展。事實上，正因為紅檜生長在大崩地上，每年的水土流失
導致樹體可能傾倒，但紅檜突變、演化為長出「反應材」，
用來抵擋、固持下方水土的流失，以致於愈是接近地面，基
幹愈是龐大。如此的生長方式，過往我強調：一株紅檜如果
是3,000歲，代表3,000年來該地從未因經歷5、60次921大
地震，數百上千次賀伯颱風而蝕解。一株紅檜確保立地的穩
定，橫跨2、3千年！

　　而卜萊士作夢、作古都沒想到，他所敘述的，紅檜老木

的枝梢欠缺小枝椏及葉片，竟然成為後來伐木派引以為老死的證據，並做為伐檜的理由！凡此，以後再解釋。

卜萊士等人來到現今神木所在地附近。

卜萊士他們測量了3株巨無霸，一株高58公尺、胸周長9.1公尺、直徑2.8公尺；第二株樹高51公尺、胸周長12公尺、直徑3.8公尺；第三株樹高49公尺、胸周19公尺、直徑5.8公尺。

第一株比平均值稍大，但樹高接近60公尺；第二株樹幹面積相當於3.431坪或7塊多的榻榻米；第三株則近8坪，或16.31塊榻榻米合在一起的大小。

卜萊士上山當時，「號稱阿里山最巨大的樹，左邊的第二株，基部不小心遭到火焚，但第三株目前尚健在，被供稱為『神木』，是森林神聖的神靈所在，因而受到人們在幹基處，設置小神龕及鳥居奉祀著……」

換句話說，世界聞名的阿里山神木，從發現的初期即知並非最大的樹。阿里山原始林時代，比阿里山神木更巨大者為數不少！事實上眠月神木的胸徑大到6.88公尺，也就是樹幹面積大約37.2平方公尺，等於11.25坪或23塊榻榻米！

再對照已知全台灣最大的紅檜，大雪山230林道，海拔約2,306公尺處的巨靈，樹高55公尺，胸周25公尺，直徑約7.96公尺（樹齡被估為2,500年），或說直徑相當於4部半Toyota Altis轎車毗連並排的寬度（Altis車寬1.775m），其樹幹面積將近50平方公尺、15.1坪，或31塊榻榻米大。

全世界單幹最大直徑，固然有達11公尺者，但試想台灣只是3萬6千平方公里的小島，卻坐擁世界級的巨木龐多，

不幸的是，超過百萬年才演化得出的巨靈，卻在20世紀橫遭屠殺殆盡，殘存的，都是伐木時代欠缺材積價值的廢木，即今之所謂的十大神木！只有近乎本土自然智障的台灣人，才能聽任屠樹局在伐盡良木之後，以一些巨大的殘材，編撰保育的謊言，欺騙人民到21世紀。我曾經在調查神木的過程中，悲憤得說不出話來！事實上，許多的神木根本不是「一株樹」，而是多株合併的連體嬰，其材質、材積等，往往因為擠壓、蓮根菌腐蝕，加上伐木時易倒塌，因而伐木時代，工人們放棄砍伐，卻形成現今愚民的樣板。

　　而日治時代曾經「結彩」保留的第一神木、第二神木及第三神木，到了20世紀中葉即已全數陣亡，但所謂的阿里山「死」神木，卻繼續被當局充當「搖錢樹」，搖到1997年7月1日，半幹倒塌，剩下的半幹也在1998年6月29日伐除。

　　充當觀光地標或圖騰的阿里山死神木，是在1906年11月（明治39年），由小笠原富次（二）郎所發現，當時被估計樹幹周長為60日尺（18.2m）、胸徑是20尺7寸（6.3m）；可用木材材積為1,900尺締（634立方m）；樹高為135尺（41m；註：低估，實際上應有52.7m）；最低側枝幹離地45日尺（13.6m）。然而，它的數據與時俱變，並非因生長而改變多少，而是不同人的測量結果，以及標準不一之所致。

　　1953年阿里山神木首度被雷擊，上半燃燒並掉落，樹高變成35公尺，但尚未死亡；1956年6月5日下午4時半，二度雷擊，起火燃燒。隨後幾年內，終至全死。阿里山林木伐盡，轉型觀光，阿里山人高謙福先生（已歿）爬上神木，釘木板、種植紅檜苗木，提供當局文宣、廣告「阿里山神木綠意

盎然」，後來，經我揭露、口誅筆伐，並預估即將殞滅。當局相關人士與我論戰多回，但當年我一語成讖。事實上我不能接受的，並非一株死神木的紛爭，而是政府官僚的扯謊。我念茲在茲的，只在乎台灣人能否認知阿里山或台灣的本來真面目。我只希望台灣人可以稍加感受阿里山未蒙斤斧之前，30餘萬株巨靈的浩瀚與神蹟！

台灣的時空生界變遷不堪回首！

再回所謂的「中華民國」尚未誕生的年代吧！

卜萊士繼續彩繪原始檜林：

「被巨木群盤佔之外的地表，披覆密緻低矮（註：相對於高大的檜木而言）玉山箭竹，以及少量的林下灌木。整個森林除了鐵軌沿線（註：已被人為淨空）之外，幾乎沒有陽光得以直貫林地。森林下存有大量小倒木、枯毀的枝椏，以及樹幹，以致於難以推進出路徑。大小林木，佔據每一處足以生根立命的土地。有株樹生長在巨大的圓石上，它的根系如同大章魚的吸盤，狠狠的釘抓其上；另株樹，顯然是大倒木身軀上的二代木，年齡已達2、3百歲，它仍然欣欣向榮，彰顯出驚人持久的旺盛生機，直覺上，只有加州的巨無霸，才堪與紅檜匹敵……」

卜萊士另外描述活化石台灣杉，也比較了紅檜與扁柏，更記載了諸多物種及其性狀。

1912年2月中、下旬，雖然鐵路尚未鋪設完成，但伐木作業早已展開。

卜萊士說：「伐採作業正在劇烈地進行著。伐倒的原木容我探查樹齡，大多顯示500-600個年輪。其中一株我算了

968圈，但報告卻記載它是2,700年，毫無疑問，它們是人盡珍愛的木材，聞起來芳香，紋理清晰卻無結瘤，它們是最佳的針葉樹材……」

卜萊士的美麗與哀愁

卜萊士同時記載當時日本人提供給他的阿里山數據：

「在11,000公頃（註：110平方公里）林地上，每木調查的數據顯示，紅檜有155,783株，平均每株材積340立方英呎；扁柏有152,482株，平均每株材積270立方英呎；台灣杉有5,000株，每株平均材積450立方英呎，可見平均每公頃林地有28株大樹、9,800立方英呎，但材積可能高估。這地方將以每年200公頃的輪伐期作業，伐木後再種植檜木人造林……」

阿里山區原本存有308,265株檜木大樹是事實，但卜萊士認為材積是高估。沒錯，後來河合鈰太郎也說出他們故意造假，高估材積，為的是誘騙日本國會議員，通過對阿里山森林的開發計畫。至於年輪，卜萊士與日本人的計算落差太大，但日本人並無誇大樹齡的理由，而野外目測年齡必有誤差。此面向，今已死無對證矣，但仍有繼續探討的必要，因為事關阿里山地體變遷的計算。

看見伐木如火如荼進行著，卜萊士當下的感嘆：

「伐木的經濟效益，對我而言，毋寧是件悲哀的事！雖然看起來似乎無可避免，我只能期待且感謝自認為造林技術熟練的日本人，下一代可以造訪健康的阿里山……但到時候，檜木也只是成排成列地生長，原始的林野已經消失匿跡

矣！……」

　　以外國人的身分，卜萊士固然不便講出批判的話，但他對原始林、自然的疼惜，一覽無遺。這等痛心我感同身受，而且更加激烈。日本人砍伐阿里山森林，事實上只砍除百分之55，其餘45%被列為攸關環境保全、國土保安、水源涵養而刻意留存，是國府據台之後，才徹底全面殲滅掉的。卜萊士當年更沒有料到，後來台灣又湧進一大票惡客佔山為王，不僅將日本人保存的原始林洗劫一空，還連續殘材處理、打撈，搜刮殆盡，更且，卜萊士希望後代人至少可以看到健康的人造檜木林的寄望也大多落空，後來的造林木多為外來種的柳杉，而非台灣檜木！

　　卜萊士的阿里山採集之旅，是我看盡百年來採集，或勘旅阿里山區最徹底的一次，他不僅踏遍阿里山區，他登上萬歲山、大塔山，更北走到眠月、石猴東北方的松山山頂，復下到4.5公里下方的千（仙）人洞。

　　他在松山的記錄，留下空前絕後的自然筆記。

　　海拔2,557公尺的松山山頂視野甚佳，卜萊士敘述：除了西向坡（註：山下西方的1.5公里處，即是眠月神木所在地）以外，任何一方向都是森林滿佈至遠方溪谷，卜萊士這無心一筆，恰好證明現今松山東側龐大面積的崩塌地，正是伐木之後數十年來，或不到百年以降，新的土地傷痕。卜萊士描述，從松山向東，可以俯視兩條蜿蜒幽深的溪谷，近處是和社（神木）溪；遠處是沙里仙溪，它們在北側匯合成陳有蘭溪，是濁水溪的一條支流，流向玉山的西北方，它的河階緩坡地，錯落著許多布農部落。而略右（南）側，就是顯著的分水嶺，

也就是塔塔加鞍部，鞍部以南，正是楠梓仙溪。

　　卜萊士留下1912年2月，陳有蘭溪上游的廣大山地，完整山林的鬱鬱蒼蒼，假設卜萊士在世，現今重回松山，說不定會有跳崖的衝動呢？！

　　他的筆調，可謂1912年台灣優美的自然文學：

　　「兩側的斷崖絕壁令人望而生畏，此刻卻是完全的靜寂，沒有流水的擊鼓聲浪，也沒有山風的怒號，整個曠野好像在創世紀之後即已歇息，除了我們壓低的呢喃之外，偶而，只聞松樹枝梢，烏鴉嘎嘎鳴叫。」

　　「台灣杉安身立命於此巉岩，狀似南洋杉的針葉，暗綠而猶帶古意。原本草原上星疏的花朵，在此，轉變成為花團錦簇的杜鵑喧鬧，森氏、紅毛與金毛杜鵑競相爭豔，但以玉山杜鵑最是普遍，它是固有特產，在更高海拔的坡地密聚生長……」

　　就生態學內容而論，卜萊士植物分類學的功力，讓我讚嘆得無以復加，因為假設他的鑑定無誤，我可斷言，台灣在1350-1850年這約500年期間躬逢小冰期，全台年均氣溫比現在低了約1.2℃，而玉山杜鵑下降到海拔約2,500公尺的中海拔範圍。1850年之後，氣溫遞升，玉山杜鵑等高地或高山植物往上遷徙，1910年代，在中海拔的稜線地帶，仍然負隅頑抗，尚未消失。

奇異恩典

　　讀著103年前綠野仙蹤在印刷字跡上的活靈活現，我恨不得飛奔上山，解讀流年變遷，追逐一齣齣原野大戲。我肯

定卜萊士就是百餘年前的我自己，我40年的書寫，必也是2120年之後，另一個我自己。

親愛的世代讀者，我以童貞告白，親近台灣母親大地，我們永遠得享奇異恩典。套用基督宗教的話，我們的存在，是爲了榮耀上主的聖跡。

卜萊士的筆記，如同我田調簿上，鋪滿奇花異卉的名，每個名下，應現無數精靈的歌聲，一襲母親最美麗的風衣，風姿綽約地傾訴世紀的容顏。卜萊士見證松山誠乃一頃松林，而且銘記松山曾經存有全台最高分布的台灣五葉松，「孤立的一群，高約15公尺，它們通常散生於低海拔，在此，也受到大片生機旺盛的華山松所壓制。」

「松林中常見白面鼯鼠展翼滑翔。回首來時路，一個小小地區，竟然涵蓋不同氣候帶、不同大環境與地景的連續遞變，孕育龐大數量的科、屬、種、變種、亞種，幻變組合成爲美妙的群叢或群系。啊！其實台灣全島盡是採集者如假包換的天堂！」

回程，卜萊士獨自一人下走仙（千）人洞，一處巨岩所形成的，很可能是全台灣最巨大的岩洞。他寫下，岩洞上方懸吊著蕨類、藤本，還有美麗的鬼懸鉤子。而洞穴內外，到處是原住民的營火痕跡，以及大量動物的骨骸。他以腳步測出洞長約150公尺、寬30公尺、高24公尺。他的老闆愛惟士則在阿里山，擔心著卜萊士是不是也已變成一堆動物骨骸。

卜萊士回到阿里山林務站後，日本人送給他一對長約60公分的水鹿角。

1912年3月5日他們離開阿里山，下抵多納。3月8日

沿鐵路走到奮起湖，也爬經尚未開鑿完成的隧道上方。奮起湖北側下方，他們走原住民的獵路，下抵水車寮的亞熱帶山谷。他在海拔約1,200公尺處，以底片、筆記，刻劃了「可愛的植群」，也就是筆筒樹、台灣芭蕉、拎樹藤、稜果榕等等，亞熱帶山谷地標準的植物群落。然後，他「看到了台灣低海拔最美麗的花仙子山櫻花」，他如此記載：

山櫻

「……突然在路間，驚見亮麗鮮豔，玫瑰紅的山櫻花，散放在滿山滿谷各角落，完全沒有綠葉的襯托，每株樹上，撐滿了精采絕倫的花團。它可能是台灣特產種……」

　　然後，他們到交力坪投宿，隔天再徒步採集到竹崎，但這段路擇取原住民約1.6公里長的捷徑，從交力坪海拔約1,000公尺，俯衝到約760公尺的平坦稻田，再下至竹崎。原本神勇無比的卜萊士，「支撐著枴杖，下走曲曲折折的陡

山櫻花的紅葉。

山櫻花。

坡，只見無止境的階梯，感覺雙膝幾乎散掉，針刺的痛苦，煎熬著每一步路，我好似洩氣的皮球逐次萎縮……」

下山的氛圍正好烘托上山的亢奮，我也彷彿看見，卜萊士即便在最後的幾步路，依然三不五時地，採集著常見的路邊雜草，以工作、職責的正當性，偷渡偶而遲疑、徘徊的眷戀，回首青山。

卜萊士在該書的前言寫下：「自從1912年以來，台灣經由日本人的經濟開發，乃至中華民國更透澈的經營建設，太多的情況已經改觀。植物地理學者對於台灣的原始森林──世界上獨一無二的樟樹與檜木，畢竟是很大的誘惑。阿里山美麗的森林卻已不再存在了！如果說森林依舊在，那也不過是排列整齊的人工植栽，所有巨大的樟、檜早已消失無蹤了！我多麼熱切地希望，那些1912年我所無法穿越的森林（註：他原本想穿越中央山脈東出），獵取人頭的泰雅族最後的根據地──中央山脈北尾稜上，仍然是野生植物的庇護所，即便這些森林已被砍伐矣！」

呀！原始山林夢，淚痕模糊，但心底腦海依舊明滅曾經的浩瀚與壯麗。我知道卜萊士的美麗與哀愁，我一步一腳印，淌血四十年！

我出生於西部海隅，父母卻給我台灣第一高山的名，好像我命定得譜寫母親母土的山海經。臨老青春山林夢，三步一徘徊、五步一眷顧，103年前卜萊士的足跡，魂牽魄引，導我探望長尾柯的小樹百餘回。

我還是得要問候阿里山的老朋友！

17 電台錄音

（2015.4.20）

　　《風雲台灣‧談古說今》親愛的聽友，大家好！今天的節目要繼續上次未講完的〈卜萊士的自然情操：阿里山的血崩之路或前世今生大註解〉。

　　上兩輯我向大家報告英人卜萊士於1912年2月12日至3月10日，來到原始的阿里山區採集，為阿里山真正的原始面貌，留下了空前絕後的記錄。他在47年後，寫下對台灣自然深情款款的自然文學與生態記錄，並且在他過世前，在他的書中前言，向世間人告白他對台灣原始自然山林的眷戀、嘆息與無奈的盼望！

　　他的文章對我來說，就像是前世的靈，來世的魂，我以前甚至於聯想，我往世很可能是森林中的修行人，山林一草一木都是我的骨、我的肉，否則為何此生直想為捍衛台灣山林而肝腦塗地呢？！

　　事實上像卜萊士這樣珍惜、讚嘆台灣自然山林的外國人，在19世紀、20世紀初葉，為數不少，當時來到台灣，深入自然的人，幾乎沒有不立即拜倒在台灣的山精地靈者。

　　1875年美國人湯甫生（D. Thompson），有幸來到南投縣集集鄉附近，看到無限壯麗美妙的闊葉處女林，聳立在他的眼前，他敘述：「千萬種不同的樹木，彼此相併地，沒有差別

地生長在這裡，將它們高大的樹枝混合起來，或者，藉由一些葛藤及木質藤本，相互糾結張連起來……」他看見的日月潭畔，以文字拍攝下讓後世唯一可以追蹤的想像敘述：「……從水邊起，茂盛的植物接連直上山丘，而在丘陵高處，披覆著五顏六色美麗的樹木，尤其是東岸，那些佳木蔥蘢的丘陵，可以說是互相堆疊起來的綠色大洋般地……樹林中的猿啼鳥叫……田野間雲雀的歌唱……」毫無疑問，台灣心臟低海拔的亞熱帶雨林或田野，美得令人心碎！難怪日本人中西伊之助說：「台灣山水甲東洋！」他認為：「……（台灣的）自然之美，乃是十足的自然美，沒有任何粉飾的裸體美。那美，就是樹木的綠，就是那出奇鮮麗的綠色，以及襯托著這份綠色的爛漫之花。台灣有這份綠，已然足夠，還要勝景做啥？！在豐富的光熱，以及雨水的滋潤下，繁茂深邃的綠色之山，彷彿開滿了綠色的花，那雨中濛濛茫茫的綠，分外別緻的美……」

現代人也許可以從這些文字，體會他們的感動與當下的震撼，但很難揣摩、連結到台灣原始山林的無窮生機與美感底蘊，那是滲靈入神最奧妙的內在情愫，也是我數十年來，始終難以跟同胞分享的，溫柔的遺憾哪！

前兩輯我依卜萊士的行程敘述，摘要他初睹樟樹林的陶醉。對來自溫帶又具備自然情操的人來說，樟樹的綠，必然是刻骨銘心，他形容是生平首度讓眼睛喝飲，未曾喝過的浪漫調酒，瀰漫著數不清類型的芬芳，淋浴、撫慰他的靈魂，按摩他的所有識覺。他說那些樟樹：「繁榮、滋長在自己原鄉的土地上，直到莊嚴、神聖的終老！」

　　然後我引述他在奮起湖和著山泉聲，以及青蛙交響曲入眠的況味。接著我介紹他如何由十字路登上山陵，目擊世界頂級的阿里山大檜林的悸動與感動。爲了深度詮釋阿里山原始檜木林的奧祕，我花了不少篇幅推演。在此，我換個角度再予說明。因爲，親愛的聽眾朋友，這是我40年魂牽夢迴，期待讓台灣人分享的土地情感。

　　台灣的地理位置原本接近馬緯度無風帶，或說半沙漠氣候，如同澎湖群島，接近「有草無木」的狀態，或「疏林」景觀。但因海拔近4千公尺的高山聳立，將東北季風、西南氣流及颱風的水氣截留，降水突破了地理位置的雨水短缺。也就是說，山脈形成了攔雨機制，而且，以中海拔區域攔截了最大的降雨量，也就是海拔約1,800-2,500公尺的山腹區，而朝上、下，作雨量的縮減，此所以嘉義年降雨量平均約1,418.7公釐，玉山年降水平均3,086.2公釐，而阿里山區高達4,125.7公釐。

　　南北縱走的玉山山脈主稜脈，大抵以海拔3,500公尺以上的屏風攔截水氣；大致平行於玉山山脈主軸的阿里山山脈，則以海拔約2,500公尺的主稜捕截降雨；往下，另有奮起湖靠山的大凍山等作第三道阻隔，再向西依序遞降。

　　南北截留降水的主稜，再朝東西橫向揮出第二支稜。橫向支稜之間，配合南北主稜，形成眾多虎口狀或匚字（馬蹄）形格子，格子中凹部分就是河川水系的上游部位，因此，台灣眾多的河川，謂之「格子狀河系」。

　　阿里山檜木林所在地的格子，就是阿里山溪（河合溪）上方的虎口地形。

　　格子或虎口地形，東靠背即南北縱走的阿里山山脈主稜，主稜的大塔山向西，沿塔山、小塔山一線，即北橫稜；主稜的小笠原山、祝山向西，經萬歲山，西走往下，抵達二萬坪，這條山頭的連線，就是南橫稜。檜木林就是集中在南橫稜的北向坡。

　　我推測阿里山這格子，南橫稜及其廣大的北向斜坡，大約在3千多年前，發生了超級的大地滑或大崩塌。大崩塌走山之後，龐多的檜木林種苗發生，連續萌長數百年，終於形成全台灣最密集的檜木巨木林。而海拔約2,200公尺以上的橫稜上坡段，形成扁柏純林；海拔2,100公尺以下地區，形成台灣紅檜純林，中間爲兩種檜木的混交地段，也就是今之火車站（第四分道）經沼平，往眠月的鐵路所在地。

　　沒有約3千年前的超級大崩塌，就沒有阿里山大檜林。

　　阿里山神木及其附近的許多神木，就在大崩塌之後發揮大護持，確保3千年的地體穩定。

　　我認爲上述正是阿里山區的生態大解密。

　　而卜萊士見證、書寫了被日本人、國府終結掉的原始大檜林的最後記錄。

　　國府統治台灣，以大約半個世紀的大伐木，消滅了9成以上，台灣中海拔最大降水帶的天然保護罩檜木林，導致1990年以降，土石橫流、天災地變的根本成因。台灣要恢復19世紀之前的穩定相，至少要在人爲不再利用山坡地、不再伐木後，1至3千年才能取得平衡。

　　然而，在目前人口、人慾的世界超級土地利用的壓力下，很可能形成永世潰爛的萬劫不復。

　　我以40年山林研究的瞭解，向後代子孫留下20世紀大暴行的歷史見證。

　　聽眾朋友們，1990年代迄今，世紀大伐木之後，大家耳熟能詳的山老鼠、山暴龍，就是繼國民黨政權摧毀台灣地體的保護罩之後，持續以點狀、局部的方式，利用河川，將盜伐下推的林木，在暴雨洪峯沖到下游後，以所謂漂流木的方式集材。

　　1991年，我帶著學生利用關係，前往六龜屯子山區，首度調查、拍攝「合法」伐木，挖掘台灣櫸木樹頭的直接證據，運用各種傳媒，發動第二波森林街頭運動，歷經約半年，終於責成中華民國政府，以行政命令下達禁伐天然林。

　　從1980年代，到21世紀初葉，我書寫了數百萬字的森林運動文章，抗爭台灣的世紀大破壞，對抗全國林業、林學界，但直到今天，主流利益關係網，百足之蟲，死而不僵，依然透過地下化方式，持續以合法、非法交互掩飾的方式在盜林。

　　根本的原因，中華民國的教育始終未曾著眼在台灣土地之上，人民全面對台灣山林無知之所致。1990年代以降，我全力投入保育、環保人才的培育，但我數十年來始終只能在體制外，蚍蜉撼大樹、螳臂擋車！

　　我相信，台灣人民對土地、山林及自然的認知，如果可以提昇一成的實力，現今持續使壞的山林破壞者，或可降低七、八成！

　　這也是我長年來，持續在教育著力的原因，包括在這廣播的機緣。

　　這面向的教育兆億萬端,我只以春蠶吐絲般的微弱,試圖張結一張張無助的補破網,用來抵擋山崩地裂的土石亂流。

　　聽眾朋友們,這幾輯自然情操的「白絲」,但願可以聊充連結大家走向山林、瞭解台灣自然的橋梁或因緣。現在,讓我再回到卜萊士的阿里山採集日誌。

　　請談〈卜萊士的自然情操〉第三輯。

曙光原鄉
鎮西堡與大鬼湖

因緣

　　人的一生中，總有一些超越刻骨銘心的經歷，特別是閱歷了天造地設的玄機，目睹了大化流轉的關鍵時刻。

　　1999年9月20日我首度調查鎮西堡台灣紅檜的針闊葉混生林。當夜，我們一行人摸黑返抵教會，口訪阿棟牧師等泰雅原住民。而千載難逢的921大震即在凌晨爆發。地震甫一開始，教我喊出：「終於來了！」的喟嘆，我明白浩劫必將連鎖併發，因而921當天立即下山，投入災區調查，遂叫檜木林的研究暫停。而檜木林之所以長存台灣，實乃造山運動、地體變遷的活見證，更且，在150萬年來，檜木與地體、氣候的「類共生演化」，形成台灣維生生態體系最關鍵的穩定結構，台灣紅檜也特化成為全球唯一的台灣特產物種。

　　我想「契理」或必先「契機」，且「因緣」最重要的要素是「逢時」，在我研究檜木林接近成熟的階段，台灣地靈適時的應現，啟發了我，看見檜木林的前世今生。

　　無獨有偶，也是1999年，來自風頭水尾，古倒風內海的蘇振輝董事長，他生平第一次，參訪了鎮西堡老、中、青

三代檜木家族。眼前千、百年的台灣巨靈震撼了他，且藉著這次的因緣，他了悟了我爲什麼數十年爲台灣山林請命的內在緣由。他暗自發了心願，他要以他的方式與我並肩作戰，爲台灣過往的山林破壞救贖。雖然1999年之前我們即已熟識，但沒有鎮西堡檜靈的牽引，鐵定沒有一、二十年來，我們在山林議題、社會公義面向的相濡以沫。好幾次，都是他在天災地變之後，督促我要走上螢幕前，藉機宣說社會無知的山林水土的因果關係。

更奧妙的是，爲什麼非得是鎮西堡牽引蘇董與我心靈的邂逅？

地球演化46億年來，套用心靈、宗教信仰或哲思的語言來詮釋，萬物本皆具有不等程度的「意識（consciousness）」，而以人類爲最。某種面向，意識會以「直覺」的方式，沒由來地顯現，而且，在人與人、人與地、人與特定場域或對象第一次的交會時，瞬間的感應最爲敏銳或強烈，在男女的對應上叫做「三世因緣」；在對新環境的「重現」是謂「前世原鄉」；對人的排斥或稱「八字不合」；對親人的悲、喜劇是即「三世兩重因果」；綜合的說法殆即「業報輪迴」；難以詮釋或反自然的現象叫做「靈異」；不精準的感受對象或對未知的形容，稱爲「鬼神」……其實都是意識的作用及反作用力在運作，而不同民族、種族、族群，逕自有其特定的稱謂。

鎮西堡泰雅族人的集體意識是謂「Ga-Gar」，個別精靈稱作「烏・杜」。

我只能說是紅檜的精靈「Ka-pa-rong 烏・杜」，讓蘇董與我在鎮西堡感應，或說我們各自的意識，在鎮西堡檜林的場

域中，產生了最流暢的交融與溝通，也就是超越形體、語言的意識的對流或對話。

烏·杜與Ga-Gar

類似萬物有靈論的概念，「烏·杜」可以是特定的精靈、神靈或某種意識。紅檜巨木的神靈叫做「Ka-pa-rong 烏·杜」，祂是「Ga-Gar」的一部分。

泰雅語的台灣紅檜叫做「Ka-pa-rong Ma-why」。「pa-rong」指的是「具有油脂的樹」，「Ma-why」是指紅檜的枝葉較柔和；而扁柏叫「Ka-pa-rong Ko-zit」，「Ko-zit」是指扁柏的倒木還是很堅硬。台灣這兩種檜木，泰雅語合稱為「Ka-pa-rong」。

因此，「Ka-pa-rong 烏·杜」意即檜木神靈的通稱，祂守護著檜木領域，維持檜木生態系的健全運作。除了檜木神靈之外，還有泰雅人的祖靈、山川、各歧異生命的精靈、神靈，總成泰雅人靈界的集合體即「Ga-Gar」。

在種種烏·杜及Ga-Gar的指導下，整個泰雅人生存繫賴的山林領域，是莊嚴慈祥的賜福地，也是祖靈聖地，人死後歸依的場所。Ga-Gar或烏·杜無所不在，可以是陰森森的天候威嚇，可以是山崩地裂的震撼，可以是瘟疫、饑荒、病痛、死亡的懲罰或詛咒，可以是獵物、豐收的賞賜，可以是勇氣、福氣、一切幸福的加持。

烏·杜、Ga-Gar永遠跟在你左右、上下，監視著你的一舉一動。祂可以經由天候萬象來示警，可以透過檜木、大樹來預告，也可以讓特定的鳥類或自然的異相來啟發，而狗

兒，更是泰雅人全方位的朋友，因為牠們在夜間看得見神靈，牠們會以特定音階的吠叫來傳達，當然，託夢的情節，頻常指導著人們的行為。

換句話說，泰雅人的土地倫理或文化內涵，可以是烏·杜、Ga-Gar的變動性的禁忌，祂們是人生、生活行為規範的指導者，敬天畏地的靈氣領航者。

當你行走山林小徑，你不可以胡亂飛舞山刀，你不能肆意斬除羊齒，否則蕨類的烏·杜會認為你動粗、你驕傲，你將得不到祝福；你丟棄食物、暴殄天物，你就得不到Ga-Gar的庇護；你夜間升火煮食、禦寒，燒剩的柴火，你該澆熄，同時向殘存的木頭說感恩、致謝，並預祝後會有期。

台灣紅檜（Ka-pa-rong Ma-why）常生長、茁壯在溪澗、谷地，當巨木壽終正寢而傾倒時，它的樹幹常橫跨谷地，形成相對坡地的天然管道，因此紅檜又象徵著山與山之間的橋梁，寓含著人與人之間、人與土地或環境之間的交通。因此，紅檜也提醒著你，當你有捕獲獵物，或其他的食物，你該放一些在背袋左、右上方，以便路上遇見族人時，隨手可拿來分享、傳遞，而沒有偏私。

山中物資取之有道，不過量、不妄取。你不能隨意砍伐檜木，一旦你動刀，Ka-pa-rong的油脂（精油）散發，整座山林的動物都知道，有破壞的人來了！即令你基於需要與必要，你向Ka-pa-rong商量，要取枝條做梁柱、要取油脂根當火把、要取局部樹皮搭屋頂，你的行為必須小心翼翼，謹慎、謙卑且感恩，事後，還得覆土掩埋。

檜木傾倒後，往往在樹頭處掀起巨大的土洞，是狩獵者

理想的暫時工寮，更是台灣黑熊、山豬、山羊、水鹿的家。無論枯立木、倒木，或者生立木，都是野生動物的棲息處所，所有你的行為，都得節制、守分。

　　當你違反山林的和諧，烏・杜會透過種種方式讓你知道。如果你還是一意孤行，你會受到詛咒。你打不到獵物，你收成不好，你身體得不到健康，家庭不美滿，嚴重的話，你無法延續後代或死亡。你，必須懺悔，向烏・杜及山林尋求和解，你必須以雞血或動物之血，灑在大地上，做為潔淨禮，並且誠心悔改、贖罪。之後，烏・杜也將諭知你，是否已接受你的告解與和解。如此，你才能重回祂的懷抱，接受祂的撫慰或庇佑。

　　可以說，你和大地、山林或烏・杜之間，是一種對等、互相尊重的關係。你要延續祂的祝福，必先恢復彼此的良好關係。泰雅文化中，人當然是世間的主體，但檜木也是主體，萬物皆有其主體，而山林天地必須互相尊重、彼此逕自約束自己的行為，不得破壞或危害整體的和諧。自絕於生界群體的人，終究必自掘墳墓。

　　泰雅人除了力求與烏・杜、Ga-Gar的合一之外，山林與人密不可分，人與動、植物的生存、生計、生機或生靈，彼此交流寄寓或合體，又，特定植物種的名，常與人名同音、同義。例如阿棟・尤帕斯牧師的祖父叫做「普辛（Pu-sing）」，而針葉樹台灣黃（帝）杉（*Pseudotsuga wilsoniana*）的泰雅名也叫做「普辛」，因為台灣黃杉生長在闊葉樹林中，它的樹幹通直，突出林冠，以台灣黃杉「普辛」來為人命名，代表、象徵命名者希望這孩子長大以後，為人正直，處理事務乾淨俐

落，而且，可以高瞻遠矚、鶴立雞群、出類拔萃，成爲眞正的泰雅人。

　　台灣中、低海拔的崩塌地、被破壞的林地或貧瘠艱困的立地，台灣赤楊（*Alnus formosana*）的泰雅語叫「I-bu」，往往很容易應運而生，因爲它是先鋒植物，而在其他物種難以存活之處，充滿無窮生機，率先成活、成長、茁壯。因此，若家中小孩天生孱弱，就以「I-bu」來命名，希望他像台灣赤楊一般，得到山林大地的賜福，而具有頑強的生機長大成人。

　　而泰雅語「Ya-bar」既是爸爸，也是「台灣鐵杉（*Tsuga formosana*）」，兩者同音、同義。因爲台灣鐵杉頻常生長在海拔 2,500-3,000 公尺的山稜，或易崩塌的岩塊脊稜立地。它伸出粗壯的盤根，牢牢糾結土石，保護立地而屹立不搖。當爸爸的人，理當像台灣鐵杉一般，承擔一家之主的責任，捍衛或庇護整個家庭或家族。

　　至於女性，常以花草或菜蔬之名，象徵其美麗、溫柔或功能。

　　還有具有特殊生機、調和能力的植物叫「馬告」，它是樟科小喬木的山胡椒（*Litsea cubeba*），屬於中、低海拔陽性的落葉樹。由於它全株具有芳香辣味的精油，原住民常取其果實充當調味品或食物。泰雅人只要見到馬告及水源，再怎麼困頓都可逢凶化吉，充滿無限生機，存活概率大大增加。山胡椒（馬告）渾身散發激勵鬥志的生命力，足以帶動周遭的生氣盎然，而且，它又具有調味、調解、化解的功能，也就是可以感染、連結不同的食物，使之調合、可口，衍伸爲生命之間的相互啓發。

　　泰雅人行走山林如果遇見山胡椒，除了振奮自己之外，也不忘採擷備份，分享給族人。泰雅人也將一座山命名為馬告山，代表泰雅族人綿延不絕、生機不斷。

　　這也就是筆者於1998-2000年發起搶救棲蘭檜木林運動時，後階段朝向主張成立「馬告檜木國家公園」的自然文化依據。

　　馬告山與檜木正是台灣的靈山神樹，象徵台灣原民自然文化的一部分，永遠庇蔭台灣山林大地與子民，孕育一切生靈的相互尊重，彼此和諧合作、相愛的自然情操，也是台灣原民的自然宗教信仰之一範例。

檜林的由來與大鬼湖的故事

　　事實上，台灣諸多原住民族依從自然律，從平埔各族到高地自然人，四、五百年或短短數代，即足以發展出因應特定環境下的自然文化。特定族群在特定環境或時空，接受該場域的生態制約，產生禁忌、圖騰，而有助於環境保全、族群永續，從而形成特定的「生活型」，且衍展生活、行為準則、原則的該然與不該然，並展現在神話、歌謠、慣習、語言、資源運用、人際關係、人地態度等等，各種面向，甚至於只是個人的想像與夢境。

　　南台魯凱族人的聖湖：大鬼湖、小鬼湖及紅鬼湖，位居於檜林的上部界、台灣鐵杉林帶的範圍內。他們將全族的祖靈圖騰——百步蛇王，安置於三鬼湖，並將最美麗的神話故事「巴攏公主」——魯凱族的祖先，與蛇王在大鬼湖心結婚的劇情，描繪成台灣最浪漫的「仲夏夜之夢」，在此，我只

台灣赤楊冬落葉。
（2014.1.30；對高岳）

簡述如下：

　　遠古、遠古的有一天，魯凱先祖巴攏公主上山，要與蛇王舉行盛大的婚禮。蛇王派遣數不清的蛇族交織排列，迤邐連綿成一條蜿蜒山徑。巴攏公主踏在快速蠕動的蛇背上輕快前行，旁側的蛇族採擷著天地精氣，繁忙地編織著公主的嫁妝。

　　公主來到了達羅瑪琳（大鬼湖）湖岸，只有百步蛇族始得凌波湖面。密密麻麻的百步蛇族翻滾，鋪陳出粼粼發光的筆直地毯到湖心。愉悅、興奮的公主踏上蛇浪背，蛇鱗承托著公主，穩重莊嚴地輪轉向湖心，蛇王也自水中浮起。

　　於是，天地間所有的精靈各顯神通，將大鬼湖盛大婚禮的場面，裝飾得金碧輝煌，美麗多樣得令人目不暇給，沒有任何人間語言可以形容它。

　　公主與蛇王翩翩起舞，仙子們吹奏著輕盈華麗的天籟舞曲，這是自開天闢地、宇宙洪荒以來，最浪漫的婚禮之一。蛇王與公主收舞後，相擁緩緩沉入湖中，於是，精靈、仙子，以及湖面上的百步蛇族繼續熱舞，直到黎明到來。

　　直到今天，只要陣風拂過大鬼湖面，百步蛇舞的陣仗就會連綿排開。這就是湖面之所以漣漪陣陣，以及波光瀲灩的由來，它們就是蛇舞。

　　第二天，公主與蛇王再度浮出水面。公主把她的頭紗輕輕上拋，湖面上就有了雲與霧；公主將她彩色的舞衣向周遭揮灑，山脈大地頓時披滿森林，台灣鐵杉、檜木立時茁長成林，各式各樣的動植物滋生，魯凱族人繁衍而與山林共榮，更且，當他們辭世後，靈魂就會回到蛇王與公主的身邊，也

就是鬼湖山區的廣大的場域中。毫無疑問，鬼湖正是魯凱族人的神聖時空。

　　魯凱獵人上山狩獵，靠藉的是父、祖經驗的技術傳承，以及蛇王、公主、祖靈們的啓示。耆老哈利瑪歐從小跟著爸爸遊獵山林，學習動、植物、地形、水文的知識，出手打獵前，多倚賴公主、祖靈們的託夢，該不該得到什麼報償，神靈與夢都會告訴他。他說：「山上很高、很大，爲什麼？因爲有許多祖先的阿公、阿嬤住在這裡。你來，你就得尊重祂們，才會有好的回報⋯⋯曾經有個別族的人，來到達羅瑪琳，他竟然射殺湖上的水鴨，且燒烤來吃，結果他差點兒喪命！」

　　「我們來到這裡，不可以喧譁；一草一木不能亂動，你不守規矩，你不尊重祖靈，祂們立即降下雨霧，也不送東西給你，甚至馬上處罰你。我在山裡，處處與祖先同在⋯⋯」

　　輕描淡寫的對話，其實已經點出了圖騰與禁忌、祖靈崇拜，以及文化傳承，正是台灣土地文化的自然傳統。而相較於泰雅、布農等高地族群，魯凱之所以側重禁忌與鬼湖地區的圖騰置入，實乃大鬼湖地區地體的奧妙所導致，也就是至少百餘萬年以來，台灣高山崩塌最劇烈的地段。

大鬼湖的前世今生

　　早先可能因岩質差異，受風雨流水切割不一，或沿著斷層線下切成谷，也有可能是破碎帶或崩積區，因爲，我將中央山脈進行稜線的剖面分析得知，大、小鬼湖地段，正是全台灣凹陷崩落最劇烈的區域，較之其南、北的高山地段，下

陷了大約2,000公尺，實屬全台最不可思議的崩塌區，其大規模的崩塌不知凡幾。

後來，估計大約在1萬5千多年前的某次大地變，形成了堰塞湖，然後，再慢慢淤積，形成今之大鬼湖。即令如此，它仍然是全台灣最深水的高山湖泊。它的未來，可能還得7、8千年，才能完全閉合為森林，而湖泊地形消失。

不久之前，從大鬼湖底向下抽取泥沙柱的研究顯示，約自西元1350-1850年間，沉積著來自中國西北戈壁的沙粒，代表那段時期屬於小冰期，台灣年均氣溫較今低了約1.2℃，換句話說，近世以來的大氣增溫，是以1850年為起點，而且因工業化的人為影響，20世紀的百年間，全球年均溫升高了0.6℃（比過去1千年還高），然而，台灣的數據及現象最恐怖，20世紀台灣的年均溫增高了1.1℃，約為全球均值的2倍！台北市則只在半個世紀升高了1.5℃，增溫高居全球之冠！

大鬼湖地區不僅記載著自身地史的滄桑，也銘記著近千年來，台灣中海拔歷經小冰河時期的見證。

1980年代末葉，我在合歡山區對台灣鐵杉林與台灣冷杉林的交會帶做研究，證實了台灣生態帶（生態系）正在往上遷徙，台灣鐵杉林入侵其上的冷杉林；2006年我也公佈台灣海邊植物過往30年，若干指標物種往北遷移了30-80公里。

上遷與北移，毫無疑問正是增溫的效應之一。這個變遷大趨勢，伴隨而來的是大滅絕，或局部特定物種族群的滅絕，也就是找不出「理由」的「不正常死亡」現象。

千禧年前後，如台灣紅檜、鐵杉、松樹等，出現不明原

因的死亡，乃至北台的筆筒樹亦然，包括疫病，我視同大變遷的連鎖現象，而非從病因或單項因子的思考。我認為最具代表性因暖化而發生的滅絕現象，首推玉山箭竹。

　　2004年12月6日，我在阿里山區的小笠原山稜線附近發現林緣的玉山箭竹盛花（陳玉峯，2007，《台灣植被誌（第六卷）：闊葉林（二）下冊》，522-524頁）；2005年5月17日調查發現，小笠原山南方的自忠（海拔2,300m），沿舊水山支線舊鐵軌西下特富野的步道兩側林下，龐大的林下玉山箭竹族群皆在開花之後，全數死亡。而海拔略低的闊葉林下，玉山箭竹亦有正在盛花、衰敗及死亡的群聚。2007年重驗，則此等地區，林下的玉山箭竹悉數滅絕。

　　也就是說，由大鬼湖的證據揭開台灣因暖化而來的生界變遷，已在大約200年來逐次顯著，而且，20世紀以降，台灣的快速開發，加速環境及生界變動的現象，遠較全球平均值劇烈約2倍，山區理論上略緩和，但亦屬強烈者。

　　凡此現象可推衍，現存分布下部界的台灣紅檜族群，殆為大趨勢下的最後殘存者。因此，我推測如鎮西堡的紅檜巨木，應是小冰河期以降，最後的孑遺，一旦死亡，小樹、幼樹可以踵繼的困難度與時俱增！這也突顯出鎮西堡地區在今後台灣生界的重大意義。（註：尚須修飾）

　　原住民文化的底蘊，正是台灣地體、地文、生文與人文的交互影響，形塑其基本的調性，在禁忌、神話、風俗慣習，或生活型龐多的面向或內涵來應現。依個人對宗教哲學的體會，我認為魯凱祖先巴攏公主之與百步蛇王的結婚，象徵人地共存共榮的最高盟誓，且所有族人往生後，靈魂皆回

歸集體的祖靈原鄉。此一盟誓，更透過禁忌或該然與不該
然，約束人在山林中的行為，也就是標準的土地倫理，正是
台灣山林原住民文化保育的典範。

鎮西之堡

　　人生際遇的巧妙總是參不透，合理的聯想、臆想都非巧
妙，不自知始謂巧與妙。

　　鎮西堡座落於雪山山脈北稜之西，大霸北降分岔稜脊下
的凹谷檜木林的北上方，地名係由泰雅語 Cinsbu 音轉而來，
意為曙光初照之地，也就是朝陽越過雪山山稜首照的山稜
地。

　　鎮西堡右鄰的司馬庫斯，行政區屬於「玉峯村」，其東
北方還有一座山頭名喚「玉峯山（2,313m）」，有可能山頭曾
經披覆冬雪的緣故吧？！無論如何，就恰好也是父母給我的
名。

　　我生平第一次調查鎮西堡神木群的第一夜，靈山神樹帶
給我台灣造山大震動，事隔16年後，蘇董與我相約再度造
訪它，它，曾經在我們的生涯中，烙印神聖時空際會的印
記，開展留給子孫們的足跡與影像。

　　生命本身就是神蹟與恩典，生命的個體與個體之間、物
種之間、個體及物種與環境之間的關係，則是神蹟的美學藝
術與詩歌，無論此間，存在何等極致的醜陋與罪惡。

　　進入山林最曼妙的享受，就是體會造物主奇妙的事業，
領悟萬象之內、之上的某種東西，且在此間安頓我們的鼻息
與心跳！

2015.5.1 與陳月霞對談 《阿里山物語》廣播錄音

　　《風雲台灣・談古說今》今天進行的是「特別專輯」，要來訪談、對談一位小說家、攝影師，以及她漫長22年時程寫出的一本大作《阿里山物語》，剛剛出爐的，炙手可熱的歷史長河小說。

　　據說全世界撰寫最長時間才完成的一部小說是歌德（J. W. vonGoethe；1749-1832）的《浮士德》，他從1768年寫到1832年，時間超過天干、地支一甲子的漫長時光，前後一共64年。

　　《浮士德（Faust）》是一部長達12,111行的詩劇小說，依我閱讀的理解暨感受，它代表西方文藝復興以降，數百年浪漫主義及傳統典型精神的展現，龐多後世的文藝作品，包括現今，都呈現類似的調性。

　　就普世人性而言，主角浮士德追求、探索所有人生所能追求的目標，但在絕望而打算自殺之際，魔鬼梅菲斯特跟他交換條件，魔鬼賦予他可以馳騁所有欲望、願望得遂，但死後靈魂歸魔鬼所有。浮士德簽下「賣靈契」之後，跨越時空、縱橫欲望界，再大的願望、欲望都可實現，但卻造成相關他人的不幸與悲慘。直到臨終之時，他才體悟，唯有徹底放下或犧牲自我、小我，以純粹的良知「獻身」，才是終極的人性意義。

　　在他死亡的瞬間，魔鬼要來取走他的靈魂時，他卻因「獻身」而還歸上帝。

　　這是我在高中時代，閱讀《浮士德》之後，浮淺的印象，往後數十年也沒再重閱。假設青年時期的印象抓得住《浮士德》的些微精神，且據此自行推衍，則似乎也可這樣解釋：

　　一般凡人皆具有追求的本性，一開始追求感官、名利或世俗的欲望或願望，然而任憑人如何追逐，欲望無窮、世界有限，終究以苦悶、求不得或「苦」作結尾，於是，人可以出賣良知、靈魂（跟魔鬼打交道），獲得常人無法獲致的「自我實現」。不幸的是，卻造成一大堆對別人的傷害、造孽，即令實現了任何想要得到的願望，所造成的業與孽，還是讓良知不安、懊悔不堪，最後才了悟，人的本性所追求的意義，在於無條件的大愛與獻身，也在這大救贖的瞬間，上帝戰勝魔鬼，保全了靈魂的聖潔，還歸終究的永恆或究竟之道。因此，肯定了人性、神性的合一。

　　當年我認為，歌德藉《浮士德》進行他一生的探索與昇華，他一輩子始終在善惡、黑白、正反的反差之間擺盪，直到大奉獻、大獻身才領悟且解脫。

　　何謂作家？像歌德可以說是西方傳統古典浪漫價值觀的典範作家之一。所謂浪漫主義的基調，是對崇高理想永不妥協的追求，不在乎過程或結果的成敗，九死無悔，包括犧牲生命。在我觀點或體會，相當於印度修行人的堅持，但印度人以宗教哲思信仰為主調；東方或世界各國、各民族、種族等，由於歷史境遇及環境差異與變遷，其文化的展現方式天

差地別，然而，對於永恆或永世，或終極意義的追尋，如出一轍，結論或所謂的答案也大同小異，因為那往往是普世人性，人的天性（或法性）無有差別。然而，可貴之處也在於表象的差異，因而世界及歷史也才多彩多姿、絢爛芬芳、崎嶇萬變。

即令到了後現代，例如詹姆斯・傅瑞（James N. Frey），他對寫作、作家很俏皮的說法：寫作是「一種心理障礙，目前還沒有解藥」；「寫作像是一種治標不治本的藥，讓你感覺舒緩一些」，因為不寫或寫不出來就很痛苦，而且，作家大多有病，有「強迫症」，「作家是不會停筆的」，寫作讓他維持心跳。他認為寫作不是一份工作，不是一種職業，而是一種生活方式。他如果不寫作就死定了、活不下去了；他若不當作家，他最想當殺手，因為只要工作幾天，收入就可養活幾年！

傅瑞談出這些俏皮話，正是運用他自己教人家寫作小說的技巧等，「語不驚人死不休」。在我看來，作家是世界上完全不需要傳記的人，因為，他一天到晚在寫自傳，透過實際與虛幻，挖出意識、潛意識、超意識，譜出心性全光譜，跟歌德一樣，跟幾乎所有的人沒啥不同，受到天性中試圖找尋終極性的階段性答案。

台灣呢？台灣的小說家呢？當然一樣在挖掘靈魂的來處與去處，當然在小我與大我的困境與出口中找麻煩、尋煩惱！台灣的作家，在題材、劇情等方面，當然是以台灣獨特的時空場域，試圖掀開所有的可能性。

然而，台灣的歷史有點兒悲慘，不到四百年換了6、7

個統治強權，主體的認同錯亂、瘋狂，人民疲於奔命於所有歷史的不幸與問題，在文化各面向，無可避免，受到政權鼎革以及後續的無窮影響，耗費鉅大的能量在反抗、妥協、適應與蛻變。而衝突、對立的張力，正是小說題材的最佳素材與精髓，本該產生集匯人性萬花筒，精采絕倫的藝文創作或世界名著，但爲何四百年來似乎開不出耀眼不朽的花果？這議題本身也是絕佳創作的題材。

不只全國共通的問題，每個小鄉鎮更有其獨特的歷史命運與複雜的故事，但台灣人的心靈顯然受到某種超級禁錮，走不出像是被詛咒的困境或籠牢。台灣到處都是野台大戲，套用現今太陽花運動之後流行俚語的模式：自己的大戲自己演，自己當導演、當主角、當演員、當觀眾、當劇評、當行銷……可是，319鄉鎮、151條河流、名山百嶽、街頭巷弄，歷史迄今，產生多少可歌可泣、奪人魂魄、賺人熱淚、低迴沉吟的藝文作品？！

有了「自己的國家自己救；自己的大戲自己演」的自覺，還得有在地蹲點、長期耕耘，刻苦不懈的經營、體驗與創作，才可能在自己的原鄉長出奇花異卉、擎天大樹。而我今天要介紹的這部小說，訪談作者陳月霞女士，恰好是聞名全球的台灣靈山聖地阿里山，以及阿里山眞正的子民。

陳月霞女士花了22年歲月，重新回溯自己的原鄉，查訪數百位同鄉親友，以自己的父母爲主角、爲發展軸線，貫穿阿里山區自然史、伐木史、觀光發展史，以在地人4代，從集材工頭的祖父一代，譜寫到婚配全球各大洲的第四代，將百萬字的阿里山人爲開發家族史，提煉爲38萬餘字的山

河史詩，將人地情操、土地倫理藏針埋線於其中。表面上她寫的是其父母親90歲以前的阿里山變遷，實質上書寫著土生土長於阿里山的作者本身，深情款款的原鄉戀，且在切身體會外來政權如何踐踏母親母土的生界變遷中，透過諸多故事，銘記靈魂如何被拔離原鄉的哀愁。在她父母一生，伴隨著一切奮鬥成功、幸福美滿的完美家族史中，交織台灣人、台灣史的傷痛文學。這份隱藏的無奈，毋寧才是作者發心22年的天問與控訴，讀者必須細細品味，才能扣住這條無形的主軸。

　　我認識作者陳月霞34年，阿里山也算是我的第二故鄉。我將這部《阿里山物語》視爲空前絕後的阿里山山河戀，我要鄭重地向聽眾朋友推薦，這是活生生台灣近代史的地區版，也是深度閱讀台灣的最佳歷史小說之一。

　　我一開始的介紹是沉重的、隱晦的，但我相信綠逗的聽眾朋友必然是台灣最有心、有識的一大群菁英，也必能看出我們共同的心聲與願望。

　　另一大面向，就阿里山的文史知識、生態旅遊、觀光遊覽、休閒育樂、登山健行等等，可以說，絕大部分現今的解說，大抵都是出自作者一生探索的內容，卻多淪爲膚淺、道聽塗說，甚至於荒腔走板、胡說八道。讀者可透過這部小說，眞正認識第一手阿里山的故事與內涵。

　　現在，我就請陳月霞女士跟聽眾朋友問好，看她要如何向朋友們介紹她的新生大作。阿霞仔，請！（註：下列敘述，是條列筆者的提問）

　　回憶不是流連忘返於不可再的過去，而是觀見流年變遷、抓住歷史的脈動，看清底層的結構關係，從而看見未來。我第一次前往阿里山是1987年8月14日，我永遠記得打開小火車門，撲面而來的天府之國的況味，拔塵、出俗、空靈、清新，整個氛圍就是浪漫仙境。我何其有幸，印記了阿里山最後殘遺的冰清玉潔，卻也目睹30餘年的向下沉淪。我躬逢阿里山的世紀轉型，曾幾何時，千禧年以降，嘉義人流傳一句諷刺語：「不到阿里山終生遺憾，一到阿里山遺憾終生。」真有如此悲慘嗎？以阿里山人而言，又如何看待這樣的反諷，什麼因素造成這些現象？

∞

　　阿里山指的是阿里山山脈最高山的大塔山、對高岳、祝山、小笠原山、萬歲山，乃至下抵二萬坪等山稜連線以降，廣大的北向山坡地帶。沒有任何一座山頭叫做「阿里山」。也就是說，現今阿里山鐵路自二萬坪以上，經第四分道、沼平，延伸眠月線，鐵路上下的山坡地謂之「阿里山區」。依行政區劃而言，現今林務局「阿里山森林遊樂區」殆即廣義的「阿里山區」。然而，自從「交通部觀光局阿里山國家風景區」於2001年設立以來，將達邦、特富野、奮起湖等等廣大的低海拔地區涵蓋進來，也將「阿里山區」擴展成為模糊化的，阿里山公路及

旁側連線、阿里山鐵路沿線相關地區。因此，原本即被國人誤解的「阿里山人」，更加被稀釋到消失匿跡的狀況。

　　身為阿里山人（依全球國籍法，在阿里山林場、阿里山森林遊樂區出生，且長大者）的作者，為歷史作見證，《阿里山物語》書寫次等國民、阿里山區林務局民的世紀滄桑！

阿里山對高岳的落葉林。（2014.1.30）

∞

20世紀蜚聲全球的阿里山神木如何被發現？為什麼1953、1956年遭遇兩次落雷擊斃？為何1997年會半幹倒塌，最後遭受全幹伐倒、終結？神木的死亡史極盡諷刺與悲哀，反映台灣生界被犧牲、被蹧蹋的例證。身為阿里山人如何看待此案例？

∞

人地關係、土地倫理的內涵，通常可以表達、反映在對當地自然資源的使用、利用，在地人的生活型態（生活型），以及他們的價值觀或文化的種種面向。世界各地區、各民族在其生活領域中，開發自然資源，而自然資源或在地環境因素等，往往也形塑他們的文化，呈現在其文化多樣的特徵中。我一生探索人地關係、土地倫理，台灣歷史的最重大特徵之一，猶如蝗蟲過境，摧毀一切，並以外來文化塗抹被開發的地區。數十年來我所調查、觀察的台灣各地，所謂建設某地，就是幹掉該地的環境、生界特徵，將之異化，移植外來文化替代在地的本質與特色，但「本土文化」、「台灣優先」、「主體意識」等等口號喊得滿天震響，所以口喊生態卻反生態；叫囂台灣主體卻反台灣。為什麼台灣會是這種模樣？

隨便舉例，台14甲公路霧社以上山地，各式各樣（包括違建、違規者）建築物的表象，簡直是世界建築大展，何處有在地或台灣特色？沒有在地、當地特色是為台灣特色？某個大學的某個校門口，有企業家捐獻蓋個大館，入口標誌起因於某部賣座叫好的電影，什麼拍的奇幻漂流，所以做了半個

船頭模型，上面半蹲著像在大便的老虎，姿勢很不雅。試問，再來幾部台灣人導演或其他叫座的作品，是否也要加蓋幾座流行文化？

阿里山呢？現今幾乎放眼所見，以外來植物盤佔最大面積，本土種滅絕泰半。爲迎合426，找了一批觀光客，爲他們留下巨大的外來石塊，刻上一些文字，美其名叫詩（屍）道。則願意或本來就認同土地的阿里山人，有何感受？爲什麼到了21世紀，台灣的靈魂主體依然七零八落、自我汙名化？

∞

阿里山區原本沒蚊子、蒼蠅，冬天偶會降雪，終年潮濕寒冷。對平地台灣人而言，阿里山簡直是溫帶國度。就土生土長的阿里山原住民陳月霞女士來說，從阿里山的童年，走向平地台灣甚或全世界，有什麼好玩有趣的對比？又如何表達在《阿里山物語》之中，將帶給讀者何等的風景與憧憬？如何滋養台灣文化的多樣性？

∞

傳統小說的基本主張：小說得是虛構；小說要有個敘事觀點（viewpoint）；作者是個「敘事鏡頭」，並以「全知角度」系統化地編織故事……然而，現代人寫小說似乎沒人在乎過往的典範或窠臼。而我認爲，重點在於能否扣人心弦、繞梁三日，甚至足以吟迴一生。我認爲好的故事或小說，必也反映普世人性，呈現時代的理想或夢魘，最低程度，讓人愛不釋手而引發探索。好的作品不僅有生命、有靈性，更可以在讀者心中繼續生長。

　　陳月霞女士的作品，洋溢著阿里山出世的野性與靈性，她的家庭則流動著傳統的慈愛與內聚力，《阿里山物語》當然鋪陳著如此的溫馨與結構。而她擅長於營造引人入勝的情節。曾經她寫了一短篇小說，敘述水里溪邊一隻狗兒的行為，報紙刊出了上篇，引發東海大學林清祥教授急著來電問：「後來呢？後來呢？」

　　就小說的寫作技巧方面，《阿里山物語》運用了哪些方式？面對史實與虛構間又有何等困境？如何突破？

∞

　　雲海、日出、巨木、鐵道及櫻花在千禧年之前，號稱阿里山的五奇、勝景，如今依然是招牌。管理單位、遊客大夥兒盛讚阿里山的「自然」，卻近乎完全不解自然，沒有真正的自然！

　　阿里山曾經登錄的原生植物有1,195個分類群，經筆者逐種研判後，保守估計，阿里山自二萬坪以上的原生物種應有788種以上，然而，2004年，筆者調查，明確見及鑑定的植物，僅約360個分類群。也就是說，經由20世紀大伐木，並全面種植外來觀賞、庭園、行道樹及造林之後，阿里山區原生物種大半以上滅絕。

　　新落成的沼平車站，耗鉅資解說展示的植物大多為外來物種。歷來森林遊樂區不遺餘力幹掉在地原生生態系，移植、種植原生不存在的物種，並全力宣導、解說，教育外來至上、反本土、反生態的汙染型環境教育。

　　我曾經在《土地倫理》專題演講、授課中舉例，老輩阿里山人如柳桂枝（出生、成長，終一生於阿里山），她認為原始林

伐除後給她的感覺是「空虛」，而外來種如柳杉造林她卻覺得「足齷齪吔」，她描繪阿里山原生樹林的多彩多姿、美不勝收。然而，接下來的新世代人呢？遑論外來遊客。

　　如同繪畫、攝影、音樂等等，人性、人感共同或無大差異的直覺，或體會型的感受，沒見過好的、殊勝的，當然無從得知、比較或體會水準的天差地別。

　　「阿里山人」的另類「亡種滅族」，形同本土物種！《阿里山物語》的作者如何看待此一系列的當局的反教育、反阿里山？！

∞

　　任何人將其一生所拍過的照片，依時間順序選擇代表性的照片排列，往往他會有龐多的感受、感嘆，而且，看到小時候、學生時代……的「我」，常會有「那怎麼會是我啊？！」、「我怎麼會是那副德性啊？！」之類的想法，每拍攝一張照片的瞬間都有一個「自我」，試問人的一生、任何當下的「自我」，哪一個是永恆不變的？既然沒有不變的「自我」，你又堅持哪一個「自我」？！「自我」就是「靈魂主體」與環境交互作用下的短暫心象反應或假象罷了！但人也只能掌控（或不能）每一刻所謂弔詭的當下。

　　人在任何時空點的剎那駐留（或當下），若能察覺自己那份「靈魂主體」，又能清晰、敏銳感受周遭環境的種種現象，明白變與不變之類的，差不多已接近古代所謂的「聖人」了！人的一生中，通常存有數不清的瞬間當「聖人」。此刻專注凝神諦聽的人，就已經接近那種感覺了。所謂「心不顛倒」當然是回到主體意識，清楚幻象流變，更能掌握當

下環境的種種氛圍，溶入而自在自如。「既來之則安之」的精義，就是溶入環境、明察秋毫且自自然然。

　　因此，身為阿里山代言人的作者，將會以何種態度、方式、內容，為人導遊阿里山區？這本《阿里山物語》又可提供何等的橋梁、媒介或養分？

∞

　　阿里山的靈異傳奇故事的母本，差不多都是陳月霞與我數十年來的解說所傳播，卻被加油添醋、斷章取義、胡亂改造，甚至在傳媒上誇大扭曲。

　　靈異傳說多半出自於離奇傷亡、迷山走失或災變，也有純迷信等。例如受鎮宮乩童溺死的故事、眠月線的白米煮成紅飯、集材機的藍色火焰、樹靈塔的由來……然而，阿里山小孩的蛇精傳說、和服長髮女鬼嚇壞群狗的故事等等，又是如何而來？

∞

　　真正靈驗奇蹟在自然界。一株3千年台灣紅檜一生可以生產5兆粒種子；一株千年的扁柏也可能已經釋放了8億粒種子，但沒幾粒可以長成大樹。每株巨木都是神靈，它們超越語言所能描述的傳奇，如何成為真真正正的阿里山子民？阿里山生界天演的故事，毋寧是最最的神祕與靈異！

　　阿里山人如何看待這些地基主、土地公？

∞

　　山風、谷風、雲海、樹雨、地霜等等氣候、氣象幻變的組合，阿里山人體會了什麼？遊客又如何抓住那些脈動？

20 西拉雅（Siraya）與台灣（大員）

母親母土的名

幾乎每一個台灣人都會講一個西拉雅語的名，而且，一生至少講了幾萬次或以上，這個名就叫「台灣」！

將近四百年前的台南安平，是一個海上沙洲島，原住民西拉雅人在此，同華人、日本人、南洋人、西方人等，以物易物交易，西拉雅人管此地叫「大員」，西方人音轉爲「Tayuan」，華人也沿用爲「大員」、「台灣」，從而形成「台灣」這個永世的名，所以我說，每個台灣人都在講著西拉雅人的名，而且，早已內化成爲母親母土親切的名！

幾億的今之印度人，其實是約3,500年前，雅利安人分多批入侵南亞印度，還有之後，一簍筐的外來民族，與龐多原住民族大混血的後代。原住民最大宗的達羅毗荼人雖然被吞沒，但他們最核心的土地文化或概念：業及輪迴，卻形成印度文化或哲學的骨幹，或宗教信仰的大腦中樞。

我要問的是，現今台灣人、台灣文化究竟從西拉雅人，以及眾多的原住民族，承襲了何等的文化、土地倫理與哲學？全世界各地區，不論任何外來族群，能夠融進原住民的土地文化精髓，才可能永續發展。而台灣最大的不幸之一，

即在於不到四百年間，換了6、7個外來政權，以致於將原住民文化摧毀殆盡。如今雖然早已爲時太晚，還是該予亡羊補牢，搶救多少算多少！此等文化工程龐大、多樣，我只就自然暨宗教面向，列舉西拉雅的些微小例說明之，在這裡，先以散漫說故事的方式聊天。

　　2012、2013年我爲撰寫《蘇府王爺》一書，密集口訪、調查急水溪流域，自然而然地訪談在地相關的西拉雅文化。

筆者口訪西拉雅後代段洪坤老師（右）。（2012.10.11：吉貝耍北公廨）

我訪談的對象是1967年生的段洪坤老師，地點是東河的吉
貝耍（Ga-pu-sua）。

木棉花部落

吉貝耍這地名，就我而言，充滿浪漫的情調，給予我渺
遠又貼近的某種莫名情愫，甚至於我會聯想或懷疑，是否許
多所謂的台灣人，包括我，在血緣流脈上，有些牽連或相
關？

吉貝耍台語唸作「Ga-bur-sir」，當然也等同於西拉雅
語的原音，但各不同種族、民族，習慣於自己語言的調
性，甚至不同地區西拉雅人的不同部落，音調也有差異。
段洪坤唸起來像是Ga-pu-sua，六龜族群唸成Ga-po-su，
不管怎麼唸，通通指的是「斑芝花」，也就是「木棉（*Bombax
malabarica*）」，而「Sua」或「耍」，在西拉雅語意，帶有「人住
的地方」或華人所謂的「社」。

吉貝耍就是木棉
花部落。

　　因此，位在鹽水、新營東方的吉貝耍（後來的地名叫東河，行政區劃屬於東河村），意即「木棉（花）部落」，南北外地人要前往吉貝耍最便捷的路線，或可由南二高東山休息站，抄小路西下枋子林，走南102道路到吉貝耍。吉貝耍與東山休息站的直線距離僅只1公里餘。

　　我認爲西拉雅人可以說是「木棉花族人」。植物學文獻說木棉花是荷蘭人1645年首度引進台灣的，但我懷疑那是早年研究、考據不足，才把「首度引進」栽在荷蘭人身上，較有可能的是，西拉雅人更早了幾百年就已引進（？）。

　　西拉雅平埔族人曾經是嘉南平原、濱海，以迄恆春半島，在地的主人。他們勢力龐大，族性溫和。他們是南島語系人，約在1,200-600年前，可能分多批，分別來到台灣拓殖、定居。考古證據顯示，大約在1,200年前的蔦松文化層，可能是西拉雅人的祖先，而600-800年前，則出現西拉雅文化層，也就是說，西拉雅人是早先今之所謂的台灣人來到台灣，西拉雅「老台灣人」的歷史，約略是今台灣人的2倍長度！

當然，數十族的老老、老老老、老老老老……台灣人，還可以推到數萬年前的左鎮人，甚至新近才發現的40萬年前的「澎湖猿人」！不過，現在只談老台灣人。

木棉花部落的大地彩妝。

台灣之走進文明人所謂的歷史、文字史，是從西拉雅人與外來強權的接觸所開展。所謂的台灣史或在台華人開拓史，悉由西拉雅人本族及其支系揭開的，而且，如同全球各地的原住民族，或多或少，或凶殘得無以復加，或輕微，受到外來強權、盜匪不等程度的屠殺、滅族、暴虐性混血！西拉雅人被林道乾等海盜虐殺取血，混合石灰，充當船艦防水填塞的填充劑，1694年的《台灣府志》、1762年的《續修台灣府志》等等文獻，塗抹著這樣的血腥與殘暴，逼得殘遺的西拉雅人避遷屏東或內山。

悲劇歷史與歷史悲劇

荷蘭人的毛瑟槍，殺得西拉雅人血流成河、屍骨遍地，躲在樹上的他們也在中彈後，如同鳥屍，一一墜落。隨後的明鄭、滿清、軍國日本，乃至20世紀中葉之前，慘絕人寰的滅絕事件罄竹難書。除了刻意隱瞞、淹滅史實之外，五顏六色的「羅漢腳」姦婚婦女，夥同琳瑯滿目、目不暇給的明暗奸計、「政策」，撲滅原民文化、神鬼，美其名叫「同化」，於是，從野番（進級版叫生番）經土番（升級版謂化番），到社番（完全漢化的高級版稱熟番），終至「移風易俗、改名換姓」，例如滿清據台列有「西拉雅的百家姓」，加上更複雜的傾軋變遷，混種加混種、稀釋再突變，總成今之台灣人。

段洪坤老師進行自己族人的研究幾十年，他找到一張古文書，記載著住在麻豆的乾隆年間的「通事」陳國興，於1779年找了一些人，前往急水溪上游，現今果毅後上方的丘陵地「麻埔」開墾，相當於證明前不久還存在的麻埔西拉雅

人，就是陳國興帶往內陸者的後代也未可知。

　　1791年（乾隆56年）清國實施「番屯政策」，表面上要求西拉雅人深入山地開墾，實際上係「以番制番」策略，硬逼西拉雅平埔族人移往內山，充當防堵未歸化的山地原住民族或盜匪，下山騷擾華人聚落，華人則順勢奪取其在平地的土地。而這些前往內山的西拉雅屯墾聚落，在清國台灣地圖上，以紅筆劃出一條相連屯墾區的連線，相當於「生番界碑線」，謂之「土牛紅線」，不像台灣當時中、北部之設置土牛溝，例如台中石岡與東勢之間，大甲溪西岸的土牛村實際上的土牛溝，南部只有虛擬的一條紅線！

　　到了19世紀，華人更是排山倒海爭地，部分的西拉雅人被逼遷往花東。

　　西拉雅人在原鄉被消滅、搬遷離去的明確數據舉例，例如四大社之一的麻豆，《巴達維亞日記》於1639年登錄的西拉雅人有3,000，到了1896年剩下不到200人；又如西拉雅支系的「馬卡道族」（有人認為與西拉雅差異太大，不應合併看待），其中，居住在鳳山地區的族群，舉族遷到恆春附近的龍鑾潭，他們以水牛跟龍鑾潭的原住民交換建地及耕地，建庄耕作定居。然而1875年恆春建城，這群人又被遷往至恆春東北15里外的山麓區，但謀生困難，幾年後，不得已再度集體遷往四重溪、五重溪畔。到了1891年，好不容易人口增加到百來戶，不幸的是，該年暴雨，四重溪等河川氾濫，洪峯殲滅了全村，耕地蕩然不存，《台灣慣習研究會》1906年的調查，只剩2戶人家！

　　上述這些數據是我在2011年，研究高雄興隆淨寺沿革

時，從各種文獻釐出的，只是滄海一粟！

西拉雅老台灣人的際遇，徹底是悲慘萬狀。更加無語問蒼天的是，歷史上通常沒有「失敗者」的歷史，而且，凶暴的外來霸權不僅殺人，也殺神，只舉遠例，荷蘭人實施宗教迫害，1630年在四大社之一的新港社（今之台南新市），荷蘭人逮捕西拉雅女祭司（女巫）250人，將她們丟棄在「諸羅山」荒郊野外，令其自生自滅！

這些史實，不過是史書上無關痛癢的「理番」事蹟一、二？！

今人搜尋「Google大神」，學術單位撰述的西拉雅資訊：「……幾乎漢化，失卻其傳統風俗及語言」的背後，是何等慘絕人寰的悲劇啊！

話回吉貝耍。

據說，吉貝耍地區原爲平埔洪雅系哆囉嘓社（註：清國時代已漢化的原住民）的地盤，乾隆中葉（約1760年代），今之佳里一帶（蕭壠社）的西拉雅人段氏，開始移遷吉貝耍。

段洪坤追溯祖史後也相信此說，因爲口述史及土地文書證據顯示，段氏族人由1791年以降，再由吉貝耍朝東拓殖，經過滴水仔到麻埔，整片丘陵山地，都是段氏家族的轄地。麻埔有間阿立母公廨，就是吉貝耍段氏族人所設，今尚存在，但我在2012年的田野調查尚未找到。

西拉雅的宗教信仰

人類文化改變最緩慢者，首推宗教信仰及其儀式等，因爲它屬於終極性的抽象與神祕，理性或科學替代不了！我曾

經多次質疑歷史上、全球有幾個人是徹底的無神論者，大多數人對鬼神等同於對死亡的無知，我在高中生時代的大困惑：「我在知道或不知道都不知道的時候，如何知道或不知道？」相當於提問這個議題。絕大多數美國人信仰神，再怎麼頑強的無神論者，一樣使用著印著「In God We Trust」的美鈔或硬幣。

　　可以這麼說，大約四百年來，被亡種滅族、血緣稀釋、移風易俗、語言文化同化、神鬼信仰異化及反覆被同化的流變下，長期處於種族認同汙名化的全面浸染中，維持、傳承西拉雅胎記，或種族印痕最後的救贖方舟，仍然是宗教信仰這條抽象的心靈中樞，但其中很大的一部分，雜糅、合成了福佬人相關的概念與習俗，甚至被泯滅掉了本質，而堅實的主體性依然長存或藕斷絲連，這是必然，福佬人的天上聖母不也一樣，融鑄包埋聖母瑪麗亞及林默娘的神話故事？！

　　讓我們從吉貝耍的公廨說起。

　　西拉雅人的「公廨」相當於福佬人的媽祖廟、帝爺公廟等等，雖然內涵大不相同。而「公廨」一詞就是華人本位、自以為是的誤解，它出自1603年的《東番記》，作者是福建連江縣人陳第（1541-1617年）。他在22歲時，受到戚繼光的賞識，任職參謀，因而他對沿海地區、海事很熟悉。到了1602、1603年，他62、63歲時，明帝國神宗皇帝（年號萬曆）派沈有容，自料羅灣出發，追剿海寇，他跟隨在側，提供意見。他們經澎湖登陸台灣，而依據他到台灣的見聞，以及海上軍事行動的閱歷，他寫出了《東番記》及《舟師客問》，首度留下華人對台灣的直接記錄。因此，他對平埔族的敘述，

被視為荷蘭入據台灣之前,最詳細或真實的描述。

　　然而,他們在台灣的時間太短促,對原住民更是打從心底的文化優越感,他的《東番記》當然只以華人經驗慣習及本位去描述。因此,當他看見西拉雅族一群人,聚集在一間房舍內,狀似在開會、辦公,可以想像,有個像主席的人不

吉貝耍的「庫哇」之一:2005年重建的「北公廨」,屬於潘姓家族的祖靈地。
(2012.10.11)

斷地訓示下屬，下屬只能唯唯諾諾。於是，陳第認定這個場所大概就是官府衙門辦公處，而官署即官廨，他的筆記也就寫下了官或公廨。

其實，它是祖靈、神靈的神聖空間，主席是巫師，辦公人員或下屬是信眾。遠遠觀看的陳第，寫下的官廨，四百多

年來，竟然可以成為專有名詞而屹立不搖，人們足以瞭解本位主義也是一尊超級大神！然而到了清國時代，官方真的派「通事」進駐，另外包括了郵政代辦處的功能。

公廨應該還原為西拉雅的本來稱呼：Ku-wa，庫哇！

無獨有偶，西拉雅人的Ku-wa，在阿里山鄒族人則稱為Ku-ba，音、義雷同。

吉貝耍聚落內有主庫哇、北庫哇、西庫哇等5座，庫哇當然就是西拉雅文化的中心地標，曾有學者認為各方位（地點、角頭）的庫哇，是模仿華人王爺信仰的「外五營」模式而設置，這也是本位主義、主觀自我中心的武斷，事實上，吉貝耍不只是來自佳里及海邊的段氏家族，還匯聚了蕭壠社其他家族、麻豆社、哆囉嘓社、目加溜灣社（善化為中心）、大武壠社（大滿族支系）等五大家族，而每大家族都會將家族的祖靈，升格為其領域的角頭庫哇，例如北庫哇就是潘姓家族的；西南庫哇（其內供奉著段洪坤的祖父段福枝前輩的靈瓶）即段氏

家族所屬，等等，反之，福佬人的內五營、外五營，源自鄭成功的軍事佈置，兩者風馬牛不相及。

庫哇

研究台灣傳統宗教的8年來，我摘要出若干通則或傾向，其中之一，什麼人、什麼文化性格的地區，就有什麼樣的神靈及神格，人格與神格通常一個調，而且，神靈的載體、象徵物或場域，亦可反映該地人民的價值觀。如果此原則一樣可以適應西拉雅文化，則我敢斷言西拉雅人是個素樸民族，重精神遠勝於具象或物質的虛榮。因為同為原住民或自然人的泛靈論，東南亞、印度或全球各地的原始信仰中，有些原民宗教具有巨大的神像、神廟及其裝飾，而台灣的原民宗教直是樸素得很。

走進吉貝耍或其他西拉雅的庫哇，通常只有幾坪大的平房空間，2、3間半隔間或沒有隔間，也沒有封閉的牆，可以說只是半抽象的建物，連通內、外空間。其反映台灣西南半壁江山疏林生態系——稀樹高草原，半開放型的場域。

庫哇內，祖靈載體只是盛裝著水的壺、瓶，瓶中，插著華澤蘭或替代性的植物。最具形象張力的，是柱上或牆上綁繫的豬頭殼，一具豬的頭顱。

由於影像的渲染，現代人對生命、生物死亡的刻板印象，可能以骷體、骨骸最具體。骨骸代表死盡，肉體最後的見證，也是超越、成靈的開始。特別是人的頭顱，乍見固然可以令人心生陰森恐懼，那是因為活人忘了或看不見自己活靈活現的頭骨，忘卻我們的世界最恐怖的是活人！豬或獸類

「豬頭壳」原本只是祭品之一，後來「升格」為神。（2012.10.11；吉貝耍西南公廨）

的頭顱不同，恐怖感少了許多，通常只讓人想起巫術之類
的。

神、靈載體或寓像的質變

　　1990年代或之前，西拉雅人被學者說成「拜壺民族」，
其實是個大誤解。西拉雅人拜的是矸仔或壺裡的水，裝水的
工具並非神體，或精確地說，他們祭拜的是水中沒有具體形
象的靈，他們是泛靈信仰的民族；他們跟祖靈溝通之後，祖
靈的力量就呈現在水面，他們是水（崇拜）的民族，壺、矸仔
或瓶只是盛水的外殼，而外在的壺或瓶並非靈的表徵，卻被
不知情的外人誤解成為祭祀的對象，因而才有「拜壺民族」

不是拜壺、拜瓶，而是拜
瓶中的水；不是拜水，而
是拜水中傳遞的「靈」。
此瓶是段福枝先輩靈體的
象徵。（2012.10.11：吉貝耍
西南公廨）

這樣的扭曲！否則，台灣人對著香爐拜神像，是否也該稱作
「拜爐民族」？

　　現代西拉雅人以塑膠袋裝水，插上華澤蘭，吊掛在汽車
內，一樣就可以拜，可以保平安，則是否該換成「拜塑膠袋
民族」？

　　然而，的確有地區如頭社，該地人可能由於傳承、傳說
的過程中不查原委，或者真有拜壺靈，已將壺體視同神體或
靈體，反而遺漏「水」的內涵，更且，受到福佬人為神像穿
官服的影響（官衣），於是，大瓶包大件，小瓶包小件，年年
加一件，以至於小小瓶被包裹成大大支，外殼就取代水靈的
內涵，導致原信仰形式等，有了更大的蛻變或質變。

　　吉貝耍的西拉雅人，原祭拜的壺、瓶或矸仔如果破掉
了，他們就換上新的一支。如果壺、瓶、矸仔是神體，破掉
也不敢隨意拋棄吧？！

　　同樣道理或現象也出現在豬頭壳。

　　庫哇中往往設有綁在竹柱上的「豬頭壳」，被當成「神」

受祭拜。

　　事實上「豬頭壳」原本根本不是神或祖靈之所在，古代，「豬頭壳」只是祭品。「豬頭壳」的神化或靈化的過程，也是穿鑿附會，融合抽象的祖靈崇拜與福佬人的神像化，以及泛靈信仰而來，說來話長。

　　現今庫哇中的豬頭壳都是人們豢養的豬頭剝製而成。荷蘭據台時代，豬頭並非神或靈本身，而是祭品。當時祭品的動物頭顱存有很多物種，例如梅花鹿、水鹿、羌、水牛、野豬等，山豬頭只是其中之一。

　　跟許多原住民族同樣的模式，古西拉雅人要外出打獵前，必先前往部落的祭壇（庫哇），跟祖靈溝通，祈求祖靈保佑、施捨，讓他有所收穫，這種溝通頻常由祭司代為祈禱，並遵從其指示，也類似占卜或福佬人的卜杯。

　　如果沒有祭（巫）司，則祭祖靈後，也可由烏鶖叫聲聽出指示。

　　西拉雅人叫烏鶖為「阿淹（A-en）」。

　　阿淹叫聲如果是「啾—啾—（Geu-Geu-）」，代表不吉利，不可外出。

　　阿淹如果鳴叫「Ka-Geu、Ka-Geu、Ka-Ka-Geu」，代表大吉大利，趕快出去打獵。

自然與神靈

　　由於能否得到獵物，來自祖靈的庇佑或賞賜，因此，古西拉雅人打到的第一隻獵物，不管是什麼種類，獵人必須將該動物的頭，拿回庫哇酬神，感謝祖靈的賞賜。這個動物頭

顱當然就是貢獻（祭）物，荷蘭東印度公司統治台灣的時代，當時文獻描述，女祭司在祭祀的儀式中，將獵人帶回來的，各式各樣的野獸頭顱置放在祭壇上。

這類行為或類似行為在原住民族或全球各原住民族，幾乎是很普遍的普世人性之一。我曾經在夏威夷的大島（Big island）上，採到野生的越橘，正要往嘴巴送的瞬間，遭同行的原住民制止，他要我將採集的第一顆果實或多顆果實，先灑丟在地上，獻給火山之神希拉，然後才可以自己吃食。

當代聞名的宗教師，印度的「抱聖──阿瑪」，講出了此類行為的深邃原理。她說，凡來自自然的，就應該被忠誠地回報自然。這是隱藏在以花朵獻神、祭神背後的象徵意義，它也幫助提高我們對神的虔敬。

因此，古代的印度人細心、愛心種植出來的花朵，被使用在祭神、禮拜時的奉獻。自然，正是神的可見到的形式啊！

古西拉雅人獻出獵殺的第一個獵物頭，一樣是在還歸自然與神。

魯凱族的打獵，也都是訴諸祖靈的啓示（託夢）與賞賜，其他種族、民族，各自有其豐富的多樣內涵。

然而，西拉雅獵物頭的供獻，漸漸轉變成為一種咒物，巫師或祭司要跟祖靈溝通或施法術，必須透過這個頭壳當媒介。因此，庫哇內都設有豬頭壳，畢竟現代已罕有野生動物頭可獻祭，豢養的豬頭壳自然而然地變成此一媒介，同時，伴隨著福佬人的神明信仰的影響，豬頭壳就蛻變成為神體，神格化矣！

阮嘛有啊——認同的汙名

　　學習、探索宗教哲學以來，我了悟殺神遠比殺人還殘忍百倍、萬倍。

　　現今台灣人之所以還有台灣主體意識，根本原因或內在結構在於禪自覺心法的傳承，它以隱性文化在素民生活中流通，而不管短短四百年換了6、7個政權。西拉雅文化呢？依我之見，1980年代之前，行將就木；之後，起死回生。段洪坤解析：清國統治以降，西拉雅人對自己的信仰愈來愈模糊，但在他小時候（註：1960、1970年代），由家人得知，「阿立（Alid）」就是「祖先、祖靈」，諸祖靈或眾神則叫「阿立立（Alidlid）」，他們到庫哇去祭祀、拜請諸神或祖靈們駕臨，皆呼請「阿立立」。西拉雅語對於複數，係採重複尾音為之。

　　西拉雅人的祖先當然是跨海來到台灣。

　　海洋是天險，瞬息萬變。我認為許多波次來台的西拉雅人，難免會遭遇海難。吉貝耍留下來的傳說，渡海來台登陸倒風內海的過程中，有七位先人亡魂海上，因而後世緬懷先人不忘本，現今吉貝耍每年舉行「孝海祭」典來誌念。孝海祭另有個傳說，依我直覺，比較可能是福佬人創生的，在此略之。

　　最像是福佬化的傳說，據傳是頭社人口傳的：祖先自海上來，遇大霧，茫茫然不知航向何處的困頓時候，空中浮現一支「太上老君」的大旗，引導先人安全登陸台灣。

　　諸如此類的傳說，很可能反映福佬化的流變，或信仰主體性淪喪的鑿痕。

　　所以，「阿立立」不斷地蛻變。福佬人的祖先崇拜、道教信仰等，滲透進西拉雅人的祖靈。因此，產生了「阿立祖」、「阿立母」、「太祖」、「老君」等等，華人化的名。

　　曾有學者推測，阿立立之所以轉變為「老君」，大概是弱勢民族、弱勢文化的信仰，依附在強勢文化及其信仰的大神身上所造成。

　　因為西拉雅人的祭司相信，他們的法力來自最大的神。西拉雅人在華人不斷湧進台灣之後，漸次沒落、式微，就連神明的自信心也喪失。在長期挫敗的汙名化過程，由個人心理到集體心理，起了依附或結合的念頭，乾脆將強勢福佬人法力最高的老子、老君或太上老君抓來與阿立立合體，代表「我們也有個地位崇高、法力高強的老君大神」！

　　我不確定自然神教與人為宗教（註：有教主的宗教）是否真的如上述過程而結合，但如雅利安人入侵印度的流變中，《吠陀經》所尊崇的大神，絕對是隨時代、地區、政治或社會變遷而轉變。

　　就人類心理或人性弱點而言，弱勢者、沒自信的人、未能自覺或主體淪喪者，的確很容易產生「阮嘛有啊！」的心態模式。小孩子在群體中常可聽見彼此炫耀比較的「我們也有○○！」之類的話語；我認識一位男性沙文家庭的太太，每當同儕朋友聊天，常會莫名其妙地說出：「阮嘛有什麼、什麼啊！」

　　然而，這類的弱勢、自卑心態，也可能是出自優勢者的營造，特別是百年台灣兩大外來政權的傲慢統治下，對所有弱勢台灣人刻意的鄙視。

　　我何其盼望現今多元文化的台灣，人數優勢的福佬人可以以健康的心態，扭轉歷史的不幸與歧視。然而，我在大學生活、教書的經驗、體會，看出長路漫漫啊！

　　生命不可能沒有變異而可長存，文化也不可能抱殘守缺而可以永續發展。重點是覺悟後的主體必須健全，則流變是好事。吉貝耍有個很有意思的宗教儀式是世界特產（endemic），獨一無二，它結合了西拉雅及福佬人的宗教習俗，叫做「槓孔鏘」（註：台語音）。

槓孔鏘

　　西拉雅人有個獨特的抽象概念謂之「向」，可以是形容詞、名詞或動詞，幾乎只要是跟靈界有關的事物，皆可用「向」字連結。或說，任何與祭祀相關的東西，都與「向」相牽連。

　　庫哇內綁住豬頭殼的竹子叫做「向竹」；祭司、尪姨作法叫做「作向」；可以治病、下過咒語的靈水叫「向水」；福佬人說「好兄弟」，西拉雅人叫「向魂」；祭司施行的法術叫「向術」；福佬人說農曆七月開鬼門，西拉雅人說是「開向」……。

　　大部分吉貝耍或西拉雅人從小得學習的「祝禱語」：「南嚒南奈，南嚒基督賴，南嚒尼術賴，南嚒阿賴……阿立立！」這是西拉雅人在進庫哇跟祖靈溝通時必唸的咒語，相當於「身分認同或驗證的門票」，這個「芝麻開門」的口令沒驗證，你無法連結靈界。

　　後，向祖靈供祭檳榔、米酒等，且將你的祈願向祖靈訴

說，然後，段洪坤敘述：「你在檳榔上點上米酒，嘴巴含一口米酒，各祭壇前後噴出酒霧，這個動作叫做『三向』。」從而完成祭儀。

　　這些儀式、咒語都有濃厚的宗教象徵，也是人性底層跟自然及靈界連結的奧祕，可惜似乎沒人將之和盤托出。就我理解，酒或自然界所謂的「迷幻物質」，都帶有麻醉或減輕感官識覺的作用，露骨地說，太過理性、執著於感官識覺，就會關閉掉特定程度的直覺或悟性，阻礙跨界（現實界與靈界）的通路，人、神、鬼皆然，摘要成一原則，去除一部分識覺、意識的偏執，人們更容易接近我們所來自及歸宿吧?!

　　段洪坤談出的「檳孔鏘」源自他已過世的祖父段福枝。

　　段福枝氏家族的「施加伴頭（Sikapua 頭）」，也就是「向頭」。「施加伴」相當於祭司、巫師的神職的名稱，「頭」就是帶頭人、首領，「施加伴頭」就是祭司頭人。他負責每年鬼月開關鬼門的儀式。

　　吉貝耍的鬼門有二處，也就是「陰陽交界處」，一在沼澤地；另一在鐵筒橋。

　　段洪坤的二姊小時候，曾經跟著阿公段福枝去鬼門「開向」。依據她的回憶，段福枝邊唸咒語，邊以「尪祖拐」在空中比劃。忽然半空中出現一個「光洞」，就像電影情節中，時空隧道的「蟲洞」打開，一大堆沒穿衣服的矮小的小鬼從洞中跑出來，眼睛大大的，如同 E. T. 標準版，然後隱沒在暗夜中。也就是說，福佬人所謂的「開鬼門」，在這裡活生生地發生目擊版。

　　農曆 7 月 29 日深夜要「關鬼門」前，則必須大費周章，

進行一項全世界只有西拉雅才有的獨特儀式「楦孔鏘」。

　　該夜，由男人們組成的「趕鬼大隊」，使用2種法器，一種是鐵器叫做「叩」，敲起來聲音較沉，代表男神；另一種叫「鏘」，敲出的聲音較響亮、清脆，代表女神。大家先從他們的大神「尪祖」處，請出了尪祖正身，然後前往大庫哇，向阿立立（眾神們）溝通，組成了正式的趕鬼大隊。大家排成一列隊，一邊走，一邊敲著叩與鏘，環繞庄頭外圍一周，將當初放出去的鬼魂一一叫回來，再度關進鬼門內。

　　趕鬼大隊行走的沿路上不得有火，不可講話。在過程中，隊伍中的任何人發生的任何事，大庫哇內的祭司都一清二楚。或說祭司具有天眼，如同夜視鏡跟隨趕鬼大隊作「全都錄」攝影與監聽。

　　這些都是超自然現象，而且依據不同文化、不同意識形態，應現為該文化的表象形態而為該文化圈的人所見證。理性、邏輯、科學的真假對錯的範圍，無法涵蓋，反之，靈界的範疇通常也不能涉足我們的現實界，上述的現象，只是一種硬要翻譯的假象、幻象。迷信的意思是，不能參悟的自我麻醉，非關靈界。

　　這麼獨特的「開向」、「關向」或「禁向」應有非常複雜的流變，背景因素甚至包括西拉雅人在秋冬季准許狩獵，而春夏季為讓動物有繁殖機會而禁獵，也就是西拉雅的野生動物保育，在宗教面向的禁制機制，並結合福佬人的鬼月習俗而產生，我尚未研究清楚，暫時存疑。

　　無論如何，西拉雅的宗教文化可能是目前為止，最最與福佬人諸神或神話混種程度最高者，是台灣宗教現象或哲學

的活水源頭，我始終認爲極富研究探索的要素，奈何全台灣宗教學界似乎只往「去主體化」方向發展！

我誠摯地呼籲台灣宗教哲學界，早該往本土深化的主體性發展矣！

西拉雅人來自何方？

西拉雅的宗教文化原本極爲豐富，卻是台灣史上最被摧殘、同化、異化的案例，即令如此，仍然維持不斷蛻變的生機，這是因爲其祭司等，仍可代代相傳吧？！

如今，在草根自覺如段洪坤等人的努力下，許多被淹沒的風俗舊慣漸次浮上檯面，我更期待，西拉雅的祖靈崇拜、土地倫理，可以往深層自然面向發展，千萬不要朝向都會文明所謂的「文創」傾斜，我不是反商，也不是在製造「排富條款」，但數十年來原住民文化一旦朝向商機發展，請誰告訴我，哪一個案例不是以消滅原文化的本質收場？

《瑪竇福音》的 19 章 24 節說：「駱駝穿過針孔，比富人進天國還容易。」現代人委實很難感受其奧義吧？！

至於西拉雅人來到台灣之前的祖居地在何處？今之相傳來自「阿米亞」，一個空洞的名詞，無人知道在何方。倒是段洪坤說他阿嬤有次喝了酒說：祖先來自崑崙山，段洪坤認爲荒謬。然而，我認爲很可能，因爲西拉雅人所謂的崑崙山，並非位於中國的高山，而是越南南部湄公河三角洲南方海上的「康道爾島」，該島在鄭成功之前，海盜林道乾的時代，常有許多華人前往，也有水土不服，復返台灣居住的台灣人祖先。

輯三、
熱帶本土文化
政治學

熱帶雨林沒有或甚罕見單一的優勢種，而且，各分層、多種林木，乃至各生活型、土壤藻菌，形成極為複雜的反覆迴饋的共生動態關係；熱帶雨林政治學將取代英雄主義、競爭至上的溫帶文化。（2009.2.7；印尼蘇門答臘）

21 台灣熱帶文化論之一

有位做環境教育研究的朋友問我，台灣環教的理想、目標是何？

我答：1990年在某雜誌及風潮引領下，「發現台灣」頓成傳媒寵兒、時尚風騷，並延燒諸多運動、口號，乃至有了本土化的短暫代替品：玉山、北大武山、各地的「聖山」或尋根運動等等，但隨「扁政權」被「妖魔化」後，一蹶不振，甚至消聲匿跡。

2013年間，因應《看見台灣》空拍，突然又不分黑白、藍綠，主流猛然刮起了一陣流行風，延燒近年，旋又淹沒在航災、氣爆、病毒悲劇的浪濤中，但不知何年何月，權勢統治者可以「理解台灣」？！可以「瞭解台灣」？！可以「悟解台灣」？！而整體台灣人，又得在哪個世紀才能「成為台灣」？！

環教若有理想　就是「成為台灣」

環境教育如果有理想、目的，第一階段的究竟，就是「成為台灣」啊！

20世紀全球反省工技文明與生態體系的最最嚴重問題，或總化約出的議題之一，即「切割化（fragmentation）」，棲地切割碎片化、生態系破碎化、極端專業化（對少之又少懂得多之又

多的專業狹心症，外加偏執狂）、知識極小化、心靈殘缺化、整體感蕩然不存、時空一貫敏感度渾然喪失……

　　基本上，迄今環境生態問題源起於溫帶文化在過往2、3個世紀的全球化所導致，而環境教育大抵是試圖亡羊補牢的後手之舉，在價值體系未能新創、在地知識不能成為教育內涵的政治操控下，充其量只是繼通識教育之後，一項應景的流行或換湯不換藥的資源掠奪戰而已。

　　而溫帶文化特別強調兩生物之間8種關係的其中之一：競爭，決定論式或機械化的「社會達爾文主義」，或所謂的弱肉強食、物競天擇、叢林法則、強權即道德等等，從而忽略掉生命之間從來不能簡化為此等機械關係，更且，切割化現象或問題，更是惡化了此等短線化的機械思維，但他們硬是有辦法像微積分的手段般，將曲線細碎化成直線，而真正執行反制或緩衝的，不是科技而是渾厚深遠的基督宗教傳統。此等信仰文化，深入絕大多數的普羅大眾，提供他們靈魂、意識、信仰的活水源頭，形成他們的普世價值與人性觀。即便像尼采歇斯底里地痛批、咒罵基督宗教文化，但絲毫也撼動不了其基盤，反過來只「證明」了尼采自身的精神疾病。

溫帶文化橫移　突變異形新種

　　然而這套溫帶文化橫向移植到數百年來從來都是不設防國度的台灣，如同野動遷居到沒有天敵的澳洲，紐西蘭，等比級數似的氾濫暴漲便是常態，而且，立即蛻變、突變成異形新種。

　　如此敘述並不意味台灣沒有主體意識或民族靈魂。然而，近8年來我切入台灣宗教哲學的了悟，總算釐清台灣的主體意識，自從鄭氏王朝敗亡之後，3百多年來，從來只依禪門隱形的地下文化宿存，卻未曾一朝一日躍居主流或顯性文化，更不斷遭受扭曲、打壓迫害、歧視、分化、汙染、改造、消滅，過往直接由政治霸權，在政策、權力運作上操控，30多年來則漸次移轉為經濟力、資源分配的魔術，但教育系統是僅次於最緩慢變化的宗教，迄今還以剷除本土主體意識為主目標，而膚淺表象的工技主義，便形成其最佳工具之一，透過國科會（科技部）在執行，加上經濟部等產經官僚體系在顛覆，另由文化、文創、內政部門擔任化妝師。而總體的表象，便以打擊「台獨」為總「圖騰」。

　　這是整套國家機器複雜、奧微的操控，甚至如執行者自身都不明所以。我個人一生在反抗、奮戰的，便是這套魔界帝國的思維中樞，幾乎可以說「數十年來黃泉道上獨來獨往」，因為很難遇見幾個思想見地或感受得以深入契合者！（請原諒，畢竟我已逾耳順多年，既非狂妄，也無須矯情了！從海盜、逋逃藪、清國奴到台巴子，乃至於今之太空人，就連台灣、台灣人這些名字，也都被譖偷掉了。）

　　此後，我將循著表象界作引導，漸進說明台灣土地的熱帶文化之與溫帶外來文化的對決。

搶佔草地？不符台灣本性

　　現今台灣舉凡居家庭園、公園綠地、行道花圃、都會公園，乃至森林遊樂區，由經營管理單位，甚至於將近百分之

百的人民都相信，「理想的造景」就是綠草茵茵的草坪上，有秩序或特定排列或配置了單層樹木或灌木，而幾乎沒有人知道，這等「理想」純然來自溫帶的刻板印象，完完全全不符合台灣中、低海拔的本性，甚至於前一陣子有人發起「搶佔草地」的運動，主張要享受紐約中央公園的草坪風光或野餐。

這等荒謬來自我們的教育系統的毒素灌施，加上物質全面西化的結局。包括喊叫「本土化」、「找回主體性」數十年的「台獨分子」，從來不知道台灣本來就不是這樣！當然，這也包括80年來，美國漫畫《白朗黛》的影響，男主角白大梧假日開著割草機，馳騁在自家草坪上，過著浪漫居家的樣板生活。

台灣中、低海拔土地天性就是亞熱帶、熱帶雨林，任何土地永遠朝向4至5個層次的森林發育，而且，台灣的草本植物幾近全都是樹枝狀的莖葉，絕少是匍匐地面的根或基生葉型（貼地狀的蓮座體型），台灣的野地沒有高約10公分以下的草生地，除非是在週期性火燒地、長期放牧或遭不斷全面踐踏地。台灣的草地，通常都是超過1公尺以上的高草生地，而且，草生地只是次生演替前幾年的暫時性形相，一般而言，只要人們不去干擾它，5-10年左右即可自然長出次生森林，且在隨後發展成多層次的林型。若要做水土保持、生態保育為目的的植被綠化，根本不要去種樹，只消讓土地自行發展即可迅速完成。這就是我在20多年來不斷倡導「土地公比人會種樹」的原因之一。

土地公比人會種樹

　　不幸的是，超過60年來的教育不斷反本土、反事實，硬是灌施要植樹、要綠化，教導人民仇視自然土地長出的叫做「雜草、雜木」，「美德」就是要以自然為敵，要不斷地剷除自然，且耗費鉅資、人力、物力，去維持人們期待的溫帶景觀，長年來也形成產、官、學連鎖特定經濟、商機利益網（體），由政府每年固定編列預算，永遠執行逆天逆地的綠化「生計」。而全民早已養成跟台灣的中、高草（演替初期）地「不共戴天」，更在心理及價值系統中，將之貶抑為「荒涼」、「怠惰」、「骯髒」等等代名詞！

　　更可怕的是，徹徹底底反自然、反生態的行為都被冠上「生態」、「環保」、「綠色思潮」，事實上不僅沒有生態的內涵，而只有「變態」的意志與慾望！

　　要知台灣之所以天生要達成4、5層次森林的命定趨勢，是因為在此地理、天候條件下，它就是終極群落，它是歷經至少約150萬年來，台灣最佳的天道，演化根本道理的成果。

　　數十年來我不斷地宣說：把玉山、雪山的野生動物殺光，將家園的牛羊雞鴨趕上山叫做「生態保育」，你同不同意？既然不同意，那麼為什麼將台灣演化超過150萬年才形成的原始森林、次生天然林砍掉，然後耗費大量民脂民膏去造林、種上特定人士指定的樹木，叫做保育、環保？然後，沒人反對，全民樂觀其成，民間「善心人士」還不時捐輸去種樹？！

土石橫流　台灣本來如此？

　　站在自然、土地、生態、生理的事實而言，有人皮膚被灼傷，必須補植皮，醫生通常只能從身體其他部位，切割來補植。而數十年來，我們的政府醫生告訴患者：「你的皮膚太脆弱，我給你換上刀槍不入的鱷魚皮、犀牛皮！」但植上來的鱷魚皮跟你的肉身不相符，必須等到其潰爛、掉離，你的皮下組織才可能再長新皮。而超過百年，外來政權不斷摧毀台灣山林的自然生態系，全面伐木、造林，造出自1990年以降的大地大反撲，土石橫流、天災地變，而且，惡貫滿盈的教育系統今已將之解釋為「台灣本來如此」！

　　另一方面，民間自然保育努力了數十年的運動，不僅沒能扭轉知識、觀念、價值系統的腐敗，硬是在教育系統根深蒂固的汙染下，只在都會搶救外來種老樹、果樹，卻聽任天然山林持續在瓦解？！

　　而自從環境教育法頒行之後，在欠缺具備自然生態知識師資的困境下，擴大反生態、反土地、反自然的變態環教，更讓新世代加深錯誤的觀念，形成今後更麻煩的惡質因果！

　　台灣人啊！我已經奮戰3、40年了，儘管沒人同意我，我還是一樣地戰下去。總有一天，後世人必將瞭解來自土地實實在在素樸的呼喚啊！

　　去他的外來溫帶文化！

22 打一場人民而非政客的選戰
台灣熱帶文化論之二

之前，曾與柯P談選戰；如今，我選擇在選戰剛開打後，寫下與柯P聊天的見解，作為選後結果的對照。總的說，我是站在台灣熱帶文化的觀點在論述。

先舉四個小例子，點出時勢的氛圍

去年底我訪談後勁，後勁反五輕耆老戰將之一的王信長（73歲）說：「……如果早個20年，像柯文哲出來競選台北市長，我一定自備便當，搭車到台北幫他發傳單，完全不必讓他知道我是誰！」

6月間我在中部某大學上課時，對大學生作調查，很厭惡所謂藍綠現狀的比例高達9成。

6月25日中午，某重量級的KMT市長來電：「……玉峯兄啊！現在人民都不信任政治人物吔！不論我們怎麼講、怎麼做都一樣啊！」姑不論孰令致之，我完全相信這位市長的確是肺腑之言。

6月28日夜間，柯P正在與小眾團體演講、閒談。落地窗外兩個路人走過，其中一位說：「吔！那個人好像是柯文哲吔，我去看一下。」說完折回來，朝室內瞥上一眼，滿足地離開。

　　這是社會全光譜的寫照，不必做民調，運勢、大勢早已底定，除非另發生超級意外。當然，選戰熾熱化之後，國共如何出手是另一大變數，但差距可能不會超過5趴。

　　政客、名嘴一定會有多如牛毛的反駁，但都不重要，因為大局早定。政客、名嘴因為「太重要」，接觸的都是「重量級」人物，因此，他們看不到主體草根或基層。民主政治絕非尼采在鄙夷的：「計算人頭的狂熱」而已！葡萄牙語系諾貝爾文學獎得主薩拉馬戈說：「那些籍籍無名的人，才是我們星球的主體！」

　　民調一定有相當程度的準確性，但因果關係與文化內在結構，從來沒人事先講得清楚或精準如實。年底之後，台灣

反五輕英雄之一的王信長先生，手持宋江陣關刀，說明後勁人如何大破軍憲警大隊。（2013.12.9：後勁文物館）

會產生許多篇討論柯P現象的研究論文，但都是事後諸葛與抽象黏貼。重點或關鍵之一，柯P如果選上了，足以代表台灣溫帶文化的解構序幕，而熱帶文化正式登場。

何謂熱帶文化政治學？

台北市長2014的選戰，是溫帶、熱帶文化的對決。

歷史上任何制度、政策、思潮等，當它產生的問題遠多於它能解決的問題之際，它必然被淘汰。民主制度絕非人類的最佳制度，也不是最後的制度，但目前仍然屹立不搖，因為它還能夠顛覆自己。

台北是台灣國都、首善之區，擁有相對一流的硬軟體建設，有一流的市民、一流的公職、一流的大學、一流的研發創意人才庫……，依我看法，台北要改革、要改變，核心議題在於「權力結構的調整」，也就是如何公平、公正、公開地將權（錢）力（利），合情、合理、合比例原則、合世代正義地，漸次試驗下放、分層負責、市民自治、以民治（制）民。

溫帶文化兩大類：英雄主義（西方）及結果主義（中國：成王敗寇，為達目的不擇手段，下流至極），悉皆以強人為依歸；熱帶雨林文化決然不同，它以複雜迴饋的共生為主機制。

走進熱帶雨林林內，筆直林木通天，層次多達6、7層，物種多樣性令人眼花撩亂，而且，你走了數十、百公尺，很難見到同一種高大喬木的第二、三株，換句話說，優勢物種非單一，而是龐多樹種八仙過海、各顯神通，整個雨林生態系絕非家族企業、獨佔企業、近親交配、父死子繼，而是多元互補領導，它容許或本來就是百家、千家爭鳴，而

非獨尊霸權。

　　每一樹種的種苗、小樹都得耐蔭，宛似某家餐廳的電話廣告台詞：「……懂得等待，便是掌握成功」，而且，從苗木開始，便得不斷經營各種內生菌根、外生菌根，也就是結合分解者，而非生產者。表面上狀似解構自己，實質上乃是建立互利共生的系統。許多苗木，若能與母樹相連結（地下），是取得菌種的最快速途徑。

　　台灣的民主制度如果漸趨向成熟，則表象指標，必也是由外來溫帶強權文化，走向在地命格的熱帶複雜多元、迂迴共生的各層級市民自治與合作，換句話說，放棄強人統治、集權體制、二元對立的溫帶價值系統，回歸多樣性交叉共生合作的權力及資源共構。

　　2014年台北市長選戰，代表外來溫帶政治文化是否解構，而候選人若抓不住熱帶雨林政治學的原則，恐將讓逐漸蓬勃成長的「文化創意派」（目前筆者推估，約佔台北人口的3成）唾棄。

意識形態全光譜

　　人類智性成長的歷史進程，或各時代權勢人物人格的演變，或可劃分為五大階段：二分法；相對論；炫學（自我中心、英雄主義）；思辨；獻身、服務（知識、智識成熟且內在化）。

　　台灣目前大致停滯在相對論（二元對立的抗衡、抵制）及「恁爸最行」的炫學期。台北市長選戰，或可進臻思辨或獻身前期。

　　關於意識形態方面，不只要擺脫將近30年的藍綠對

抗，更該邁向不分紅、澄、黃、綠、藍、靛、紫、紅外線、紫外線、α、β、γ等宇宙射線，以全光譜、電磁波全方位接納。

未來的政治人物，得先承認在地主體性、世代公義性，任何公共政策思考的主原則：對全體市民好不好？對台灣社會、國家好不好？對國際、人類好不好？對動植物土地生界環境好不好？對世代、生態系全境好不好？對良知、信仰、神明、靈魂、宇宙好不好？而且，由此大原則發展出對公共政策龐雜、具體的評估準則，告別一甲子老掉牙、腐敗的經建成長指標！

任何主政台北市者必須考量台北可能性的浩劫

1694年4月24日以降約月餘，台北發生大地震、大陷落，造成約30平方公里、水深3-4公尺的康熙台北湖，此湖約在1、2百年後才因淤積而消失。

歷史可能重演，而且災情無法想像，因為有可能連鎖迸發的是翡翠水庫潰決、核一或核二廠以及核廢料大爆或外洩，夥同21世紀全球暖化，乃至小冰期來臨，則台北將如何因應？切莫認為此非人力所能抗拒而拒絕思考或預演整體防災救難大體系。又，台北盆地四周山坡地絕對是台北未來救贖的諾亞方舟，則現今土地利用或國土總規劃，有無加進此一終極預防的思維？

數學概率不等於零的災變，代表隨時可能發生。目前核四的擱封，瓦解了人民對核廢爆洩的警覺性，但台灣、台北此一核（廢）變的危機日益嚴重！

市民社會新主流

　　歐美到台灣皆然，文化創意派已然成爲今後的主流。台灣如何透過不同層級的公民或團體自治，必然是大趨勢之一。

　　過往台灣是「沒有自由的秩序」，如今是「沒有秩序的自由」，無端殺人者都有「粉絲團、崇拜者」，然而，沒有是非對錯的自由不叫自由；任何荒謬、背離事實或眞相的假話絕非民主。地球生界演化36億年，可沒見過如今台灣妄相的「多樣性」！

　　台北市夠成熟而足以透過公權分級下放、市民自治，嘗試產生新規範、新典範、新自由、新秩序。

　　以上殆即提供給柯P意見的大綱要，至於兩次予柯P的選舉建言，除非讀者有興趣，否則殆屬不足道也。

　　柯P絕非柯P在選舉，他只恰好是社會意識的象徵，或逢機投射的載體；他代表的是不再苟同老梗的權力遊戲，或已經腐敗的政治模式的大反思！台灣熱帶政治文化有機會開展新局。

23 再不批就沒機會了！

　　九合一選舉前，一位法師住持為大台北憂心忡忡。他對我說：「出了這兩位，無論哪一位，對台北都是大災難啊！」選後，他來電說：「你看！他臉相都變了！」

　　昨日，台北的一位朋友來電：「好可怕喔！陳教授你再不講話，台北浩劫就將上演了！」對不起，這話有毛病，是一些台灣人再不及時批判的話，就沒機會針砭了。

　　果不其然，12月7日柯準市長與林縣長對北宜直鐵的一席話，再度曝露準市長可怕的心態與人文涵養的水平。這不是小小一個北宜直鐵怎麼開鑿的問題而已！然而藉由「此案」，準市長的心態、可能性的浩劫就一覽無遺了。

　　準市長說（以傳媒報導為準，有所誤解，請準市長反駁）：「共識就是走最短路線，反對的人就提供數據，大家在數據上攻防，如果翡翠水庫環保問題可解決，當然走最短路線」；「應考量人民時間成本，環保問題可以再討論，但一條鐵路影響五十年，寧可再討論一遍」；「如果講不出更好的方法，現在這個爛方法就是最好的方法」；準市長是「比較偏重環保的人」！

　　準市長似乎一向快人快語、口無遮攔，比照其水準，隨口請教準市長：

1. 反對的人要提供「數據」，大家要在數據上攻防。這些話恰好將台北的準市政倒推到1980年代。1980年代我們反對砍伐天然林，認為必將引發土石流、降低自然歧異度、引發環境病變、影響地下水文……；官僚、伐木專家、買辦要求我們提出研究報告及數據，大家在研討會上憑「數據」辯論，然而他們有的是數十年耗費人民血汗錢萬萬億億的「研究數據」，我們只有長年的山林經驗、良心與良知。

2. 請問準市長，一條鐵路影響「五十年」的數據，是依據哪幾篇報告得出的？多少研究經費做出來的？影響哪幾項環境因子、生物指標50年？誰做的？在哪裡做出的？「寧可再討論一遍」的數據依據是什麼？是該由誰講出「更好的辦法」？更好方法、爛方法有幾個？數據依據為何？北宜直鐵只有2個方案？有沒有零方案？「專業問題專業解決」請問準市長，直鐵只有專業問題嗎？請問您「偏重環保」的內容、項目是何？有何數據？您知道「生態」與「環保」有何異同？有何數據可以分辨？

3. 好吧，就說數據好了。2061年全台人口或將較今減少約500萬人，且老年人口佔4分之1，請問準市長「北宜直鐵」屆時年運輸量多少人次？其時間成本價值多少錢？開路剷除的，數不清的生命價值多少？

準市長啊，專業科技能解決人類多少問題？您是政治素人、專技貴族嗎？如果葉克膜、急救手術台上的專技可以解

決生態、環境問題，人類也可以揚棄上帝與佛陀等等鬼神矣！2014年6月28日我曾經跟您說：1694年4、5月臺北的大地震，大陷落了約30平方公里的康熙台北湖，歷史可能重演，而且可能連鎖迸發翡翠水庫潰堤、核一、二核廢大外洩或氫爆，夥同全球暖化或小冰期來臨，台北盆地四周山坡地必然是市民及世代救贖的諾亞方舟，而數學機率不等於0者，代表隨時可能發生。不料當時您的說法：「那是國家中央的問題！」而今，乘著高票當選的神風，您馬上談出的是「know how」，而不願探索「know why」的議題，如此科技主義掛帥的膚淺，絕非人民所樂見。我也不相信「婉君們」寧願支持「柯神」而「讚」死台灣！而您比郝市長「高明」的「數據」，有待您去創造，市民與世代也定會在不久的將來提出。

　　看久了您的率真與可愛，如今也坐上權座了，合該認真思考長時期、跨世代、整合性的智能，而非短期應景性、膝蓋反應型的聰明，光是片段知識、殘缺事務的掌握能力是不夠的。好智能或政策行動，必須能區辨大因大果、大是大非；好智能必須能明辨 know how 與 know why，否則一大堆短暫近利的知識只是「無知的知」、「片段殘缺的知」、「無方向的知」、「無所託付的知」、「致命的知」、「助長病態的知」……

　　真正智能是緩慢、久遠的智慧，必須具備全方位的認知、可能性的善惡、強大的敏感度；要能見及這社會尚未存在的善與是，要看出這世界既有的惡與非。在現今資訊蓋過知識、知識掩埋智慧、智慧壓倒靈性的氛圍下，拜託您行

行好，思考長一些、闊一些、慢一些，不必那麼「聰明與自負」！閉嘴一段時期不代表您不偉大，如今的您該是「渺小的」、「謙卑的」，甚至於「笨笨的」，無論如何總比您現在的行為好一些。

不忍心在您上任前多說，但許多人等著您的「出錯」，屆時，更龐多的「素人」必將檢驗您的「權貴」，等著瞧！

8月零颱風・預測大槓龜
台灣熱帶文化論之三

中央氣象局在今年（2014）6月27日發佈颱風展望說，預估今年太平洋西部海域將發生29-32個颱風，其中將有3-5個侵襲台灣，而且，侵台時間以7月中旬到8月爲主；氣象局也預估，今年颱風生成位置會較往年偏東，距台灣較遠，因而在海面上發展的時間較長，有機會吸收更大能量，從而發育爲中颱以上的強颱等；另如9月後少雨、偏乾，南台的乾季會來得比往年早，云云。

然後，7月23日果然來了一個快掃型的「麥德姆」颱風。接著，歷經33天，多豔陽高照的大晴天，8月25日，氣象局終於按捺不住了，告訴媒體說，今年恐將創下「歷史上第一次8月沒颱風」的記錄。而過往西北太平洋上，8月平均產生了5點6個颱風；傳媒也報導，日本氣象廳的觀測資料顯示，自1951年迄今，8月生成颱風的數量在2-10個之間。顯然地，今年的預測是槓了一個大龜！

而7月13日筆者也在部落格上，發表擔憂今年夏秋得提防土石流的訊息，因爲前幾年並未發生顯著土石流，而每年農林作業之在山地蓄積一定的土石鬆動或災難源，多年後（3-6年）已累積足夠的材料，只待一個颱風豪大雨，災難自爲「常態」，然而，麥德姆輕描淡寫帶過，8月也安然無恙，雖

則夏、秋尚有3個月，筆者的預測是否亦將「失準」？

　　事實上，所謂預測、預估「槓龜」的例子，多如濁水溪砂粒。美國國家航空暨太空總署（NASA）預測2012年9月底，太陽將達活動巔峯期，大規模日冕會爆發，引發強烈的太陽磁暴，可能造成地球大範圍停電、電腦及電子系統將嚴重當機，甚至將讓「先進國家變成一個發展中國家」，然而，預測中的太陽活動不僅沒發生，迄今則引發反對暖化說的另一派主張，地球即將因太陽進入休眠期，而引發冰河期或小冰期的到來。

　　這也可能發生。台灣上一次受到小冰期的影響，發生在西元1350-1800年期間，更早的一個則是發生在西元420-520年期間。這兩段450年及100年期間，平均氣溫較今下降了1℃，且由強烈的西北風帶來來自中國戈壁的沙塵暴，沉積在南台大鬼湖的湖底而證據歷歷。

　　西元1800年以降，台灣回溫，但1900年至2000年的年均氣溫增高了1.1℃，約為全球增高值的2倍。也就是說，上述1350-1800年的平均氣溫有可能比現今下降2℃才合理？！然而，台灣真正因為都市化、現代化、人為暖化引發的增溫等現象，應該是在1970年以後才發生的，而且，1990年是分水大嶺，這是我研究植物生態變遷的結論，20年後產生變化還算合理，因為我研究的是植物呈現出來的生理現象及生態的變化，是「果」而非「因」，且此「果」與環境因子之先發生變化，之間有段「時差」（time lag）！然而，我實在難以相信台灣會在1800年以降的增溫現象，只經歷2百多年馬上又要進入另一個小冰期，我認為往後一樣在增溫中。

　　我研究台灣植物現象37、8年來，證實了暖化導致植物及植被帶往上及往北遷移，但真正的機制或因果關係為何，我卻愈來愈困惑！我對全球一大堆專家在論述年均溫增加1℃會怎樣、增加2℃會如何的「預測」，更感到「胡說八道」！包括我自己的「預測」。我愈來愈無知！

　　舉個小例子，1990年以降全台太多植物的花、果、落葉等所謂物候週期發生大變動，可以說亂了譜，也包括原本一年開一次花轉變為二次或多次。然而，像全台灣人大概都認識的外來種木棉花，以台中為例，1990年代上半葉，花期從1月開到約4月中，大多數植株都很守「規矩」，一齊開花、結果，或說各植株的開花都很集中。到了2006年前後，各植株的花期被打散，各株從始花到落花，從1月1日至5月下旬所在多有，因而所謂木棉的花期就拉得很長、很散。奇怪的是，近年來（特別是今年）各植株又恢復1990年代上半葉暨之前，花期集中於1-4月，難道各植株經由約20年的環境因子大變動之後，已經適應而又恢復「正常」？還是只是「迴光返照」，短暫「正常」之後，旋將死亡？而延伸龐多新疑問。

　　過於「專業化」的現象，不便在此討論，但生命科學從來沒有物理、化學、數理的定律（law），且生命的物質現象又都符合物化道理，卻加上不可思議多的活體變化，甚至有的現象可以是超自然，但在傳統西方科學主義的傲慢中，因為生命無法預測（天文物理可以預測幾千、幾萬年後的日蝕、月蝕準確到幾乎分秒不差，而沒有任何科學家能夠確定3千年後大象的鼻子將長成何等模樣？），從而貶斥生命科學非科學，或只是「不三不四的科

學」、「骯髒的科學」，也逼得20世紀一大堆科學家檢討科學的定義等等論議。

雖然西方唯物科學造就一切現今科技文明的輝煌成果，但不僅不表示人定勝天，愈趨向究竟的探索，卻愈暴露出整個宇宙只是意識的幻覺，況且，科技表象的萬能卻掩蓋不了無以計數的無能。30多年前我即抨擊「連一片落葉掉落下來的方程式」都寫不出來，近來西醫對癌症的無能與商業化的炒作，不只在生命科學面向難以應付，甚至於連原本十足把握的無機物化現象也愈趨無能。凡此，在在說明科學「化約（Reduction）」的溫帶文化漸趨極限，面對如天候變化的槓龜只是微不足道的案例。

溫帶科學主義、科技決定論過往數十年也想突破「化約」的不足，因而對「整體論（Holism）」也下了不少功夫，包括蓋亞理論、蝴蝶效應，但一直裹足不前，或只留下神祕主義式的大眾幻覺或詩樣的朦朧。就生物生態學而言，3、40年前島嶼生態公式的發表，一時成為閃亮的希望，如今也只是太過天真的想當然耳。

簡化地說，回到氣象局對今年颱風預測的槓龜的最簡單原理，歷來都將過往的統計數字歸納，化約為特定方程式或系列原則，從而內插或外插、外延做預測。問題是，歸納法從來不能導致真理、平均值更非真理，何況1990年以降，過往數百年歸納的「推測、預測」模式最可能全然失效，隨時有「意外」、「破記錄」發生。

根本的關鍵之一，年平均值罕有變化，卻在週期內上下大幅振盪、瞬息萬變，因而氣象局說今年1到7月的颱風多

達12個，破了16年來1到7月最多颱風生成的新記錄。諸如此類的意外早就層出不窮，爲何科學家始終只咬著平均值的迷思，而不願向更深沉的內在結構探索？

　　本文只想提醒，溫帶科技決定論、機械論的文化，將人類及地球生界推到現今的文明，也曾帶來兩次世界大戰，更將全球推向耗竭利用、鬥爭成性，連帶地正在改變人性，可見的未來最可能是毀滅，絕非永續發展。而台灣位居熱帶邊緣，自身熱帶生態系複雜的運作模式，價值觀的改變，才可能是救贖之道，這是極爲複雜的全球議題，有待任一面向的大探討啊！

　　許多讀者必然會質疑，我有何方法對症下藥，否則寫這些東西毫無意義。我只能坦白地回覆，我最反對的，就是這類只求立即答案、know how、有用、有目的的思維模式，生命原本沒有那麼多的目的與意義，在此，只想告訴你，多留一點白，本性就會活出來。

25 屏北人的熱帶農法
有待喝采與探討
台灣熱帶文化論之四

仲夏以來老朋友楊國禎教授，頻頻跟我提及他對當今社會之不重視「本土化」的不以為然，且對當權之漠視南台的草根文化發展，頗為氣憤。這是我們在討論台灣溫帶與熱帶文化對決時，他的牢騷。

於是我問：「既然本命土以熱帶、亞熱帶為主，台灣該如何發展熱帶農業？你既然大加反對過往全面性移植溫帶性果蔬，造成山林破壞、土石橫流，我們也批判當局拚命引進外來種，之造成生態系浩劫，試問你要鼓吹熱帶農業，則該不該引進東南亞農作物或農林產品？台灣又如何延續日治時代對熱帶的研發與試驗？」

楊教授如水銀瀉地，一口氣闡述：

「台灣農林土地應先區分已開發或已破壞，以及未破壞的原始生態系，後者應先全數保留、照顧下來，而只在現今已開發地區，從事發揮最大的安全生產力，確保島國在一級生產力的安全性，畢竟人總得要吃、要生存。重點在於，在增加多樣性、產量極致化的過程中，必須探討如何與我們的環境相結合。」

「包括蔬菜等農作，熱帶地區由於不受霜雪影響，草本植物的芽端逕往上長，多開岔分枝，有如樹枝狀；相對的，

溫帶霜雪多，草本植物芽端多貼地匍匐，或長成蓮座狀根生葉，也就是台灣現今最多物種的蔬菜模式。數百年了，台灣始終種植這些無法跟土地、氣候相結合的溫帶作物。事實上，我們該種植符合土地及氣候的物種，並予精細研發才是。」

「然而，為種植溫帶物種，我們扭曲環境特色，過度使用重肥、除草劑、農藥，我們也欠缺深入瞭解台灣合宜的熱帶蔬果農作，迄今沒有熱帶空間調配、合宜物種的全盤運作技術，根本的原因，掌權者始終欠缺本土認知，也無心深思熟慮。」

「另一方面，現今全球人吃飲的咖啡、茶葉、香菸、酒類……，都是經由數百、千年來，不斷地試驗，才有今天的品系及食用方法的產生。而台灣將近四百年了，檳榔還維持在原始食法，從未有明顯改進；我們的龍眼（乾）停滯在傳統製作或利用，只不過多了吳寶春應用上西式麵包，彰化Muffin蛋糕也大量加進使用，但似乎並未有新創或研發，等等。」

「目前社會主流價值觀不願擺放足夠的精力、資源或智能在此面向，儘在撿便宜、利用舶來或精品，炫耀自己的上流，更且，表面上傳媒雖再三報導若干本土或草根的努力與成就，但就比例原則而言，尚屬乏善可陳。以現今技術、資源，若能扭轉漠視土地的心態，改採認同且投注更多的心力，不出數年，必可產生耀眼亮麗的相當成果，偏偏政客、上流社會始終停滯在外來優越心態，聽任草根民間苦心經營，卻得不到社會全面的關注、挹注與肯定。」

「以我老家屏東北部地區而論，農民自行摸索，十幾年來水田幾乎全面消失，他們揚棄過往的溫帶觀念及作法，改採多樣性、全年度分別的適應性，自行摸索。他們深知台灣蔬菜的問題出在夏季，以屏北而言，冬天菜蔬可以栽種者多達4、50種，夏季則不到10種合宜，正因台灣熱帶種源不足之所致，從而逼出朝向中、高海拔種植高冷蔬菜，破壞山林生態體系，從而造成水土不保、土石橫流等等問題。」

「屏北鄉親、草根，自發地與土地相結合，農民與土地的關係已經發展出嶄新的模式，卻始終得不到學界、政界的重視；他們擺脫大面積或大範圍、統一機耕的溫帶方式，他們遵從熱帶小面積、高歧異、時空多樣化的搭配，發展出熱帶台灣絢麗的奇妙組合與調配。」

「過往溫帶式農業的系統在屏北已經瓦解，先前水田加上最大面積的蔗田模式殆已完全崩潰。屏北現今年度內可以種植的物種龐多，他們將『田』改變為『園』，『園』有各式各樣長、短期的作物，將之混雜或混植在一起。我認為今之屏北農業的熱帶時空多樣化，值得農學界好好作研究，或可向全國作推廣。」

「屏北人雖非富有，但生活卻甚穩定，從過往到如今，可以維持自給自足的穩定群，而無論社會如何變遷。他們的耕地面積平均而言甚有限，卻可以在小面積之下維生，或可列為台灣農業的特例。」

「最最可貴者，屏北人不願隨波逐流，他們冷眼觀察現今社會之偏重以經濟角度衡量事物；他們始終關注腳下的土地，以及頭頂的一片天空；他們跟自己家鄉的環境緊密結合

而先進。」

「要知，農民是社會變遷中最緩慢改變的族群。社會愈不重視他們，他們愈加自尊自重，這也就是為什麼我的家鄉九如，歷來選舉藍綠得票率，通常都維持在35比65的根本原因了……」

我則質疑：「事實上全國草根數十年來各行各業皆有在地研發的成功案例，各種報導也都一再褐櫫，難道算不上得到社會普遍的重視與肯定？」

而楊教授認為尚有更深沉的部分：「數十年來台灣可算是全球最大的實驗室，無論什麼新發現，別的國家都審慎引進做試驗，而不輕易作推廣。台灣一旦引進，馬上同時試驗與推廣，而龐大試驗、推廣操作的結果，卻欠缺系統化的整理、檢討或列管，究竟偌大的觀念、產品，對社會、人民的影響是何？正、負面的結果如何？都不清楚。如同你一向強調的，台灣社會或文化之大分為顯性與隱性，隱性的民間從來只能自求多福，而欠缺足夠的學理研究與長期的追蹤探討，太多案例任憑其自生自滅！而歷來台灣草根的龐多試驗，正是在地最佳的社會、文化、科技的資產，卻乏人重視啊！」

「2000-2008年或之前，雖然曾有慷慨激昂的本土、鄉土的鼓吹，但多只在歷史、政治、口號文宣著墨，罕見在全方位生活、生產、生計、生態、倫理等等，進行長遠的整理……」

是啊！2013年才看見表象台灣，何時而能成為台灣啊！熱帶文化大革命，絕對是台灣續絕存亡的重大契機吧！

26 高雄人的悲哀
大氣爆旁註

　　高雄大氣爆的訊息傳來，我有滿腔的悲憫、憤怒與感傷。這不會是最後一次「想像不到」的悲劇，還會有無數無從逆料的「意外」發生，事實上老天有夠庇護台灣，我們承受的苦難實與外來政權種下的孽不成比例！

　　高雄7.31大爆炸案的根源頭在1937年，日本人在後勁半屏山下設置海軍第六燃料廠，國府接台後改設中油高雄煉

後勁石化帝國才是高雄大氣爆的結構成因。（2013.12.25；半屏山）

油總廠，但日治時代的管線是架設在地面上，例如沿著高楠公路旁的油管，現今地下管線系統是後來才化明爲暗的，以致於時間一久，罕有人記得到處是地雷的恐怖或危機。

　　1968年，後勁中油高雄煉油總廠設置的一輕，以及仁武的聚乙烯工廠聯合舉行落成啓用大典，代表「台灣石化業正式起飛」，揭開陸、海、空汙染的接續猛爆發生，更帶動四鄰地區，石化工業上、中、下游連鎖網的相繼成立。中油是上游，中游大多是當時皇親國戚買辦等權勢者所掌控。也就是說，1937至1968年的31年期間，是北高雄地區的第一期的輕度汙染期。

　　1968以迄1990年9.22的五輕正式動工的22年期間，則是最最嚴重的第二汙染期，導致後勁單位面積陸、海、空汙染程度全國第一；癌症比例全國第一；連續噪音量汙染第一；撈起地下水上層一點即燃全國「首創」，震驚美、日等國際傳媒；點蚊香引發大氣爆，下雨天百姓不敢升火煮飯（擔心氣爆）怪譚；埋葬地下的先人遺體無法分解腐化，蔭屍比例全國最高⋯⋯因此，1987年6月，解嚴之前，後勁人聞知當局要增設五輕之際，官逼民反，活不下去的後勁人終於揭竿、豎旗反五輕，包圍中油高雄廠西門長達3年多，且在此間，又爆發點煙氣爆的悲劇。

　　1983年5月23日，住在高楠公路924巷3號的蘇岡女士（40來歲），俯身點蚊香，瞬時轟然氣爆，一張床被炸掉一大半，蚊帳燒光、棉被焦黑，婦人嚴重灼傷，醫治許久，後來不到50歲因癌症亡故；她的先生陳宏福先生，50來歲也罹肝癌死亡。

　　氣爆後，中油派怪手挖掘地層。開挖沒多久，操作怪手的工人馬上暈倒車上不省人事。而中油也派人將蘇罔女士居家的原泥土地面，加砌一層水泥。他們很「聰明」，以為鋪上水泥地，地下的油氣就不會冒出來引發意外；他們也買了一間小屋（高楠公路930號），充當抽取地下汙染油氣的機房，另在民宅旁打口地下水監測井。蘇罔的姪子陳其性先生（43年次）從監測井抽水上來一點火，立即熾烈燃燒，活似吃燒酒雞鴨，他們卻血口噴人，誣指陳其性「偷倒油進監測井」……

　　1988年8月15日，正當後勁人反五輕如火如荼期間，中油高雄總廠東門外的一家「金屬工業研究中心」宿舍，年輕英俊正要娶媳婦的工程師林英傑放假4天回來，一進屋內

後勁抗暴草根英雄之一的李錦瓏先生（白馬仔）。（2013.12.18；後勁）

點菸，立即引發大氣爆，全身重度灼傷，斷送一生大好前程……

　　而石化工業中游，由「皇親國戚」特權開設的工廠，氰酸鉀沿著楠梓溪外瀉，在溪底公小廟附近，學童放學回家走在堤岸上，忽然間「碰碰碰」，一個個成排暈倒在地；反五輕悍將劉永鈴先生曾經帶著日本NHK記者，去「觀賞」學生戴著口罩打籃球、裁判老師戴著口罩吹哨子的「經典」畫面，一時貽笑國際！

　　劇烈抗爭3年多的反五輕運動，在鎮暴部隊數千人進駐，院長、部長懷柔、高壓之下，1990年9月21、22日正式動工。於是，高雄進入汙染更加「精進」的第三期迄今。而連鎖工業網、工業區、進出口加工區、龐雜高汙染的工廠，不斷吞噬農地，且不斷製造後勁溪的「化學濃湯」，用以灌溉下游約2千公頃的農產品。

　　第三期汙染期間，2007年7月29日、10月26日，以及2008年1月5日，中油半年內的3連爆，包括天降油雨事件，再度激發後勁人自2008年1月7日至8月13日包圍中油新北門的抗爭事件；而五輕設廠後，重大工安事故超過24次；近來「最負盛名」的楠梓加工出口區的「日

「月無光」排汙事件，等等，凡此霸權在高雄埋鑄下的汙染、危機不知凡幾，且禍延世代，而罄竹難書的「偉大經建」，帶給高雄人及其世代何等的「利益」？承擔多少風險？而這些「利潤」，包括蕭萬長先生引以為傲的「政績」之一：「五

石化帝國對高雄的世紀汙染惡行罄竹難書。（2013.12.25：半屏山）

輕完工後，國際乙烯的價錢大漲，大概三年賺回一個資本額……」（蕭萬長口述，2013一版七印，《微笑的力量：蕭萬長公職之路五十年》154頁）請問多少稅金留給高雄人？偏偏大氣爆發生之後，還有惡質傳媒，旁敲側引、生花妙筆，有意、無意還想嫁禍、塞責予陳菊或綠政權！

　　這固然是「選舉症候群」，但台灣人一樣不能覺醒嗎？上個月新北一位檢察官來電感慨說：「○○黨派狗出來選，選上；派豬出來選，如果也選上，還有什麼天理啊！」話雖不能這樣說，但世人是健忘的，眼前利也是誘惑的，但我仍然對新世代寄以無窮的希望。

　　20世紀以降，高雄默默吞下台灣霸權、豪門暴利的社會成本、世代成本，7.31連鎖爆總算炸出該檢討大因大果的結構問題的契機，但願亡靈加持，一舉深省高雄百年之不幸！
（註：高雄後勁反五輕的精彩大戲，請參考拙作《環保神明大進擊》）

後勁之所以近乎全民抗暴，得力於鬼、神聯手加持，靈異事件頻傳。也就是說，人神鬼共憤。圖為「立杯」。（資料照片）

27 誰跟誰共業

許給高雄大蛻變的未來

　　高雄前鎮大爆炸之後，所有言論當中，最叫我嘔吐的就是「歷史共業」！

　　一群土匪強佔民地，殺父戮兄，強姦民女，脅迫利誘逼婚。婚後產子，子罹重病或遇有不幸，土匪情勸弱女子：「這是我們的歷史共業。」偉大的「文明人」同意這說辭？！

　　高雄石化帝國是如何產生的？是高雄人簞食壺漿、敲鑼打鼓以迎「王師」？還是怒目眥裂、不共戴天地血淚抗爭？！後勁反五輕運動垂垂27年矣，前後外來霸權汙染高雄土地生界、天、地、人、神、鬼也長達77年了！幸虧有了鄭氏王朝最後一旅精兵，在先人、保生大帝、諸神鬼「指示」下，自1987年6月豎旗浴血奮戰迄今，也在波瀾壯闊的包圍中油高雄煉油總廠，無數戰役直是驚天地、泣鬼神的壯烈下，卻敗在國家機器將全國經建成敗的大帽子，硬扣在後勁人及其世代之上，因而大心臟安置之後（1930年代末；1968年；1990年等等多次），大小動脈、靜脈、微血管從而密佈高雄地中，因果關係先釐清，而不必在枝梢末節大打口水泡沫戰。這個政權如果還存有一絲絲天良，經濟部理應率先站出來向全體高雄人道歉，並承擔數十年罪孽，之後，所有重點應該擺放在2015年之前，中油高雄煉油總廠（大心臟）遷離後勁之

後，中、下游相關連鎖工廠如何轉型？高雄市如何脫胎換骨大都更？一系列世紀大變遷的國土總規劃！陳菊也不必拿雞毛當令箭，自以為喊一喊「管線不回填」就算有「魄力」，試問中油遷廠在即，許多管線本來就該在今後幾年內剷除殆盡，不回填算什麼？！

1990年7月（？）五輕興建的「大功臣」蕭萬長先生南下遊說後勁人，跟李玉坤先生說（國賓飯店11樓，洽談約1個半小時）：「後勁2萬人口，台灣2千多萬人口，後勁2萬人是否愛來體諒2千多萬人的經濟前途……」同時也承諾25年到期要遷廠，從而埋下後勁人再忍受漫長4分之1個世紀的汙染！而同是反五輕大將，堅持不妥協的劉永鈴則說：「……嘸啊！2萬人不是人嗎？你2個人不會照顧，20個人不能照顧，2百人可以犧牲，2萬人可以不顧，2千萬人你可以給他們幸福？鬼啦！你騙誰？是『你的』政權、『你的』國家，還是2千萬人的國家？2萬人的權益在哪裡？要我們白白犧牲，都去死？你們在這裡放屎、放尿，繳稅都交去台北，在高雄吸血，在台北開花，區域性的不公平、反公義，地方健康發展都不顧，只成就當權、特權的榮耀、享受與幸福，卻踐踏鄉野、孱弱者的身心，毒害土地環境、萬物生靈，這樣的成就叫做國家發展？！」

不要忘了，現今大爆炸的管線是遠比後勁大抗爭更早了11年或以上，在那戒嚴時代，埋個管線地方政府誰敢不從？！試問1990年中，經濟部長蕭萬長先生承諾後勁、高雄人要做好環保的內容，包不包括地下管線？！

2、30年來我一再痛批台灣的土地利用或國土規劃，都

會區裡有工業區；工業區裡有住宅商業區，有文教區；文教、住宅區裡有八大行業區、喪葬地、納骨塔……反正都是「歷史共業」啊，任何政客都免疫，更不用承擔什麼責任，遑論願意主動解決關鍵的結構性問題。

「仇恨」當然應予化解，即令「不化」也會隨著時間，以及台灣人的健忘「而解」，但是因果關係不能不清不楚，是非對錯也容不得和稀泥一筆勾消，龐多轉型正義必須攤開在陽光下，否則台灣先人怨魂永不得超生，台灣人也只配當賤民！

小我個人在這片土地上已經奮戰2、30年了，同樣的呼籲也喊了數十年了，台灣鄉親朋友啊，請再忍耐我重述一次吧：

從經濟學、生態學原理出發，環保與經濟本來就是「一家」，一體兩面的同一件事，是資本家、特權者賺多少的問題，是這代人與世代子孫權益的分配問題，是欲望與良知比例原則的問題，從來不是環保與經濟存有衝突的問題。對一個從來不是問題的假問題不斷渲染、加工加料，只是邪魔為維持自身利益的汙穢與造謠。

全世界哪一家工廠純粹是因做環保而倒閉、關廠？拚命要求謀求環保與經濟「兼顧」、「找尋平衡點」、「如何兩全」的研究、規劃，都是「精緻的愚蠢」、「假面善、底層惡」、「背德者的走狗」！環保本來就是經濟發展的基礎，基本成本之一，念頭一轉，邪見與無謂無明立消，19、20世紀資本主義、帝國主義的惡業未消除，21世紀還加碼，整個地球生界怎可能有光明、健康的未來？！

　　高雄人啊！懇請大家將焦點鎖定在石化帝國2015年前「老巢」消滅之後，高雄理應從汙染次殖民地如何翻身吧！

28 期待全國社區
「維安」體系的建立
先找出林林總總的危機地雷區吧！

　　循著工技文明的進展，新的危機、難以逆料的災變固然層出不窮，無論如何，站在好生之德、情理角度，我們總祈願在鉅災的療傷止痛時期，猛省最大可能未爆彈的及時防災止厄，更得邁向「維安」體系的健全，而絕非爆一項檢討一項而已。

　　在此「國殤」期間，數十年來聲嘶力竭的小我，再度懇求高雄人、全國鄉親，回溯居家近鄰有無大小「地雷、詭雷區」，無論曾經發生、可能發生的有形、無形（例如電磁波、輻射等），及早且長年建立檔案、公民分攤接力監測，協助或督促公權「維安」！

　　筆者藉本短文僅舉一例，就教中油、林園石化工業區、經濟部及高雄市政府。

　　就在今之大高雄市的最南界，林園鄉最南端的汕尾三小村（東汕、西汕、北汕，今已合體），筆者將之列為全國最大危機地雷區之一。

　　這個小村人口約7、8千人，它的東側正是高屏溪注入海峽的入海口急流段；它的南邊是汪洋台灣海峽；它的北邊右側是1973年動工、1975年完工的所謂十大建設之一的「林園石化工業區」，佔地403.2公頃；它的北邊左側是「中油林

園石化原料廠」，主要生產烯烴類及芳香烴類產品，號稱林園石化工業區的核心（三輕、四輕等等），佔地98公頃。

此外，加上李長榮化工、和益、中橡、中日化、汙水加壓站、農氣場等直逼北境；它的西方有中國電台材料堆置廠及一大片水域，出入汕尾則只靠一條穿經工廠區的聯外道路，不僅地面上黑壓壓鋪天蓋地的超級危險工廠，地底下更是密麻交織的地雷般管線，試問一旦浩劫發生，在地人除了跳河、落海之外別無他途。這樣夭壽恐怖的居住環境，數十年來公共安全做了何等防災系統處置，市政府也有萬全準備？！

汕尾漁村原本靠藉高屏溪與海峽匯流的漁場，生計、生機旺盛，設置工業區之後，生活型鉅變，在地文化沒落，當年微薄徵收費逼得許多居民流落都會，不能適應後再返鄉，而整個家園早已面目全非。還記得1986年6月初，中油汙染汕尾漁港，逼得百餘位漁民在9月中包圍林園中油公司大門口，只為區區理賠7百萬元卻遲遲不肯發放！工業區運轉後，大量毒汙廢水終結漁場生機，不時空汙落塵毒斃養殖魚蝦，歷來民怨知多少？！

不幸的是，林園的抗爭不同於後勁，自有其盤根錯節的地區因果。如今，在前鎮大爆案之後，日前在地居民終於按捺不住，向中油抗議「住宅區的石化暗管」，要求遷移；中油則以一貫樣板回應「非常安全」、「向來都有掌握」云云。究竟台灣得到何年何月何日，霸權才能扭轉生命不可忍受之輕、之重？活在這等分分秒秒大危機的台灣人，光是心理壓力都足以折壽，何況從其地理的孤鎖無門，萬一稍有不幸發

生，汕尾絕非「地獄」可資形容啊！

　　台灣發展到今天的過飽和、超危機，不可能單靠公權力而足以應變或防患，公民危機意識，在地自救、自治、自行協助監測或監督的形形色色團體，也早該成立了吧?! 在此再度懇請當局，運用各部門可能性所有可資挹注的管道，籲請全國各地在地社區或鄰里，除了團康、旅遊、喜慶活動等要辦理之外，可否由當局擇訂特定單位，輔導社區成立如是「維安」自治團體？而政府能否在短期之內，模仿土石流防災預警區的設置，率先公告全國各類「百大危險區」？

　　現今台灣困境何止賽勝牛毛，誰人不擔憂自家房地產跌價、股票下殺，但生命何價？公路單位不是一向標榜：「安全是回家唯一的道路」嗎？

　　天佑台灣！

大肚台地地體特質及防災救治原則

（2014.7.17 備忘錄）

大肚台地地質或地體特性

大肚台地的地層由上往下依序為：沖積層、紅土層、礫石層及砂岩層。

沖積層存在於大肚山腳及平原，係大肚台地沖蝕流瀉下來的土沙及礫石，厚度數十公分至數公尺。

紅土層覆蓋在整個大肚台地，其粒徑成分分析為：礫1%、砂28%、粉砂28.5%、粘土42.5%；紅土層乃熱帶、亞熱帶地區高溫多雨、排水迅速的條件下，鈣質等流失嚴重，剩下貧瘠物質的紅（棕）色（鐵質）土壤，構成大肚山農業區的主要基質。紅土層厚度介於數公分至十數公尺，平均厚度約4.6公尺。

依據筆者在西屯區非正式調查估計，平均每年流失約2-10公分厚度，依不同立地條件而定，筆者粗估，依目前欠缺水土保持措施，大肚台地的農業系統將在50年內潰決，且今後將不斷因應極端氣候而肇災。

礫石層形成於120-190萬年前台灣劇烈造山運動，在古台灣海岸線上下所堆聚，再經55萬年來西部造山運動而隆起，即頭料山層的火炎山相；礫石層由礫石、砂及土所組

大肚台地上近年來的崩蝕
切割嚴重。 2014.6.26

楊國禎教授長期關注
大肚台地生態問題。
（2014.6.26）

成，礫石佔全重量之 70% 以上，屬於石英岩，石質堅緻，以
圓、橢圓球狀爲多，徑數公分至數十公分；礫石之間由土、
沙所膠結，但膠結力極弱。礫石層平均厚度約42公尺。筆
者於 1993、1994 年多次提出生態災難的警告，正是針對此
礫石層的肇災而發，近多年已發生多次災變，今後將更加嚴
重。

　　砂岩層夾帶有礫岩及泥岩，此地層屬於由火炎山相轉變
爲香山相的過渡帶。一旦礫石層瓦解後，此砂岩層出露，則
災變必將更恐怖。

大肚台地礫石流動區之一。（2014.6.26）

大肚台地近十年來的紅（黃）土、礫石流災變起源於 1980 年代以降的砂石開採、搶建及違建（龐多建案及中科等）、農業、年週期火燒或人爲縱火、行政區域屬於邊陲交界的三不管地帶等等，歷來欠缺有效、整體的規劃與保護。

頭嵙山層的圓滾礫石流有別於台灣山區的土石流，它的土沙膠結礫石的能力極差，雨水侵蝕下，礫石順重力下滾，運搬迅速且相對均勻；其崩蝕以侵蝕溝兩旁最爲嚴重，一旦形成侵蝕溝，下切且擴大極爲迅速。市政府每年在溪溝清除的礫石及土沙量，應予統計，換算成大肚台地整體蝕解速率。（加上山坡面每年龐大土沙流失量的估計）

17 世紀乃至 1940 年代之前，頭嵙山層地體如火炎山、鐵砧山、大肚台地、八卦台地等，最主要的崩蝕來自大安溪、大甲溪及大肚溪對台地基腳的攻擊及侵蝕，古人所稱「崩山八社」原住民區即在頭嵙山層分布區。凡此自然崩蝕的礫石，均勻平攤河川行水區及海岸地帶，且其在海岸的錨定作用，聚積成淤泥濕地，形成全國最具特色的大甲藺草及雲林莞草生態系，再則，亦造就全台 151 條河川出海口附近，由人造衛星或航照圖顯示，僅只大安、大甲溪入海口泛白呈現。

大肚台地等頭嵙山層地質區最忌諱天然林破相之後，侵蝕溝的形成，因爲其侵蝕溝的穿切速率大，且形成崩崖面之後，植被難以著床、演替。

防災、整治原則

短期：

中、大豪雨之後，立即以空中照相，收集主要地面逕流排水溝系統，對照航測地圖，並計算降水量，釐析各集水小區。整治原則落在排匯水道，不使之集中，或說採均勻疏導為主。

立即著手農業地區的水土保持措施。

依各聚落區安危程度，進行防災補救工程等。（細節不論）

中期：

市政府先以勘查報告，會同高工局，針對二高可能性地體潰決區，進行大肚台地上坡面、溪溝地基的補強，或設駁坎、排水道等保固，否則，筆者粗估，20年內大肚台地二高特定段落將有崩陷危機出現。

大肚台地等頭嵙山層地體區應依上、中、下坡段，設置保護帶。（保護帶應配合生態廊道等，同時確保石虎生育地的保全）

長期：

各保護區應以復育一、二百年前的原始森林為總依歸。

提出並執行國土規劃利用的終級分區。

再生原鄉代序

認識方儉將近4分之1個世紀，從1989年他將世界地球日引進台灣以降。因為環境、生態、政治等種種弱勢運動的諸多接觸，我似乎有些瞭解他的內心世界，也欣賞、肯定他的才氣、膽識與格局，而在許多的觀點、見解或智能，特別是台灣的能源政策面向，方儉永遠走在時代浪潮的先端。方儉徹徹底底是台灣環保界的尖兵，然而，在許多環保人士眼中，他卻是個桀驁不馴、睥睨凡夫俗子的孤寂者，這也造成他在生涯或心路歷程的九彎十八拐，曲折多變，然而，在我心目中，方儉人格的最大特徵之一，他是個「情痴」，對公義的情痴、對土地環境或世代正義的情痴，我想世間沒幾個人了知方儉的「情痴」。好不容易，在他「知天命」之後，終於寫出了塵封半個世紀的款款深情！

表面上這部直指台灣能源政策未來的警世之作，固然淺出深入地楬櫫諸多知識與價值抉擇的智慧，然而，我卻將這書視為台灣文化與土地倫理的範例，而超越了時下膚淺的政治意識形態之爭，因而我以「再生原鄉」代序之。

「火燒林投，不死心；梧桐落葉，心未死。」台灣這片土地上永遠萌長出仁人志士如方儉！誠摯地向國人推薦方儉的力作，或可期待台灣的新世代，在涵詠方儉的靈心慧筆中，走出生機的未來。

方儉（中）、陳曼麗（左）與筆者於2013年7月4日，在鹿港追思粘錫麟老師音樂會合影。

輯四、
生態、教育與
生活

MIT中央山脈大縱走，筆者（右）與陳月霞充當解說員。本圖背景山頭即卑南主峯。

天府之國綠精靈
淺說台灣的高山植物(I)：森林界線

人們習慣用「上、中、下」、「高、中、低」、「左、中、右」、「大、中、小」等三等分，形容相對性、程度性的事物。而居中的部分叫做「中間值」，最準確的中間值或可叫做「平均值」。

以台灣的山嶽來說，常聽人說高山、低山，卻罕有人說「中山」；如果使用明確的海拔數據，就稱做「高海拔、中海拔、低海拔」。然而，不是每個爬山的人都帶著海拔高度計（現今複雜精密的手錶，附有海拔顯示器），因而相對明確的生物性地景，始成為有用的指標。

結合明顯的植物指標，以及海拔高度，台灣的高海拔就是台灣鐵杉以上的針葉純林，海拔超過2,500公尺的地域；中海拔即介於海拔2,500-1,500公尺之間的針闊葉混合林，也因為常以檜木最為優勢，並且，不時籠罩在雲霧之中，故而又叫做「檜木霧林帶」；低海拔當然指1,500公尺以下的闊葉樹林帶了。

上述只是人為一種權宜的劃分，還可以有種種界定，端視用途或目的而定。

一座山要成就其高大，通常底座得夠寬大；一個人要成就大志業，常常需要充分的知識、遼闊的心胸格局、善巧方

便的智慧，還有很多時運、機會或努力程度。相對說來，山，比較單純。台灣海拔1,000公尺以下的地圖面積佔約69.1%；1,000-2,000公尺地域佔約20.6%；2,000-3,000公尺約9.4%；3,000公尺以上，僅有0.9%。

　　本系列要說的高山植物，是居住在台灣最高海拔、最小區域、環境最嚴苛（註：另一極端是海邊植物）、特產種比例最高、年度生長季節最短暫、珍稀種或冰河孑遺的比例最高、每年冬季都由冰雪覆蓋、生命力極度旺盛甚或艱苦卓絕的生存勇士，在植物生態學上有其特別的定義，但在台灣過往6、70年來的生物教育系統都不重視，以至於連長在2千多公尺的阿里山植物，也被誤稱爲「高山植物」。

　　博物學（早期的動物學、植物學、地質學等等自然物質及生命的觀察、研究）系統化的研究，發軔於歐洲，對高山植物的規範也在歐洲。高山植物的英文是alpine plants，德文是die alpeuflora，最早使用在歐洲高山普通存在於放牧地的花草，從字眼來看，主要是指生長在阿爾卑斯連峯上的植物。後來，隨著更仔細的觀察、瞭解、研究之後，發現世界各地的高山上，有一群植物，它們的環境條件、植物的形態、物候、生態的特徵很類似，而且，可以用一個簡單的現象去規範它們，也就是這群植物大抵都生長在一條奇妙的界線之上，這條界線就叫做「森林或林木界線（timberline）」，也就是這群植物的個別物種，最主要的生存地點，都在森林界線之上，於是，這群植物就被冠以「高山植物」之稱。

　　就地球而言，從赤道往兩極的水平移動，氣溫遞降，林相由熱帶雨林、暖帶林、溫帶林、寒帶林、森林界線、寒帶

灌木或草花、苔蘚地衣，乃至終年冰雪覆蓋的永凍土；而從海邊、平地往高山的變化，恰好雷同於緯度的水平變異。緯度每增加1度，相當於登高150-200公尺，溫度同樣下降了約1℃。

　　以玉山到嘉義的氣象測站的海拔及溫度變化來說，嘉義到玉山，海拔上升3,823.2公尺，年均溫下降18.5℃，也就是說，平均每升高206.7公尺，氣溫下降1℃；嘉義上到阿里山，每上升203.4公尺，氣溫降1℃；嘉義到鹿林山則是207.8公尺。綜上，大約每升高206公尺下降1℃；從嘉義海邊上到玉山頂，相當於從北回歸線北移到北緯43度，殆已進入阿拉斯加、阿爾卑斯山、中北歐、蒙古、黑海地域，事實上，台灣存在的高山物種，甚至在屬性方面，還有隸屬於更北區域的元素。

　　簡約說，從台灣所在的緯度，理論上森林界線應該落在海拔約4,500公尺處，或說，就氣溫條件來說，台

玉山，東北亞最高峯，海拔3,952公尺。從嘉義海邊上到玉山頂，大致相當於從赤道北上到阿拉斯加；海拔上升了將近4千公尺，將地球上大約4分之3的生態系，壓縮在台灣。

灣不該存有森林界線及高山植物帶，但就事實而論，高山植物卻普遍見於玉山、南湖、雪山等等中央高地的脊稜岩塊、崩積地形上，也形成不甚明顯的森林界線。

　　於是，有趣的問題就是何謂森林界線，它如何是規範高山植物的天然藩籬？

　　無論緯度或高山之所以形成森林界線，大致上是因為極

端化低溫、強烈風損、光合作用及呼吸作用抵銷後，以及立
地條件等，導致喬木甚至灌木都難以存活，改以年週期完成
短暫時段的生長、繁殖及枯毀爲策略的草本或（亞）灌木爲植
被主體，亦即高山或寒帶灌叢、草本，以及地衣帶。

　　台灣唯一一條最明顯，且並非因火燒燒成的森林界線，
存在於玉山主峯頂下的西向山坡，海拔約3,530公尺上下。
其他，多呈短窄、上下交錯或不顯著，還有許多地區，只因
原森林被火焚毀，形成的玉山箭竹草生地與冷杉林緣的「火
燒維持線」，並非森林界線，例如合歡山區。

　　我認爲台灣的森林界線最關鍵的成因在於：台灣劇烈的
造山運動（地震）、山頂稜線冬季的凍拔作用（夜晚結冰、白天融
解，造成岩塊間隙擴大、鬆散，以致崩落）、風雨侵蝕且施加外力，
導致山體不斷崩落大小岩塊，堆積在稜頂下方的坡地，且坡
地崩積的岩屑、岩塊，不定時、不定點持續向下滑動，加上
其下的冷杉林的種苗傳播、萌長，通常僅限於十餘公尺範圍
內，以至於形成玉山西向坡這條典型、獨特的森林界線。

　　這條森林界線（海拔3,530m）以上，便是台灣高山植物的大
本營。

延伸閱讀

• 陳玉峯，1997，台灣植被誌（第二卷）：高山植被帶與
　高山植物（上）、（下），晨星出版社，台中市，台灣。

天府之國綠精靈

高山花海（御花畑）

　　1984年我在墾丁國家公園任職，由於牧場就在旁側，隨著牛羊糞便孳生的蒼蠅龐多，每當2歲的女兒吃飯時，蒼蠅總是如影隨形，爬滿在碗飯上，非常噁心，揮不走、理還亂。有次我看見地上一堆蒼蠅，無端火大，一腳踹去，竟然讓我踩死了2隻。我嚇一跳，我沒練就「無影腳」啊，哪來這等神奇功夫？不信，再踹，落空；三踹，又讓我踹死一隻！

　　相對的，在台北市、都會裡，偶見蒼蠅，我用蒼蠅拍、噴霧殺蟲劑，連掃把都出動也都打不到半隻。墾丁、都會兩相比較，為什麼？因為都會中人們拚命撲殺，用盡各種法子消滅蒼蠅，能夠存活下來的個體，早就是具備十八般逃亡術的鬼精靈，環境壓力使然。

　　近年來美國的某項研究指出，噴霧撲殺停在牆壁上蚊子一段時日後，存活的蚊子後代，都改停棲在天花板。凡此等例子，在生物界賽勝牛毛。

　　位居高緯度的日本，高山植物帶最為膾炙人口的景觀首推「御花畑」（日文），也就是在短暫時日內，大面積各式各樣的高山植物，同一時段競相開放的花海景觀，紅紫黃白爆炸似地，爭相綻放，例如日光太郎山、白馬連山（日本的阿爾

阜斯山)的蔥平附近等地。

日本平地的植物,年度萌芽、開花、結果的過程,通常長達半年或以上,但在高山上的植物欠缺如此「從容」的時間,通常寒氣的減退很緩慢,侵襲卻來得早且迅速,好不容易在7月前後積雪才完全融解,9月又將受到冰寒侵襲,逼得大部分高山植物必須在短短的2、3個月期間,完成萌長、開花與結果。不具備這種條件的植物,甚難有後代可以存活。因此,生命的各階段必須「趕集」,逼出了短時程百花齊放,鋪陳大地妍美的異相。

反觀亞熱帶且山的高度不及4千公尺的台灣高山,降雪期只有2、3個月,其他9、10個月氣溫相對地高,各種植物好整以暇,悠哉地吐放,御花畑的花海現象不顯著,勉強有點兒花海的現象,改以同種而數量取勝的玉山杜鵑替代。

然而,冰河時期的台灣,必然也有短程花海的現象。也就是說,最近一次冰河期北退之後,大約1萬或8千年來,環境(最主要的氣溫)條件的優渥,讓台灣的高山植物有機會「懶散」!

33 天府之國綠精靈

玉山薊（千元鈔票謎樣植物）

一般台灣人如果不認識新台幣壹千元大鈔，可能會上新聞，但是，全台灣真正認知千元鈔背面，左下角那張植物小圖者，恐怕屈指可數！

我一輩子拍過的照片數十萬張，幾乎每個台灣人都看過的唯一一張，就是這張小圖。說來好笑，就連植物學家，也未必見得摸清這張怪咖的底細。

1986.9.9拍攝於玉山前山的這張玉山薊，是千元鈔上圖案的正身。它只是花苞，尚未開花。

　　它就叫做玉山薊或川上氏薊（Cirsium kawakamii Hay.），是充滿長針刺，堪稱台灣植物界大刺蝟的薊屬（菊科）成員之一。每年4、5月開始萌長根生葉；5、6月抽長莖及莖上葉片；8-11月是花期；9-12月為果期。深秋時期，帶芒毛的瘦果隨風飛傳，隆冬則地上部枯盡。上述時間的早晚，是隨著海拔高度作變化的。

　　嚴格說來，它並非最典型的高山植物，而是高地或中、高海拔的物種，也就是針葉林帶的元素之一。可能在晚近冰河時期結束後，才往更高海拔挺進且演化出的新種，說不定是西元1850年之後，才進入高山植物帶的範圍也未可知。

1986.11.11盛開於郡大林道（今已封閉）35Ｋ處的玉山薊。

　　它最接近的物種或母體，是阿里山薊（Cirsium arisanense Kitamura），或是中海拔的阿里山薊之往高海拔發展的族群，轉變爲玉山薊。

　　1905年日治台灣總督府成立植物調查課，由川上瀧彌領軍，他在同年10月28日率領屬下前往玉山採集植物，開創正式計畫性研究高山植物的嚆矢。他們在1905年11月3日登上玉山主峯頂。這在20世紀初葉，沒有地圖，沒有登山路徑，號稱「黑暗世界」的台灣深山，徹底是冒死的探險行爲。隔年10月，川上先生另與森丑之助，再度採集玉山且登頂。

　　而命名台灣植物史上第一高手的早田文藏博士，陸續處理川上氏的採集品。1911年，他依據川上的採集品之一，命

盛花中的阿里山薊花序。（1988.5.19；郡大林道68K）

阿里山薊花序及花苞。

（1985.7.6：排雲山莊附近）

阿里山薊成熟的瘦果帶著
冠羽飛離花序。（1988.7.6：
塔塔加附近的上東埔）

名了玉山薊，特地以「川上（kawakami）」當種小名，紀念採集人。

　　1990年代末葉，中央銀行爲印製新鈔，透過中央研究院的彭鏡毅研究員（他是菊科植物等專家），向我要了這張幻燈片，我不清楚爲何他們看中這種稀少的植物，而且我當時提供的幻燈片只是其貌不揚的花苞，花都還沒開出來呢！是否因爲它是台灣數量較少的特產也未可知（只能去問當年挑選人）。後來，1999年6月，中央銀行發行紀念性塑膠鈔票（50元面值），送了一張給我，算是稿酬？可笑的是，我連那張塑膠鈔也弄丟了。

1981年11月15日筆者首度登上玉山頂調查，在玉山碎石坡拍攝阿里山薊的成熟果序與殘花。

1987年3月6日玉山碎石坡尚未融雪，雪地中露出阿里山薊去年的枯枝。

　　現今想來好好玩，如果依據印刷量作稿酬計價，這張被印製、發行了萬萬（？）張的照片，50元扣除我寄掛號的費用，平均每張千元鈔我得到的稿酬是小數點零下天文數字個零，更不用說50元鈔丟掉了。有可能這數據可以「榮登」某些記錄的行列？

　　千元鈔流通市面的15年來，這張玉山薊頻常被人訛稱為低海拔藥用植物的「雞角刺」，也曾被藥用植物園張冠李戴、大肆宣傳了幾回，現今網路上還可以看到一些「想像」的說明。

　　這張照片拍攝於玉山前峯，海拔高度約3,100公尺處。

（1986年9月9日）

深度延伸閱讀

- 陳玉峯，1997，台灣植被誌（第二卷）：高山植被帶與高山植物（下），414-419頁，晨星出版社，台中市，台灣。

34 吉光片羽
淺說高山植物的前世今生

　　「土」這個字既簡單又奇妙。從生態學的角度，我可以如此解釋：最下面一橫代表地殼或母岩，上面一橫即地表；兩橫中間就是土壤生態系，生存著數不清的微生物、菌類、昆蟲在土壤的各種顆粒之間；正中一豎，就是綠色植物，從土地中冒出生機，捕捉太陽能，轉化為有機物質，不僅自己成長茁壯、開花結實，完成世代交替，更提供地表動物食物、物質之所需，而且，各式各樣地表的有機、無機物質又回到土中，讓土壤中的生命分解利用，完成各種循環。

　　土壤或土地中的各種礦物質、微量元素等等，包括最重要的水分本身，夥同綠色植物、動物，在太陽這一切動力的發電機的作用下，從大氣層、地表，到地中生界或無生界，不斷進行極度複雜且奧妙的動態平衡，且在36億年來的演化，誕生了我們所知道，宇宙中最美麗的地球生態系，還有，你、我這樣的生命靈體。

　　簡化地說，一切就從「土」字向上一躍的生機開始，也就是「上蒼有好生之德」！「土」字還有更深奧的表達方式，在宗教上可以轉變成為「地藏」，不僅包括生機所來自，也是為什麼人死後被說成「塵歸塵、土歸土」的原因，我們必然還歸大地，而且，更神奇的是我們從哪裡來？要去哪裡？

我們終歸要回到「神」那裡，而「神」是什麼？古老的哲語說：「神也者，妙萬物而爲言者也。」用我的話來說，神就是產生大地萬物的終極原理、第一因，而且神還可以替萬物說出爲什麼萬物會是那個樣子！所以我們會說出自然界眞「神奇」、萬物現象很「神妙」、宇宙暗物質或暗能量很「神祕」、某人或某動物很「神氣」、某人料事「如神」，等等。

從地球赤道到兩極，從平地上高山，也就是從熱帶雨林到寒原，乃至永凍土的變化，每一個地方、任何角落，都是無比神奇。幾千年來科學的發展，只不過是幫助人們去理解些微的，上帝神妙的「事業」。請記得，人們所能詮釋、創發的一切，只會是彰顯造物主的尊榮。

台灣的高山植物同樣在禮讚造物主的恩寵，因爲它們之所以迄今還健在，乃拜諸多奇蹟之賜，但現今以及往後，已陷入愈來愈艱困的重大危機，也就是因爲地球暖化，台灣植被帶自西元1800年以來，已經不斷地往上逼遷中。1912年英國人卜萊士記錄玉山前峯頂（3,236m）附近，他生平首見台灣高山植物的玉山圓柏，但1981-1986年間，我多次在玉山前峯的調查，玉山圓柏已經消失，而玉山西峯（3,518m）主稜線的玉山圓柏喬木數量雖然不少，但也呈現衰敗相。我很懷念這群30多年前的老朋友，也很想再去探望它們。

同理，森林界線之上的我的老朋友高山植物們，我亦擔憂它們的處境與前景。

依我的研究及推測，它們可能是在150-137萬年前期間，或說古薩（Günz）冰河期，遠從東喜馬拉雅山系，隨著酷寒降臨而南遷，跨越沒有海水的台灣海峽（陸域相連）來到台

玉山圓柏是近34年來我確定最明
顯往更高海拔退縮的高山植物。
〔陳月霞攝，1986.4.16，玉山西峰〕

灣，且隨著劇烈的蓬萊造山運動及其後的氣候變遷，作上上下下的爬山運動，但它們始終是爬山馬拉松的健將，永遠爬在其他植物群之上。

120萬年來，我估計它們海拔分布最低約在1,500公尺上下，目前很可能進入有史以來最高分布的時段，也就是說，它們可以居住的面積愈來愈狹促，而到底有多少物種已經面臨生死存亡的臨界，似乎都無人探討。

上主所造，必有其用意。雖然台灣的高山植物自有上天巧妙的安排，奈何我是凡人，總是會惦掛著它們的安危。

在此，容我引介幾種高山植物的容顏，讓我們為它們祈福！

典型的高山亞灌木玉山繡線菊數量不多，它是岩隙地的指標種。別小看小小一叢，它的年齡可能比你大多了，我估計它約有40來歲。（1995.8.23；雪山北稜線）

　　1981年11月15日我首度登上玉山頂調
查，當時山頂唯一的一株植物就是玉山繡線
菊。「文明人」登上玉山頂之前，我確定存有
玉山圓柏、玉山杜鵑、玉山柳等，至少10種
以上的高山植物。

　　1926年，台灣山林鬼才的森丑之助，生
平最後一次登上玉山，他在玉山頂上寫了一
首短詩在木板上，插在岩隙地，呼籲世人要
珍惜、保護台灣山林。下山後不久，同年投
海自盡。

高山沙參的紫色鐘形花恆下垂禮讚土
地；就體型與花的比例而言，高山沙
參呈現鉅大花朵的高山植物形態特徵之
一。沙參意即具有粗大的白根。

尼泊爾籟蕭在 1906 年被早田文藏博士命名為台灣
特產的玉山籟蕭，後來早田氏認為它與尼泊爾所產
者同種，故而學名移回來。日治時代它被歌頌為
「台灣首屈一指的名花」，多次被印製在總督府「台
灣始政紀念」的明信片上，還將它的日本俗名命名
為「兒玉菊」，用來紀念第四任總督兒玉源太郎。
這一代名花在 20 世紀上半葉倍受珍護；約 1980 年
代以後，卻被若干人視為「清煮炒食、代茶泡飲」
的佳餚，是謂焚琴煮鶴！ 1985.8.31；玉山

世界級冰河孑遺的玉山薄雪草是典型的高山
植物，更是全球唯一的台灣特產。歐洲阿爾
卑斯山另一種薄雪草名聞全世界，也就是老
電影《真善美》中的「小白花」，或譯音為「愛
得懷」。早田文藏於1908年命名玉山薄雪草
之後，植物學界為之驚豔不已。（陳月霞攝；
1986.6.7；玉山）

　　高山山蘿蔔也是台灣特產的典型的高山植物，1905年首度由川上瀧彌採集，1908年早田文藏正式發表。山蘿蔔意即主根粗大。本種的花大而美麗，當然是珍稀種。原本在玉山存有很大的族群，1929年佐佐木舜一發表的論文控訴「因濫採的結果，目前在玉山的採集已頗為困難」！

　　1981-1989年間我在玉山調查數十個樣區，夥同多次勘查，都不見高山山蘿蔔的蹤影，1997年我發表高山植被專書認為它在玉山似乎已滅絕，但不知近年來是否又重現？
（1989.9.1：向陽山）

阿里山不存在的阿里山龍膽是高地及高山的特產物種，是因命名人搞錯地點之所致。由於被視為健胃劑，頻遭採集，在此呼籲國人不要再濫採這種美麗的小植物矣！（1989.7.7；合歡東峯）

　　南湖柳葉菜是在1923年7月，由佐佐木舜一首度在南湖大山發現，1926年由山本由松以南湖大山轉拉丁文來命名，日文俗名叫做「大輪紅花」，指稱其相對於小植物體，卻具有超大的花朵。

　　日治時代曾在南湖、中央尖山、雪山、秀姑巒及馬博拉斯山之間等地採集到。我認為它是正在消失的超級珍異物種。1985年以降，它已被國家列為珍稀新物種，明令保護。

台灣特產的玉山金絲桃分布於海拔約 **2,300** 公尺以迄 **3,940** 公尺，雖非典型的高山植物，也是世界的絕無僅有。

早田香葉草每年在約10月因霜降而變色，10月底以降枯萎、地上部消失。它的紅葉妍美，令人陶醉。毫無疑問，它是珍稀物種。

1905年11月，永澤定一首度在玉山採集到早田香葉草，屬於廣義的高山植物，分布於海拔約3,000公尺以上的高地。（1988.7.20；武嶺）

35 冬朴

　　傍晚時分，我頻常在東海校園跑步。四季的容顏在秩序的眼界下更替。冬季有蕭瑟，也有燦爛。蕭瑟的例如落葉的木棉、苦楝，枯死的相思樹幹，抹黃的朴樹及構樹；燦爛的，例如豔紫荊俗得可以的，滿樹的蝶形花朵，或如花團怒放而不著一葉的美人櫻。如此對比之下，還有，永遠是頑固綠的榕樹，悄悄地不斷綿長新葉。

　　依照常人眼界，最不養眼的殆爲朴樹。它勉強可說成是半落葉樹，大多數它的葉片都泛枯黃，卻又強留半抹暗綠。配合它毛糙的葉面，生似佈滿灰塵或不幸的滄桑。衝風處的植株，上半部的枝椏只剩殘葉。如果是略帶灰濛的天空下，殘葉最易勾起凋零感。儘管是滿樹旱象葉片的光景，特別予我秋冬肅殺、蒼涼的氛圍。

　　各式各樣的樹，各具自己的性格與風景，爲什麼最不起眼的冬令朴樹，總予我如許強烈的渲染感？因爲，搜索記憶，感受的接龍串中，冬朴總是讓我浮現青年期看過的一部電影《秋決》，其中，最後一幕幕的肅殺。然而，並非它眞的在我腦海中烙印下永遠的一幕或一場景，我也說不上來我眞的記得那一幕影像，事實上只是那種氛圍，也就是影片營造且感染我的一種氣氛，連結上我對故鄉北港，冬季灰茫茫

蒼穹下的墳場一景。總之，看見冬朴，腦海中不由自主地浮現一巨幅蒼涼廣漠上，一株落盡枯葉的朴樹，其下，一人站立、一人下跪的黑色剪影，鋪陳一片寂寥。

每個人的若干記憶特別深刻，也構成他一生意識的流動中，不時穿插、蛻變、絞纏、再造的基本圖像。而不同階段的經驗，也不斷累聚加成，或淡化掉若干角落，或如同畫板上的調色，變化多端，但底層或主結構，仍然保留不等程度的基調。許多電影、精神分析等，一直在探索、呈現影響人的印痕元素。

生態學研究生物與環境的關係中，簡化到將環境因子唯物、數量化，之與生物的影響，並作出林林總總自認為符合科學的、有用的因果關係。而人，複雜太多了，上述的意識流，目前為止，沒有任何科學研究或可充分解讀，遑論儀控。

我要說的是，所謂環境對人的影響，或特定時空社會的龐雜事件，往往形塑一個人，或不斷地逢機應景、借屍還魂，如同氣流前行，遭遇許多阻礙物，立即捲旋分裂、組合，異相異數數不清，因而最先進的人才，可能因為他毫不在意的舊經驗而鑄下大錯，人體身上都還具有毫無作用卻可能搞蛋的盲腸。

因偶然而必然，因必然而又製造太多的偶然。

講簡化些，青少年時期發生的社會事件，往往左右該青少年日後在公共議題的基本圖像，除非他投入社會救贖工作（公義），或他具備較強大的反省

力，否則通常只會形成社會的遲滯或激進的力量，但這也是無可奈何的正、反面，我們也無能扭轉太多，只能在各面向，多多厚植正面的案例，或說隨順因緣。教育者不能帶有偏狹的目的論，最好是以無盡慈悲的大愛，做一件善就忘一件，然後無止境地做下去。

自然界是心識最佳的逆滲透、濾淨器。（台灣鐵杉；2013.2.27；走向關山）

36 客棧

　　醫生告知我得了一種症狀「悸世症」，事涉三世兩重因果，以及非因果。

　　這是從我下榻的迎賓苑202室開始的。

　　它是古老建物改建旅館的一間新裝潢空間，佈置素雅方正，沒什麼可挑剔，但就是不怎麼對勁。最是異樣的陽台，使用粗糙厚重的木條，圍成ㄇ字形，整齊規律的留空，上空還好意地繫上三條等距的塑膠繩，看來是提供晾晒衣物的。

　　我坐在小陽台，活似囚禁籠牢的猩猩。看得見略為空曠的園區，還有左側一條永遠車龍吵雜的道路。

　　我做不了任何事，或說有些坐立不安。不是焦慮，也非恐慌，就是無由無端無法進行秩序性思考，也無能做些什麼事，只剩一呼一吸尺蠖似地，劃出時間的上下左右曲線。

成功大學的「迎賓苑」，拆除中。

　　好不容易上了床，翻來覆去就是跟那條棉被過意不去。因為棉被沁出了怪異味道，夾雜了上百數千、黑白黃紅膚色的異味，不能說討厭，卻足以過敏。

　　無法確定睡與沒睡，無關淺眠深眠，突然隔壁間的小孩闖進我的室內，好像隔牆是道流動似的隧道。小孩不討厭，也不親切，他翻亂我所有的行李，棄置滿地，隔間牆忽開忽閉，露出一屋赤裸男女，活似希臘人體雕像。

　　衣櫃、浴室傳來水聲、重物落地聲，一團團壓縮垃圾鬆解開來的雜音，以及黑幢幢交錯的黑影。我被逼得吼叫跳起，如同一般的鬼壓或呼吸中斷，喊叫不出的吶喊。管理員來了，誠實地告訴我，這間雅房的衣櫃曾經上吊一位婦女。

　　死人、鬼魂只是時空結出無窮的節點，正常得乏味。至少我確定同室的鬼魂並未騷擾我，它乖乖地棲住在衣間，如同它當初選擇吊死在那廂閉塞一樣。也就是說，穿透我的感官識覺的，都是活體世間的眾生相。

　　我一直在人間道上實參活悟，安寧不得。

　　好像我瞭解世間奧妙的「業」，我只是透過睡眠想要消除共業？人世間最真實的心境是瘋狂與迷信的拔河，所謂正常的生活，就是營造無窮業障的萬端繩結，穿梭交織酸甜苦辣、悲歡離合、怨憎喜樂。

　　年輕時我在夢中求真，在白日找夢；有了年歲，開始在夢中掃業，在業中漫遊，旅途中的每一客棧，每一冤魂都有待解放。我不是地藏，也非觀音，只是一種靈的應現，無端而來，無疾而終。

　　過客與客棧，鋪陳萬象，無因非由。

道師父啊！

　　道師父在娑婆世界的弱勢關懷、草根環境運動等，著力很深且廣，而且，他做很多看不見的，生態、環境運動的助力，就我所知，整個法界無人出其右！

　　道師父默默牽成我、呵護我二十餘年，我都無知。

　　每想起道師父，特別是到寺裡探望他時，我就愛哭，一、兩次還抱著圓祥師父哭。一輩子迄今，我從來不知道這麼愛哭。誰說出家人不會哭、不必哭或假裝不哭？除非是斷情、無情，哭最自然；道師父是我親人，他走了我大哭，是本然，只不過之前我完全不知道。

　　道師父曾經跟我說，我們的「情」還沒有「淨化、終絕」，我們「情緒」一來，明知被騙還是歡喜「被騙」！自從我父母走了以後，我沒哭成那模樣，道師父化作千風之歌，我才知道他是我親人。這社會親人不多，親人跨越很多世代，最重要的特徵是徹底沒有矯情。

　　雖然我們都理解生死自然、成住壞空，但我們只是人！多年前，道師父跟他的師父開證法師、心淳法師邀我去探望印順法師。開證法師與我素未謀面，卻強壓著我去問印順法師問題，我問3個問題之一：「您將近百歲，佛學載譽千古，迄今還有什麼困惑？」印順答說：「我一生多災多難，

今尚有身累，我們都沒成佛啊！不過，過去的就算了！」我第一眼看見印順，直似我童年老家屋後的那株老龍眼樹，頂多我只想抱抱他。百年人瑞、佛學泰斗的印順也只是個人，一樣沒有淨化、終絕掉「情」吧？！可是，我的直覺，他一向就是清流，他放得下，過去的，就算了。

　　道師父走了猛然讓我知道，還有幾位法師是我親人，心淳法師是其一。

　　不久前我去高雄興隆淨寺，看見一尊古典雕塑像，很具粗獷不拘的豪放美感。我向心淳師父開口說：「這尊塑像很美，給我！」話一出口的瞬間察覺，不對啊！這不是十八羅漢之中的一尊嗎？要走了一尊成何體統？同時一陣羞愧念頭湧上腦門，天啊，我竟然還有「貪念」！

　　心淳師父說出這十八羅漢的來源故事，接著說：「陳教授，這十八尊送給你！」我回敬說：「師父，謝謝！十八尊收到了，但它們擺放的最佳位置在這裡！」心淳師父大笑。

　　我常去看道師父，我知道他在那裡。

　　大概因為是親人的感覺，我就忽略掉了任何形式，只知道想起來了，就去看看他，我看他有幾個地點。

　　道師父走的那天，平常我在跑步路徑旁的一株無患子，全樹變成金黃葉，然後，很快地樹葉掉光光。春節那天，全株長出新芽。初三那天，蘇振輝董事長突然說：「人啊！就是精神啊！道師父走了，我們怎麼可以這樣沉默呢？！我來張羅一場音樂會，你來處理文案，我們找一些人來追思他，弘揚他的精神！」

　　於是，我寫這個草案的大年初九，無患子的新羽葉已然

展開。

　　道師父也在一棵菩提樹下，我每週至少看他一回。

　　曾經看過一部電影，劇中浪子在悼念老朋友的話：「一個人至少得死兩次，一次是嚥下最後一口氣的時候；另一次是認識他的最後一個人也走了的時候！」而我確定，道師父的精神永遠不死，他長存於台灣人的典範中。

　　八通關古道有塊大石碑，上書「過化存神」，道師父如是，他所走過者化，他所留存者台灣精神！

陳玉峯 敬書

2015.2.27深夜

傳道法師最後一次為
山林書院營隊授課。
（2014.7.3；妙心寺）

傳道法師與筆者。（2010.12.13；高雄興隆淨寺）

傳道法師與山林書院營隊學員合影。（2014.7.5：妙心寺）

傳道法師臨時靈位。（2015.1.17：妙心寺）

化作千風
傳道法師音樂會側記

2015年5月10日下午，我們在國立台南生活美學館演藝廳追思傳道法師。

追思音樂會的源起很純真，因為「台灣獨奏家交響樂團」的團長蘇董發心，他認為道師父一生為台灣生態、環境的著力很深，環保界的朋友等，該為道師父的精神繼續弘揚、傳播。

於是，所有行政、現場事務他一手承擔！音樂會也很單純，摒棄了一般追思會的模式，只以一首首曲目流轉。最後一曲〈千風之歌〉的尾音之後，全體參與者默默離場，因為道師父業已化作千風，陪伴著台灣子民。

是我嘮叨，藉由曲目，側記蘇董用心。

開場是德沃札克《新世界交響曲》的第四章〈終曲〉，法國號及小號奏響台灣開拓史，彷彿代表台灣草根在移民世界的奮鬥歷程，楬櫫我們共同的台灣理想，而整個樂章氣勢宏偉、格局開闊，且到了後段，悠揚美妙的和弦，代表篳路藍縷的台灣前輩如道師父，業已涅槃，庇蔭、呵護著我們，直接了當表白了音樂會的宗旨。

第二首曲子是佛瑞（Gabriel Faure）的〈悲歌〉。首席大提琴家達帝金拉出了深沉哀痛的悲戚心情，聊表大家對道師父無

限的悼念。

　　大提琴本來就是沉重的心音，達帝金的詮釋更加沁魂入魄，直似道師父對我們開示成、住、壞、空，生死自然合一，畢竟「萬法是心光，諸緣唯性曉，本無迷悟人，只要今日了」啊！曲末歸於平寧淡出，寂靜之後浮出：「夢裡明明有六趣，覺後空空無大千！」

　　接著，第一小提琴手陳依萱獨奏出馬斯奈《泰伊思冥想曲》最為膾炙人口的旋律，許是歷來我聽過的，最柔美的〈冥想曲〉。依我個人的感受，如同我對道師父的不捨與思念。

　　然後是電影《慕尼黑》的主題曲〈希望之歌〉與〈祈禱和平〉。它們帶給我強烈的美感力道，我更聽到不平靜的和平、不平和的和平，如同現今台灣的自由、和平與民主。

　　大概是道師父在提醒我：「諸佛於儼然生滅中，唯見無生；眾生於湛然無生中，唯見生滅。只因迷悟之有差，遂致現量之不一。實乃生無自性，無生亦無自性。悟則生滅皆無生，迷則無生皆生滅。」而我們的責任未了啊！

　　第六首是電影《與狼共舞》主題曲。

　　我凝神諦聽。一開始是鐵騎進入曠野，接著是個人孤獨、荒謬地回歸土地，而後油然生出大自然中的單純。不料，暴虐再度闖入，伴隨著主角迷惘的心跳而不斷反思。而在人種傾軋的歷史悲劇過後，主角在原野與狼溫柔地共舞。不幸的是，戰事再起，主角在極端反差中，自覺愛與認同，從而融入自然大地，然後，軍騎與暴力遠離。

　　姑且不論聽眾天差地別的感受，我視同我40年山林及

社會運動中的顛沛起伏,而道師父始終如同荒野大地般挹注我。呀!我始終在入世與出世中擺盪!

第七首是純演奏的〈回鄉之路〉。坦白說,很不搭調地,從前曲的洪荒,猛然轉折成哀怨的小調,而且是台灣草根俗民的基調,如同台灣改朝換代的莫名其妙與坎坷,但四百年來似乎恆處無政府主義的台灣人,只能被迫、無奈地接受。也就是說,客觀、輕輕地鋪陳台灣華人史。

就在淡淡的哀傷中,進入第八首曲:〈耳空內的蟲聲〉。

男歌手王萊唱出了白色恐怖與台灣之路。

不知選曲者是無心或有意,這首歌恰好切中道師父一生用心最深的教化耕耘!台灣宗教界最是不願面對的政治議題,只有少數人如道師父的勇者,敢於承擔。我就是在1980年代政治運動的場合中,結識道師父。

在我心目中,道師父正是徹底台灣主體意識的草根和尚!所以,這曲選得恰如其分。

接下來直接進入台灣的娑婆世界、五濁惡世。

第九首〈舊情綿綿〉,王萊唱出了絕大多數人一生中最大的負擔——情關,而「情」字包羅萬象,嘉義城隍廟後殿壁畫有副對聯:

天理地理他理自理有理無理,是非判理;

恩情人情感情愛情私情絕情,陰陽通情。

點出台灣人遵奉著「通情達理」的價值觀,但背後隱藏交織著台灣人傳統的兩大精神支柱:鄭成功的「倫理情操」,以及陳永華苦心擘畫的禪門「無功用行」,在這裡我

無法申述，只是提醒此「理」帶有強烈的倫理觀；此「情」從極隱微到宇宙的各種複雜交互影響的網狀、動態關係！然而，就普羅大眾而言，殆只停滯在其所熟悉的「私」情。

於是，菩薩道的普渡世人「事業」全然展開。

由美聲歌后陳思安唱出第十首的〈煞戲〉。

傳道法師音樂會主事，右起蕭邦享總監兼指揮、蘇振輝團長、陳思安歌后、王萊歌手。（2015.5.10：國立台南生活美學館演藝廳）

　　〈煞戲〉本來是描述布袋戲大師李天祿的4個女人的故事，其中一個女主角的性格較為野放自主，勇敢突破傳統心思，或可象徵佛教界之試圖突破傳統「八敬法」吃人禮教、戒律的不合理。

　　此一台灣佛教界的平權平反運動，道師父當然也是猛將之一。

　　而〈舊情綿綿〉與〈煞戲〉代表老一輩或傳統的束縛與掙脫，或試圖解脫；第十一首的〈愛灑人間〉或可象徵道師父那一代，西潮大量東漸，或台灣文化中，東、西方元素大混血的結晶，也是古典與現代的交流，充滿愛及慈悲的力道，至少，這是我在音樂會聆聽此曲當下的領會。

　　第十二首〈來自福爾摩沙的天使〉似乎是從世俗味中過濾、淨化出台灣人的純真，為豔情味的人間注入清泉。這是純演奏，後段已進入空靈的境界，或可代表菩薩也該沉澱、自療。

　　然而，台灣史、台灣人的命運多舛，或說世間色不迷人人自迷，於是男、女歌手合唱了〈新不了情〉及〈月娘啊！聽我講〉。

　　是不是因為延聘歌手的不易，為了讓男女歌手得以充分展現才華也未可知，但我認為這2首已屬畫蛇添足，或成累贅。如果這2首得以拉回起頭的大格局，最後再以〈千風之歌〉收尾，則整個音樂會將更圓滿。

　　即令如此，何妨！

　　〈新不了情〉合唱時，我直覺是「三世兩重因果」不斷地輪迴演繹。因此，我側向觀察與會的法師們。有法師面無表

前來參加化作千風音樂會的林瑞明教授。

參加音樂會的傳燈住持及圓昇法師。

參加音樂會的楊博名董事長及尤雪錦女士伉儷。

情，有揚揚自若，有埋首細讀歌詞，有儼然入定，有人摸頭，有人擦汗……不一而足而畫面煞是有趣、逗人莞爾。

　　古代澤庵和尚一段偈：「佛賣法，祖師賣佛，末世之僧賣祖師，有女賣卻四尺色身，消安了一切眾身的煩惱。色即是空，空即是色。柳綠花紅，夜夜明月照清池，心不留亦影不留！」夠嗆、夠辣、中肯、平實！

　　反正，「若不回頭，誰為你救苦救難；如能轉念，何須我大慈大悲！」

　　道師父的當頭棒喝化作千風，「竹影掃階塵不動；月穿潭底水無痕！」是為側記。

39 炒螺肉

　　1990年代我南北奔波於社會運動。有次，南下屏東演講，看見路旁有攤炒蝸牛，勾起了童年記憶，於是我停車叫盤「炒螺肉」，加杯老米酒。

　　1932年台北帝大下條久馬一教授，自新加坡引入原產東非的「非洲大蝸牛」到台灣，爲的是養殖食用，但因肉質粗韌，不受歡迎，養殖者拋棄，從而流竄全台低、中海拔地區，至1950年代蔚爲農損的外來入侵種。當時台灣人普遍貧窮，鄉下人興起撿拾「露螺」（因非洲大蝸牛在晨昏及夜晚露水較重時，以及雨天活動，故台灣人予以本土化的名稱）吃食，也發展出路邊攤的快炒螺肉，以九層塔（唇形花科）佐料，風行全台。販夫走卒、三五好友空暇時，常聚於露螺攤，螺肉佐米酒，據坐在高腳長板凳上，小酌一番而天南地北。

　　小時候母親家教管得嚴，不許我們有粗魯動作，而且我們幾乎從不外食，因而曲折單腳、啜飲螺肉的草莽形象，對童年的我，一直是道美味與野性的嚮往。

　　油炒螺肉及一杯米酒來了，我挾起螺肉送入口中咀嚼才知，乾癟若橡皮的肉實在是難以下嚥。趁著老闆不注意，整盤倒給流浪狗吃。我乾掉那杯米酒，確定原來只是特定記憶與想像最好吃！

非洲大蝸牛台灣人叫「露螺」。

　　類似的，童年隆冬的夜晚，偶而有機會吃到小麵店的陽春麵，熱騰騰的麵條上，一、二片豬舌肉，上沾些許蔥花，永遠是我心目中的人間美味。

　　年近50首度吃到鮪魚，也才了悟極品鮪魚千萬別吃第三片。吃第一片時震撼舌尖：「世間真有如此甜美佳肴？」吃第二片時驚嘆事實：「是真的呔！」第三片則累聚過度油膩，之前的美感大半幻滅。

　　五根六識的美感有其淺碟式的極限，過與不及頻常令人滿肚肥腸或淪為惡鬼格。奇怪的是，台灣民間極其普遍的勸世文鈔等等，都只停滯在千餘年來消極型的談空說虛，卻一直不肯向根源處著力，更不用說向未來世邁進。

　　國內、外居住時程各居一半的女兒從紐約回來，愛吃的多是夜市、路邊攤、臭豆腐、豆花……，吃壞肚子也不在乎，因爲她咀嚼的不只是食物，但吃多了必反胃。

　　換句話說，人心只是透過六根，嘗試著去抓取心靈的渴望，而感官所能攫獲的，註定必然只是短暫多變或無常的太多感覺或幻象。其根本處，呈現一事實，人類永遠渴望著永恆、終極的某種東西，或究竟的答案。

　　然而，一甲子以來我們的教育，斬斷了台灣人與台灣土地、自然的臍帶，且美、歐物質文化及文明自1950年代開始傾倒台灣（1950年韓戰爆發，乃至1965年約15年即美國對台經援，而大量輸入美國農牧產品等；1965年底，首批越南美軍開始來台渡假，劇烈影響台灣生計、生活風氣），同時代，台灣樟樹天然林經日本人計畫性伐探，而至國府而完全「亡國」；樟腦丸恰好爲化工發軔的萘丸完全取代。1968年5月5日，後勁一輕與仁武聚乙烯工廠聯合落成典禮，台灣正式全面進入石化時代，恆春半島的瓊麻繩索、纖維業宣告滅絕，南橫公路也破土興建，代表台灣檜木林（中海拔）步上最後一擊，乃至1990年紅葉災變，揭開這30年摧毀海拔2,500公尺以下天然山林的後果。因而，土石橫流、天災地變、自然界全面反撲世代的正式到來。

　　而台灣經建工商，也在這段「以農林培養工商」「大政」之下，於1980年代進臻猛爆成長的黃金十年。而1990年正是天文、地文、人文、生文的分水大嶺，台灣所有一切，皆在這10年起了世紀大變遷，或可說，台灣從1960年代進入「現代化」（工商化、去自然化、去農林化），且在1980年代正式

現代化，1990 年代開始逼近後現代，2000 年宣告解構。

　　另一大角度，台灣時代價值觀或社會規範大變遷發生於1971 年 10 月 25 日退出聯合國、1987 年 7 月 15 日台灣宣佈解嚴、千禧年政黨輪替，以及 2008 年以降的「國共聯治」等四大階段，而傳承優良傳統並予現代演化的新規範或典範，卻始終無能建立或新創，一樣依從四百年來的「隱性文化」在流布。依個人看來，台灣所謂的主流即亂流，這些外來政權為成就其台灣境外的政治目的而耗竭利用台灣，其外來強權文化更徹底毀滅台灣從自然土地生界，到人文健全發展的價值系統。

　　也許讀者會認為從「炒螺肉」怎麼可以談到台灣經建發展、自然資源開發、工商社會現代化，乃至後現代解構、總體社會價值觀或典範大解體？思考未免太跳躍了？沒錯，要談現代台灣人心靈之所以積重難返，捨棄主結構不談，終究只是頭痛醫頭、鋸箭療傷、搔不著癢處的浮面說辭，無啥大意義。直接一段話：KMT 入據台灣以來，以其反攻「國策」，在最短暫時程開發台灣自然生態體系，夥同 3 百多年來台灣人從未當家作主，文化及歷史解釋權始終操控在否定台灣主體的外來霸權手中，台灣人的精神環境從來都與土地、自然隔著一道依稀看得到，卻永遠構不著的無形的圍牆。本來從人類心靈的天性出發，極為容易走向各種無限或終極意義的探索或追尋，但台灣人被剝奪了太多精神自由的可能性，因而迄今為止，未曾出現以台灣為主體的哲學！以美國為例，立國的前大半時光，殆停滯在歐洲母體的思維（東部），直到加進西部拓荒、在地元素之後，主體始告逐

漸創建，而台灣遲至正式解嚴（1987年）以降，龐雜多元的草根本土文化創造，雨後春筍般到處迸發，但多遭逢現實或來自政（霸）權的阻隔，伸不進本土活水源頭的山林土地生根立命，如同筆者吃炒螺肉的譬喻，停滯於初步孺慕的幻象而已！

　　我之所以如此「武斷」、「跳躍地」敘述，其所依據者，迄今台灣人的生活模式、文化內涵、思想背景等，始終停留在溫帶文化，而非在地亞熱帶或熱帶文化，而此面向的剖析或論述，正是我想在今後探討的文化大革命或運動。

40 果毅後說故事

　　台南柳營向內山的東界有座尖山（標高223m），1960年代初葉之前，人們只要搭台鐵或由台1縱貫路，自新營以下，就可斷續看見尖山頂兀立著一群老楓香樹，形成在地人自北部返鄉的地標，也是該地1940、1950年代出生人士的鄉土印記。1960年代，軍方將這群老楓香砍除，但並不影響尖山始終是3、4百年來，在台華人隱性文化大纛的地位，因為1661年鄭成功轄下陳永華參軍，沿著急水溪行船上溯，尖山及其向南延展遞降的稜脈，像極了揮戈北伐的軍旗飄揚，兀立於平原、丘陵之上。因此，鄭氏王朝乃至清代，尖山就是「旗」山。

　　尖山朝西偏北斜下的一條直線，大致經過佛山（古稱鼓山）、果毅後、柳營及新營的平原區。這條線及其南、北兩側的鄰近地區，潛藏著台灣史詩的礦脈、神話與諸多政教的寓意故事。現今的「果毅後」村，真正命名的緣由，來自它位於旗山、鼓山下方，原名「鼓旗後」，後來以諧音改稱「果毅後」。

　　2012年10月11日際夜，我在果毅後鎮西宮邂逅了廟主委林文彬先生，他是說故事的能手，而鎮西宮最膾炙人口的靈異故事，殆如該宮主奉神農大帝的神像，十多年來鬍子增

相公廟祭祀「萬聖公」的牌位，沒有神像，而絕非「萬善爺」，其實它拜的是陳永華，乃為逃避清國掃蕩下的隱藏式寄寓。（2012.10.4）

果毅後的「相公廟」是隱性文化的代表之一，廟中沒有神像，大部分信徒也不明所以。（2012.10.4）

果毅後的鎮西宮主祭神農大帝，主神大王公神像的鬍鬚數年來增長了約15公分，轟動一時。（2012.10.11）

長了15公分；還有廟側，氣根五爪斜竄的大榕樹，正是一條小龍逃竄時，被神農一腳踩住尾巴，而小龍被定住之前，龍爪最後從地中向上一衝所生成。這條龍，迄今依然神氣盎然，不時顯靈教化或濟助世人。

　　林主委算是很有個性的草根素人，初見我時一副「不屑狀」，不料，與我對談之後話閘盡開，還堅持請我在廟口吃碗麵。麵攤上，他述說了許多鄉野傳奇，包括尖山與鼓山的神話。

　　尖山在古代原本很高，而鼓山則矮而肥壯。兩山經常愛較量橘子跟香蕉的問題。尖山向鼓山挑釁說：我們來比高；鼓山向尖山叫囂說：我們來比重、比大。兩山無聊的較勁，卻禍延人間百姓，於是，玉帝差雷神，在一次雷雨中將尖山

鎮西宮主委林文彬先生告訴筆者許多象徵、隱喻性的故事。（2012.10.11 夜）

打落掉泰半，而鼓山原本渾厚的山頂有個大龍穴，裡面窩著一隻母龍及幾隻小龍。這個大龍穴，被柳營僱請來的方士破掉了，於是群龍分竄各地，母龍向南遁走，隱於赤山龍湖巖；數隻小龍藉著急水溪上游的溪水西竄，最後一隻小龍則在果毅後村的西界，被神農大帝釘住，保留一縷神蹟。

依據多年來我對台灣宗教哲學的瞭解，在台華人的神話故事、稗官野史，以明末及鄭氏王朝三代為母體，且隨清領212年間作蛻變，或說隨著王爺廟、媽祖廟作時、空的大流變，但許多神話或傳說故事，大抵都子遺特定的「共構」關係。然而，歷來我之所見，罕有人從政教解讀其奧蘊。

我認為尖山、鼓山之爭，柳營、果毅之鬥，最大可能就是鄭氏王朝三代，以及亡於施琅前後，鄭氏王室及陳永華、馮錫範等權臣之內鬥或派系分裂的隱喻，有清一代，台灣反清復明意識的能人；志士，編杜神話故事，用來刺激、提醒台灣人，從而留下來的。而

果毅後的陳永華，以及隱藏在赤山龍湖巖的沈光文，很可能即締造台灣精神及隱性文化的源頭。（2012.10.4）

且，我敢大膽地宣稱，許多故事的本意，實在是有心有識的台灣古代菁英，目睹「亡台在台」的悲痛下，藉助於說故事，不斷警惕台灣人務必要團結，切勿被外來政權籠絡而分化。

聆聽林主委說故事的那夜晚，40燭光燈泡下的昏黃，廟口特定的氛圍，讓我心我靈，隨著故事情節，擺渡到台灣史的神髓中樞，教我在當夜的野調日記上寫下：

「幾十年了，我一直在想像，我要拜請319鄉鎮、無數庄頭的耆老們，召開民間故事的聚（大）會，在廟埕、在晒穀場、在榕樹下，講出天南地北、神鬼祕辛，薈聚民族靈魂的深處底蘊，譜寫福爾摩沙的悲歡離合；建構一座座意境寶山，刻劃一條條藝文川流。曾幾何時，我也漸漸步上耆老行列，而我的美夢是否也將遠去?!林主委的聲浪，生似海底揚塵、峯頂掀波，撩撥著台灣與我的過去心、現在心、未來心，也就是眼前的這碗點心！……」

我也註記：「……台灣成千上萬的大小山頭，微血管般密佈的溪澗，只要有了故事，山川、地文就活了出來！」

林主委感慨地說了句：「做囡仔時，我那問事誌（註：台語文『事誌』讀如ㄉㄞˋㄐㄧˋ），大人們常喝斥我：『大Lan Pa囡仔，問嘿幹嗎！你懂什麼！』大家都不重視什麼文化傳承，因此，沒什麼機會多瞭解……」

在此向台灣人告白我年歲不夠老、我心更年輕、我的鄉土夢依舊在，任何朋友可否幫忙在鄉野，找出三、五耆老群聚，大家輪流講故事、吟歌詩，將所知所識的鄉土傳說，一一道出，也可互相校正，而我將前往錄音或拍攝，轉成文本或剪輯影帶等，且可以發展後續延展，以及深入探索、研究，更可訓練一批年輕世代，進行長期采風錄及藝文創作。

41 我看《給親愛的孩子》 紀錄片

　　滴水穿石有一種特別的空靈，本質是愛，不必堅持的堅持，也是永恆的另一種寫照，我看黃淑梅導演的作品，就是台灣本然的空靈。

　　要談黃導的《給親愛的孩子》，請原諒，我無法很理性或平靜！

　　1980年代末葉，我幾乎得了一種台灣人未曾聽過的病，或可命名為「環境或生態躁鬱症」，因為我預見到了台灣的生態浩劫，雖然我急切地投入環境運動、街頭抗爭，但坦白說，我是百年孤寂，因為眼睜睜看著自己預測的災難，接二連三發生，而毫無能力扭轉，台諺說：目珠金金人傷重！而且，更內在的痛，整個天然林各種生靈被屠殺的哀號，常入我夢，遑論之後的土石橫流，台灣人被掩埋、吞噬。

　　直覺、自然科學與植被生態的研究，教我斷定，1990年是台灣生態體系安危的分水大嶺，自此走上不歸路。1993年某一夜，我突然從夢中醒來，捫心自問：「如果現在死了，有何遺憾？」我想到有無虧欠誰人什麼，我列出清單，結果，能還的不重要，重要的還不了！其中最嚴重的就是對於生我、育我、護我的台灣大地，我們從來只有予取予求，破壞、蹂躪到無以復加，我們的制式教育，從來只教我們人定

勝天、開發至上、經建第一、金錢萬能，於是，很大部分的
台灣人，窮到只剩下滿身銅臭或大把鈔票！1990年代我痛
批台灣人在台灣的土地上，就像腐肉上的一堆蛆，在噬盡台
灣最後一滴血水之後，羽化飛往新大陸！

　　因此，有台北傳媒人批評我：「他只在乎森林樹木！」
中部的文人酸溜溜地諷刺：「全世界只有他在救森林！」我
的心情如何呢？S. J. Gold 說：我們不可能為非所愛而戰；
我說，不是你的傷口你不會痛！

　　2015年3月7日傍晚，在台中市民廣場，我聆聽劉黎兒
的反核演講，她聲嘶力竭，一個小時的演說不肯放過任何一
秒鐘，她的言語連珠放砲，沒有標點符號！她講完我前去告
訴她：妳太急切了！妳的心情我瞭解、感同身受，但是要保

劉黎兒女士在台中的反核演講。（2015.3.7）

重啊！瞬間我看到她眼眶濕潤，她將手上的一把鮮花塞給我、離去。事實上她講的內容，跟我反核的演說，重疊度超過9成。我斷定她有核災躁鬱症！

　　不久前，黃淑梅導演捎過來她拍的，《給親愛的孩子》紀錄片，拍攝、剪接的時程從1999至2015年，跨越了15個年頭，內容包括百餘年台灣開拓史、20世紀兩大政權山林政策的摘要、生態解析等等，而以環境浩劫作為主軸，鋪陳土地的故事與滄桑。她從我青絲訪問到我蒼蒼白髮，我看了當然百感交集！其中，讓我淚流滿面的有幾個段落，例如簡秀芽跟台灣櫸木的無言對話；那瑪夏鄉孩子對滅村後的感受敘述；老原住民去偷看剛出生的小雲豹，母雲豹帶著小雲豹在樹幹上晒太陽的浪漫；部落公約在種植青剛櫟、楓香……等等，還有原住民那段談到盜砍大牛樟、小牛樟，開農路、維修的工程永續，好像在我3、40年的老傷口上撒鹽巴，讓我的悲憤再度沸騰！

　　黃淑梅導演十五年磨一劍，這部劇力萬鈞的台灣土地悲劇的大河史詩，卻以最溫柔的，給未來孩子的信作訴求，直把外來政權三、四代的暴行，化作繞指柔，以絕對的款款深情，極端的反差對比，消弭了導演本身的憤怒與控訴，反過來以愛與悲憫，試圖救贖整體台灣的人性！

　　最極端的戲劇叫事實，特別是對拍攝或調查悲劇的人而言。常常，鏡頭前的大慟、煎熬、不忍與不堪，教導演或掌鏡者，直似比死者更淒慘、比悲者更哀傷！數十年了，我深深了解台灣的政策殺神、工程殺人、業者自作孽，但受苦受難或死亡殞滅者大多是無辜者；而無言問蒼天者，那些藉工

程、奸計獲暴利、享富貴的人，似乎也從沒獲致相對的報應或處罰，全球皆然。

　　我永遠記得，某次我演講生態災難肇災原理之後，某國立大學的「教授」跑來跟我說我在製造「仇恨」！而這些教授、專家們坐享既得利益、養尊處優，靠藉假科學、偽理論，「證明砍森林有助於水土保持、台灣本來就是一連串大崩塌」！

　　我說這一些些，只是向讀者交代這部紀錄片殘酷的背景，因為我正是「劇中人」！我接受過無數的被採訪，數十年來不斷面對無知的報導人，一再問些無關痛癢，甚至是刻意無知的訪談，事實上他們可以是共犯結構之一，只來來去去跑馬燈似地，成就了他們的工作或目的，而大地苦難不斷加深、加劇，教我感嘆：「沒一片春芽，記得那片落葉的滄桑！」

　　然而黃導演不同，她用盡青春、鍥而不捨，只為訴求世代真相。她，道盡台灣人的天良；她，留下歷史的見證與告白；她，不向上帝求公道，她向未來世代作祈福。這樣的情操與堅持，是背後掩面不能自已、歷盡孤寂窮困，換來的花果與人性的芬芳；她，就是母親母土本身！

　　這部紀錄片，記錄的不只是台灣大地的苦難與殘酷的事實，更記錄著導演的美麗與哀傷。我從不認為紀錄片的導演不可以入戲，黃導演不慍不火地入戲，隱身在每個細節之中，但她很誠實地在片頭即揭櫫，這是她和台灣土地共業的惡夢與救贖。她將紀錄片拍成了歷史與希望本身，她就是台灣！

88災變後，黃昏、入夜時，黃淑梅在二萬坪勘景。（2009.12.12）

黃淑梅導演正在拍攝。（2010.8.10；阿里山）

42 正義之士
廖本全教授來訪

（2015.7.17）

平均值不是真理，每個人都是宇宙中的唯一。

託朋友們祈福，本全教授正要走出第二個人生。

社運界大家熟識的廖本全教授歷經一場意外，心跳停止了10分鐘，急救後昏迷了約1周天，而後漸次復原。如今，他正要邁向嶄新的第二個有意義的新生，需要各位朋友、大德在精神上、工作上、冥思上更大的助力！

2015年7月17日，本全教授在弟弟及李根政陪同下，來到台中找我敘舊，我將我們對話的片段，以及些微思考敘述在此，但願全國友人們一齊再度為他加油、打氣，未來工作方面，則懇請有朋友或可協助。

筆者：恭喜！你度過了生死大關卡，解脫蛻變而新生，看到你的康復，所有認識、不認識的朋友都為你高興喔！我以前看你從事弱勢運動，無論抗爭、上電視論述，非常穩重、溫文儒雅，但力道萬鈞，為什麼你以前老是說很怕我？

本全：小時候或過往，每當發現有值得學習的人，就想向他學習……小時候覺得自己不是很穩定……陳老師這個人我喜歡，我就對自己說：喜歡就向他學習啊！

筆者：那為什麼你要說「怕」，既然喜歡？

本全：我就是很「怕」你啊！不知道，非常怕……（筆者再逼問）這個……這個……啊，就是陳老師啊！

筆者：既然你喜歡，為什麼要用「害怕」這字眼？

本全：……這個……我喜歡的，剛開始我都會有點害怕……這是改變的一種心情……（認識陳老師之後）接下來，我就在學校裡……我覺得自己還不夠，覺得自己還可以更努力。陳老師這個人，還有很多的人，都不錯，值得我再學習，這些人應該把他們學起來！……

筆者：現在，你已經重生了，過去的一些東西也可打破了吧！

廖本全教授（右）與筆者合影。（2015.7.17：台中市）

本全：Ya！……

筆者：你應該是百無禁忌了吧?!生命都已經死去活來
　　　了，你今天的存在就是個「奇蹟」了，你可以開
　　　始新的學習了吧?!而且可以拋棄過去的壓抑了
　　　吧?!

本全：……可以……我在台北都在找一個可以開始
　　　的……所以，我就一直往老師你這邊看，我覺得
　　　在這裡，我可以找到……

筆者：力量嗎？

本全：力量……

　　　（同本全弟弟瞭解現實生活種種……）

∞

筆者：本全仔！你現在可以自行打點生活嗎？如何過生
　　　活？

本全：……我現在要思考的是時間主要擺放在哪個地
　　　方，可以放在台灣的環境……

筆者：那你現在正在看什麼報告、報章雜誌、上網？

本全：……我跟根政這邊，慢慢再從頭恢復，然後，對
　　　幾個關鍵的案例，從頭開始釐清……

筆者：那你現在探討哪個案子？

本全：……

筆者：目前你關注哪個案例？

本全：現在沒有，只是在想而已……

筆者：嗯，你是該嘗試了，試看看，也可以開始練習寫
　　　寫看……

（跟本全弟弟瞭解復健實況如何……）

∞

筆者：（問本全弟）有沒有醫師給你們建議，可以讓他重新
　　　學習一些單純、例行工作，包括如操作員之類的
　　　工作？……一切可以從頭開始，歸零出發，將過
　　　去事務擱下，給他工作，包括工廠作業，依標準
　　　步驟，由簡入繁……從事簡單工作，對身體、觸
　　　覺、神經傳導、注意力、家庭……各方面也許都
　　　有作用，可以跟人、跟社會接觸，也可以賺錢。
　　　一開始不用說8小時，從短暫時程開始，再慢慢
　　　增加，然後，變換工作內容或其他工作……

筆者：（問本全弟）本全仔，你想不想獨立，能工作賺錢，
　　　生活有目標？你必須新生，你也已經重生，不是
　　　嗎？你可以找安全、單純的工作開始吧！你不是
　　　病人，你是新生、正在成長的新人……短期記憶
　　　容易丟掉沒關係，也許可以透過反覆例行工作，
　　　不斷累積短期、瞬時工作記憶，然後增加複雜
　　　度，或進入抽象思考……

本全：……

筆者：你今天來，有想跟我說什麼話嗎？

本全：我說，我過去的生命歷程喔，老師您都有介入，
　　　我覺得一個階段、一個階段的，現在，又來了！
　　　好像我跟陳老師真的是滿熟的！簡單的話，您，
　　　就是我老師啦！有時候，又覺得好像又不是這樣
　　　的咧，因為有時候您就不見了，進入某種狀況

時，陳老師就不見了。有時候我會覺得我應該找
一下陳老師，那時候就找不到……

（註：本全可能是在大學擔任助教或講師時期，參加過「環
　　境佈道師」營隊，從此，很謙虛地稱呼筆者為老師。）

∞

筆者：找不到？這是不是這段生病期間的想法？

本全：我每次生病都這樣，都會想到您，所以我會怕
　　　說，今天來這裡，是眞的？假的？

筆者：哈！你過去就有這樣的想法？所以甚至覺得現在
　　　不知是眞、是假？

本全：對啊！

筆者：如果是假的，你想跟我說什麼？是眞的，你想說
　　　什麼？

本全：不是我想說……，不管是眞、是假，就是，我
　　　是來看陳老師可以跟我們講些什麼，這樣就可以
　　　了！

筆者：要講啥？就要你自己獨立站起來啊！要你開始工
　　　作啦！

本全：做代誌這個我知道啦，所以我常常會想到陳老
　　　師。讀書時會想到陳老師。讀書時會想到陳老師
　　　現在不知如何？……都會想啦！

筆者：你來了，就會有力量站起來，不是嗎？站起來最
　　　具體的，就是工作吧……

本全：看看現在社會上最需要什麼樣的人，現在社會需
　　　要根政嘛，需要像這樣的人，就找很多像這樣的

人進來，這樣子……

……

（註：筆者有些感傷，我一向似乎也「對別人要求很高」?!……）

∞

筆者：這本故事書《綠島金夢》送給你，這本《綠島海岸植被》你要嗎？沒興趣就不要喔！

本全：……我回去買好了！

（註：筆者在贈書上寫下：你具深沉善根，而且現在正逢新生，最美的台灣人就像你這樣啊！）

（然後我們外出用餐。餐廳前，筆者要他們參觀台灣最厲害的綠化工程……。午後2時餘，本全一行前往高雄，是夜及隔天接受蘇董等接待、安排）

參觀台灣「最厲害」的綠化工程。左：廖本全；右：李根政。

我的思考與就教朋友們

　　人體約60兆個細胞當中，絕大部分可再生，但大腦細胞似乎不會再生，至少我數十年生物學的理解如是，然而，近年來國內外的若干相關研究，好像有了突破的見解：腦細胞尚可再生。依生命演化的角度，我相信這個可能性很高。

　　一般的理解是，人腦重量大約是體重的2%，但腦部血流量卻佔心臟總輸血量的15%左右，而且，腦部的耗氧量佔人體總耗氧量的23%，或說在4分之1到5分之1之間。而腦細胞很脆弱，一般估計腦細胞在缺氧4、5分鐘後，就開始壞死；10分鐘以後，即無法復原，或說大腦死亡，只剩腦幹活著的植物人。

　　本全教授因心肌梗塞，第一部救護車抵達卻無電擊器配備；第二部救護車電擊後恢復心跳時，恰好約10分鐘。

　　10分鐘，就平均值而言，是生死的臨界。而本全可謂死盡還生、天佑以福，不但存活，從語言功能、四肢活動等全身心一應健全，腦部核磁共振等等診斷，也看不出來有何損壞，只是短期記憶容易遺忘，複雜或抽象思考的深度連結較不順暢（這是我與他對話的感受，但我非醫生，無此面向專業的知識經驗），暫時不適任先前的大學教職。

　　無論從何角度思考，本全的劫難，以及之後的重生，我相信是因他生平累積下來的功德、福德，成就如今他奇蹟式的復原；我更相信朋友們的默禱以及祈福，帶來了形而上的助力。

　　7月17日跟本全的會面時，直覺上我認為全國朋友們，

如果有人有工廠、手工藝製作，或任何可以在安全為前提下，簡單的制式工作，提供給本全嘗試（最好在台北本全居家方便處），或不失為更佳的復健途徑。

但願朋友們早、晚持續為本全祈福、迴向！台灣社會需要本全繼續為公義獻身！

好老師、好長輩
先從說故事談起

　　美國曾經在1988年進行一項普查，歸結出最佳教師的頭三項條件：

1. 能夠深入瞭解他的授課內容。
2. 能為學生解決困難。
3. 能讓學生有所發揮。

　　這項結果很有意思，也很諷刺，原來太多的教師根本不知道自己在教什麼碗糕！後兩項涉及師生互動、美國人該時代的教育價值觀等等。

　　筆者在中部一所中偏上段班的大學課堂上講解上述，並要求百餘位大學生寫出他們心目中「好老師」的要件，另述何謂好的長輩或父母，而且筆者要求學生每敘述一項要件的後面，加註相對的，學生又（該）如何？我還解釋了老半天，這是相對性的思考：give and take、對應關係。

　　由於我採取自由發揮方式，而非問卷調查，因此，隔了半個月後，百餘位學生交上來的見解，幾乎沒有一致的「要件」，而可以歸結出的「好老師的要件」也超過百餘項，但對長輩的「要求」卻只約十來項，最主要的三項依序為：言、行合一，長輩得以身作則，是楷模、典範，而且有擔當、講信用；其次是具備同理心、有傾聽能力，善於溝通且

關懷；第三，不斷成長、更新、跟得上時代。

　　關於「好老師」的部分，歧異非常，予我最大的訝異是，勉強只有一位學生，在乎當今所有大學，對老師們要求的「授課大綱」，也就是說，大學最重視、特別要求每位教師開授每門課的內容、綱要等等，在學生心目中似乎「存而不論」，相反的，學生們最在乎的，首推師生的互動關係，包括老師具不具備同理心，有無傾聽的能力與耐心，態度是否親切、平易近人，能否像朋友一般，值得信任且信任學生，能夠給予學生肯定或正面的能量；其次，好老師必須具備充分的熱情、眞誠，有學生甚至於質疑老師是否明白自己爲何教書，或說，教書必須是志業，而非職業，學生們厭惡那些只顧自己升等、研究的現實利益取向者，或說，學生們期盼深具使命感的老師！

　　高居前兩大項的「好老師要件」，恰好正是當今國家考評高教師「最忽略」的人格特質。似乎可以說，國家威權只考評好老師的「發表」、「研究成果」，反而忽略受教者最期待的內容！此現象我毋寧採取正面的解讀：教師資格的鑑定由專業社群去執行，學生最期待的教師志業或人格特質，正是從事教職者最起碼或必備的基本條件，然而，最可能的是：兩者我都「錯了」！

　　台灣體制或教育改革最需要正視者，包括「三師」乃至各種「專業」的「鑑定權、考核權」若始終掌握在政府手中，則政府不得不獨裁！爲什麼數十年的民主改革，不能挑戰眞正的結構主因？試看美國教育部的「職權」，相較於台灣，這才是最嚴重的問題！而台灣的各種專業「社群」準備好了

嗎？

　　學生們關切的第三項要件乃是「教學藝術」，包括活潑的表達技巧，豐富的個人閱歷，如何以善於「說故事」且幽默的方式，啓發學生的志趣或興趣。一般說來，學生最討厭「照本宣科」的教師，且視賣弄權威與威權的教師爲「全班公敵」，有些學生表達出渴望具備思想解放、引領社會人格養成、啓發心性成長或價值典範的深度期待。

　　毫無疑問，台灣現今大學生總體的文化表現，遠遠超越老是在怪咎學生「一代不如一代」的「不適任教師」！

　　以上簡述，包涵的議題或大綱，若要論述，幾本書也只能談及皮毛，本文只在邊緣處，先小述教學藝術的小小技巧之一：說故事。

　　壯年時代因應街頭運動我演講頻繁，從而歸結出人們最「愛聽故事」，而且，聽故事的解說、教育效果最佳。因爲人類文化的演進，從來都是以聽覺爲優先，試看古印度教在森林內親近上師教導的，都是口述、耳聞而銘記在心，是謂《奧義書》的來源；佛教經文無一不是靠藉聽聞傳誦五百年，而後登錄爲文字；現代實驗也證明，聽聞比讀文字更有利於記憶。無論現代資訊如何爆炸，教學的藝術，是活體面對面的人際溝通，具有人類文化傳承無可替代的魅力，它可以啓發心智特定程度的活化。

　　而英文所謂的「教授」professor，也代表「公開宣佈其信仰的人」，其動詞profess，具有表明、自稱、聲稱、表白等義，甚至可說是善於專業化地講故事的「說書人」；我自己詮釋中文的「演講」，乃是表演甚至超過講話的全方位身

百年樹人，根紮靈海。

體藝術行動者。

　　演講、教學的最好方式之一，善盡心思描繪靈活生動的故事，用以touch people's heart！特別是自己經歷的、深具地方感的、歷史栩栩如生的諸多故事，且藉由譬喻、隱喻，感染或潛移默化人心，激盪出自覺性的創造力。

　　個人的自我要求：任何上課、演講，務必保持身心最佳狀態，體能必須飽滿，否則心智不聽使喚，終究是心有餘而力不足。然而，學生的期盼是最最真切的，教師若欠缺熱情、真誠、愛心，一切只是虛假表象，一位學生許桀豪的一段話，值得大學教職者警惕：

　　「上了大學以後，發現老師跟學生的互動幾乎為零。老師不再在乎你的人格成長，學生也只在乎自己的學業成績，我們就像過客，學期結束後，不再有任何交集。我們所謂的好老師，變成只是能否帶給我們理論或學識的陌生人，他可能不會關心你，是否會成為一個好人或壞人！」

跋

凡一切文字語言總是才人影子；人妙則影自妙。

——《幽夢影·跋》

玉峯兄的文字語言就是這樣：知其妙，但卻得費神參透！

一樣的天地、山林生界，我們雖無緣一一見證，讀來（聽來）卻是同樣的眷念、嘆息與憤怒，或無奈。其無止歇的呼籲，文字的、語音的談吐永遠不會過期，因為就如其所說，他用一生準備每堂課、用全副的生命書寫萬丈紅塵「受、想、行、識」的事；書寫、說出的，與書寫、說不出來的反思，話中都有話。

但也因此，作為玉峯兄的讀者與朋友，實在是吃力，但也是開闊視野的代誌；常常這本書還待品味、消化時陣，他又另出了別本書！他的文筆腳步幾乎與他思維同步，而二者都遠遠超乎我們。讀他的書，聽他的空中語言，他熱血澎湃、慷慨激昂的神情也如影隨文浮現腦海；是享受、會迴思，也茫然！

莫怪乎，書後一文章記錄廖本全教授在生病恢復後拜訪玉峯兄時就表示，還是很怕「陳老師」，就是未生病前也是「怕」；因為「喜歡向他學習」。或許是瞠乎其後的自責吧？！於我也心有戚戚；面對光怪陸離的社會百態，我們生活步調常流離失所而寧願缺席，規避風險成為日常生活的必然選擇。以致於，活到一定年歲後對周遭世情，難免有此體驗：看一切心知肚明，但卻活得小心！但又不盡然甘心如此；身

處資訊爆發的現在，卻又感到遺憾：世間人好像沒有活得那麼明白；糊塗了事、往往又自我感覺良好。

　　二十年前，美國社會評論家拉許的書《菁英的反叛》就呼籲社會反省，大多數所謂的菁英有意無意地都違背、反叛了社會的期待而趨炎附勢，造成了今天諸多社會亂象，包括政治的、經濟的、教育的、文化的、宗教的。玉峯兄原可稱羨於士林而他卻視之如草芥，辭教職、行政職，延續的行動是閉關後的草根行止，上山下海、國內外四處尋求宗教心靈的境界修持、尋求自然之道。他反叛的是，世俗的勢利與媚俗，而非離經叛道；雖遭人物議：「他只在乎森林。」但也有公正論道：「只有他在搶救森林（與撫慰人心）！」放眼台灣社運，關心山林浩劫（與人性偏差）的倒也不止於他，只是唯有他較勤於筆耕、念念在茲，從平面到空中，以充沛的溫情與血肉投射於生界天地，將所見所聞間雜歷史、人文、土地倫理，甚至宗教、神祇，永無止歇的以自然筆記貫穿、來回古今；以實際山林體會的禪思──「無我裸眞」形式，表現在字裡行間與言語。

　　這些空中談話與落實於記錄的文本，在我看來，毋寧是奮力於挽救急速流失的本土草根價值，記載行將空無、遙遠逝去的素樸人性與自然景象；唯恐生命歷程中遺漏了搶救什麼。這一切，與其說是向社會呼籲，不如說，宛如像「寫給未來孩子的信」、說給未來孩子的廣播、留給下一代的歷史！

　　幸好其道不孤；作者與蘇董相識於一九九九年之前，那一年蘇董震撼於鎮西堡老中青三代檜木的巨靈，檜木林場域的效應撞擊出這交會時互放的光亮；而鎮西堡右方司馬庫斯附近巧立了一座「玉峯山」，此一因緣際會不由得令人遐思：相識滿天下，知交如此、能有幾人？

　　也衷心期待其持續發功，照亮台灣山林與人性被扭曲的角落。而文字平臺與廣播，猶如空谷足音，是彌足珍貴、倒

也稍縱即逝；我期待，未來能有影音版的記錄與舞台，這一切若可呈現，行將不止於提供人們可貴的回憶與記憶，而是像陽光下的春草：更行、更遠、還生。

願玉峯兄的人生舞台不止於此爾！

自評
讀者反應攸關生存現實，但宜留意；
有反應乩童介紹，雖有趣但荒謬；
宗教探討若有反映與討論更好。

黃文龍

國家圖書館出版品預行編目（CIP）資料

廣播側寫 / 陳玉峯著. -- 初版. -- 台北市：
前衛，2015.10
416面；15x21公分. --（山林書院叢書；11）
ISBN 978-957-801-779-5（平裝）
1. 言論集

078   104018920

廣播側寫

策　　劃　　山林書院
　　　　　　http://slyfchen.blogspot.tw
著作・攝影　陳玉峯
打字、校稿、編輯　吳學文、湯冠臻、劉醇懋
責任編輯　　陳淑燕
美術編輯　　余麗嬋
出 版 者　　前衛出版社
　　　　　　10468台北市中山區農安街153號4樓之3
　　　　　　Tel: 02-2586-5708　　Fax: 02-2586-3758
　　　　　　郵撥帳號：05625551
　　　　　　e-mail: a4791@ms15.hinet.net
　　　　　　http://www.avanguard.com.tw
出版總監　　林文欽
法律顧問　　南國春秋法律事務所林峰正律師
出版日期　　2015年10月初版一刷

總 經 銷　　紅螞蟻圖書有限公司
　　　　　　台北市內湖區舊宗路二段121巷19號
　　　　　　Tel: 02-2795-3656　　Fax: 02-2795-4100
定　　價　　新台幣500元